普通高等教育“十二五”规划教材

中国纺织经济概论

马晓虹　马　涛　主编

北　京
冶　金　工　业　出　版　社
2013

内容简介

纺织工业作为国民经济传统支柱产业、重要的民生产业和国际竞争优势明显的产业，在繁荣市场、吸纳就业、增加农民收入、加快城镇化进程以及促进社会和谐发展等方面发挥了重要作用。

本书在总结产业经济学理论与方法的基础上，充分吸纳了国内外理论和最新进展，并结合我国纺织工业发展实践，从产业国际环境、产业发展状况、产业布局、产业贸易、产业政策、产业技术创新和产业可持续发展等方面对我国纺织工业展开深入分析，体现了系统性、方法性、前沿性的特点。

本书既可作为高等院校经济、管理、纺织、服装等专业本科生的教材、研究生的参考书，也可供从事纺织经济相关领域研究的人员参考使用。

图书在版编目(CIP)数据

中国纺织经济概论/马晓虹，马涛主编．—北京：冶金工业出版社，2013.6

普通高等教育“十二五”规划教材

ISBN 978-7-5024-6336-6

Ⅰ.①中…　Ⅱ.①马…　②马…　Ⅲ.①纺织工业—工业经济—中国—高等学校—教材　Ⅳ.①F426.81

中国版本图书馆 CIP 数据核字(2013) 第 173315 号

出版人　谭学余

地　　址　北京北河沿大街嵩祝院北巷 39 号，邮编 100009

电　　话　(010)64027926　电子信箱　yjcbs@cnmip.com.cn

策划编辑　俞跃春　责任编辑　俞跃春　于昕蕾　美术编辑　吕欣童

版式设计　孙跃红　责任校对　李　娜　责任印制　牛晓波

ISBN 978-7-5024-6336-6

冶金工业出版社出版发行；各地新华书店经销；北京百善印刷厂印刷

2013 年 6 月第 1 版，2013 年 6 月第 1 次印刷

787mm×1092mm　1/16；10.5 印张；248 千字；156 页

26.00 元

冶金工业出版社投稿电话:(010)64027932　投稿信箱:tougao@cnmip.com.cn

冶金工业出版社发行部　电话:(010)64044283　传真:(010)64027893

冶金书店　地址:北京东四西大街 46 号(100010)　电话:(010)65289081(兼传真)

(本书如有印装质量问题，本社发行部负责退换)

前　言

纺织产业是中国近代史上最传统的产业之一，同时也是最重要的产业之一。它不仅关系到13亿人民的穿衣问题，而且更重要的是，它已经成为中国国民经济的重要支柱、社会稳定的坚强柱石和出口创汇的重要来源。在中国工业化进程中，纺织业在拉动农业、提高农民收入、推进农村城镇化等方面发挥重要作用。

虽然纺织产业是中国最具有国际竞争力的产业，但是其内部仍然存在大量潜在问题：在纺织产业中除服装这个亚产业国际竞争力系数较高外，其余的亚产业优势并不明显，而且存在严重的结构不平衡；劳动力价格近十年来持续上涨；有些资源和市场优势正在丧失；亚洲主要竞争对手的发展速度快于我们；环境优势（以牺牲环境为代价获得发展速度）随国家政策和法规的快速完善也在衰退；巨大的出口额的背后是微薄的利润；具有垄断优势的亚产业也没有获得垄断利润；发达国家的纺织业在经过高新技术改造后，已出现开始回归的迹象。这些都对中国纺织工业的发展提出了挑战。

本书从现代纺织的概念出发，将主要经济理论与纺织产业相结合，从产业国际环境、产业发展状况、产业布局、产业贸易、产业政策、产业技术创新和产业可持续发展等方面对我国纺织产业展开深入分析。本书内容丰富，数据翔实，视角独特。

本书由马晓虹、马涛主编，全书共分为8章，其中第一章、第二章由天津工业大学张晋、肖月、芦晓东编写，第四章、第五章由天津工业大学马晓虹编写，第三章、第六章由天津工业大学马涛编写，第七章由天津工业大学赵宏编写，第八章由中国纺织工业联合会孙凌编写。

由于水平有限，纰漏在所难免，恳请各位读者指正。

作　者
2013年3月

目　录

第一章　产业经济学基础论

第一节　产业经济学的产生与发展

产业经济学（industrial economics），作为以“市场和企业”为研究对象的微观经济学分支，已经发展成为一门国际公认的相对独立而成熟的应用经济学学科，并被国外许多大学推崇为经济学专业的核心课程之一。近 20 多年来，产业经济学的理论研究已成为经济学最活跃、最激动人心的研究领域，产业经济学与其他学科的交叉研究和理论融合也成为理论界研究的热点领域之一，从而促进了当代产业经济学理论体系的不断完善和该学科的快速发展。本节对当代产业经济学的学科发展及与其他学科的交叉融合研究状况进行了梳理，以期为中国产业经济学学科体系的构建和研究提供一些有益的思路。

一、社会分工与产业的形成

产业的形成是一个历史的过程，是随着社会生产力的发展和社会分工而出现的。产业的发展是社会生产力和商品经济不断发展、社会分工不断细化的过程。在原始社会的早期，社会生产力水平极其低下，没有商品生产与商品交换，不存在社会分工，人类最基本的生产单位是原始部落，基本的生产活动是采集和狩猎，部落内只进行简单的劳动分工，没有职业和工种的划分。随着人类社会的发展，大约在原始社会中期，生产力得到了一定的发展，特别是弓箭的发明，使人类征服自然的能力有了提高。此外，人类又从狩猎的实践中掌握了一些动物的生活习性。于是，一部分人专门从事畜牧业，一部分人则从事并发展了原始农业，由此产生了人类社会的第一次大分工，农业从畜牧业中分离出来，成为了人类社会的第一个产业部门。经过第一次社会大分工，生产力有了进一步的发展。铁器的出现，使农业劳动生产率得到了提高；铁制工具的发展，使原来附属于农业的手工业得到了日益发展。

原始社会后期，生产技术的改进使人类的活动范围扩大，劳动多样化、产品多样化，一个人已不可能承担全部生产活动。于是，原来与农业生产结合在一起的若干手工业生产就从农业中分离出来，从而产生了人类社会的第二次大分工，手工业成为一个新的产业部门。经过第二次社会大分工，剩余产品的增加使商品交换更加频繁、范围更加广泛，客观上要求一些人专门从事商品交换业务。

原始社会末期和奴隶社会初期，专门从事商品交换业务的商人的出现，促进了人类社会第三次大分工的产生，商业成了当时一个新的产业部门。

经过三次社会大分工后，农业、手工业和商业等产业部门形成，这就是马克思所指的一般分工。随着商品经济的进一步发展和社会生产力水平的进一步提高，在进行一般分工的同时，还需要进行特殊分工，即进行农业内部、工业内部的分工。人类社会发展到资本主义时期，特别是经历了第一、第二次产业革命后，社会分工促进了大量产业的产生，除农业、工业、商业等产业外，又出现了交通运输业、邮电通信业、金融保险业、教育业、餐饮服务业等。此外，在农业内部形成了种植业、渔业、林业、副业等产业；在工业内部形成了煤炭工业、石油工业、纺织工业、冶金工业、机械工业、森林工业等。这一时期，特殊分工是形成新产业的主要手段。

20 世纪以来，特别是第二次世界大战以后，科学技术的突飞猛进和商品经济的迅速发展使社会分工的范围进一步扩大，社会分工进一步细化，新的产业层出不穷，核工业、宇航业、电子信息产业、生物工程业、新能源及新材料工业等相继出现。

进入 21 世纪以后，新的技术和产业革命将进一步促进社会分工范围的扩大和分工的细化，将有更多新的产业不断地涌现。

二、产业的含义与分类

（一）产业的含义

“产业”与“工业”的英语写法一样，都是 industry。在西方国家，产业除了包括工业外，还包括国民经济的其他行业。产业是居于微观经济细胞（企业和家庭）与宏观经济单位（国民经济）之间的一个“集合概念”，即产业是具有某种同一属性的企业的集合。根据分析、研究的目的不同，对产业的集合和划分就形成了有粗有细的若干层次。一般来说，可以分为三个层次：第一个层次，以同一商品市场为单位而划分的产业；第二个层次，以技术、工艺的相似性为依据而划分的产业；第三个层次，大致以经济活动的阶段为依据，将国民经济划分为若干部分所形成的产业。按照这三个层次，对产业进行划分，产业可以大至部门、小至行业，从生产到流通、服务领域等。

（二）产业的分类

根据经济研究的不同目的，或者为了满足统计上的需要和经济比较上的需要，我们可以制定一些标准，对产业进行分类。但是，无论按哪种标准分类，其基本原则都是：必须包括全部产业，不得遗漏任何一种产业；每一类别的产业之间不能相互交叉或相互包含。根据这些原则，目前最主要的产业分类法如下。

1. 三大产业分类法

这种分类方法是目前世界上使用最多、最普遍的一种方法，在我国也得到了普遍认可和广泛使用。该分类法首先由澳大利亚经济学家费歇尔（Fisher）于 20 世纪 30 年代提出来，但他并未总结出规律性的东西。对此作出重大贡献并产生巨大影响的是英国经济学家和统计学家科林·克拉克。他在 1940 年出版的经济学名著《经济进步的条件》中，完整地提出了三大产业分类法，并运用该分类法，成功地找到了经济发展同产业结构变化之间的规律。

所谓三大产业分类法，就是把全部的经济活动划分为第一、第二、第三产业。第一产业的属性是其生产物取自于自然；第二产业是加工取自于自然的生产物；第三产业则被解释为繁衍于有形物质财富生产之上的无形财富的生产部门，即广义的服务业。至于这三大产业中的各产业应包括哪些具体的产业部门，目前尚未完全统一，但大同小异。一般来讲，第一产业包括种植业、畜牧业、林业、狩猎业，第二产业包括采矿业、制造业、建筑业以及煤气、电力、供水业，第三产业包括商业、金融保险业、运输业及其他。

2. 标准产业分类法

这种分类法是为了统一国民经济统计的口径而出现的。1971 年，联合国为统一世界各国的产业分类标准，颁布了《全部经济活动的国际标准产业分类索引》，该索引把全部经济活动分为十个大项，每个大项又分为若干中项，每个中项又分为若干小项，每个小项又分解为若干细项，即分为大、中、小、细四级，对每一级的每一项都规定了一个编码。这十个大项分别是：（1）农业、狩猎业、林业和渔业；（2）矿业和采石业；（3）制造业；（4）电力、煤气、供水业；（5）建筑业；（6）批发与零售业、餐馆与旅店业；（7）运输业、仓储业和邮电业；（8）金融业、不动产业、保险业及商业性服务业；（9）社会团体、社会及个人的服务；（10）不能分类的其他活动。

这种方法被广泛地应用于联合国和许多国家的统计资料之中，在产业结构的比较中也常常使用这种方法，但在研究产业结构的演变规律中却较少使用。

3. 资源密集分类法

按照这种分类法，可以把全部产业分为资本密集型产业、劳动密集型产业和技术（知识）密集型产业。该分类法的特征是它将各个产业使用的各种资源组合在产业间进行比较。因此，这是一种相对的划分，不存在绝对的划分基准。产业之间对资源依赖程度的差异，是由各个产业使用的工艺技术上的特征决定的，也受各个国家和地区各种资源条件与经济发展水平的影响。因此，某一个产业在不同的国家或地区，或在同一国家的不同时期，可能是劳动密集型产业，也可能是资本密集型产业，还可能是技术（知识）密集型产业。

此外，还有其他一些分类法，这些分类法是在部分经济活动范围内进行的分类，如马克思的两大部类分类法是在物质生产部门内进行的分类，霍夫曼分类法和工业结构产业分类法是在工业领域内进行的分类。这些特定的分类法被应用于特定的产业经济研究之中。

三、产业经济学的研究范围与发展阶段

在经济学中，产业通常被定义为生产同一种（严格来说是具有较强替代性）商品的企业集合，此时，产业与“市场”是同义词，因为只有为同一市场生产同类产品的企业才能构成同一个产业，而同一产业内的各个企业都是在同一市场上相互博弈，展开竞争并追求其最大化利润目标的。当然，这里的市场指的是狭义的局部市场，而非广义的一般市场。因此，产业经济学最初只是以特定产业为研究对象，着重研究产业组织、产业的规模经济、产业内企业间的竞争垄断关系，后来逐步被经济理论界扩展到产业结构、产业关联、产业政策等方面，并形成了相应的理论架构。产业结构理论研究的是产业之间的相互关系及其演进的规律性；产业关联理论是从技术经济的角度来描述产业之间的关联性；产业政策理论研究的是有关产业的结构政策、组织政策、技术政策、布局政策等方面的内容。从研究范围来看，在欧美国家，产业经济学实质上是狭义的产业经济学，即围绕产业组织研究的产业组织学，它以成熟和完善的市场经济为前提条件，较少考虑体制性因素对产业组织的影响。其研究内容主要包括相互关联的三个方面：不完全竞争下的 SCP 范式，企业的目标、规模和组织，与产业组织相关的管制及反垄断等公共政策。在日本和中国等亚洲国家，其经济理论界把产业结构、产业关联和产业政策也囊括在产业经济学中，从而使产业经济学的研究范围得到扩展，并且习惯上称其为广义的产业经济学。

从发展轨迹来看，产业经济学学科的建设和发展大体经历了三个阶段，即萌芽阶段、形成阶段和深化阶段。

1. 萌芽阶段（1930 年以前）

从理论与实践的关系来说，产业经济理论的研究根源在于社会分工的发展与新产业的不断产生。随着社会分工和社会化商品生产的发展，产业之间、产业内企业之间的关系日趋复杂，客观上需要理论界对其运行规律进行研究。实际上，这种研究的需要早已随社会分工的深入演化而得到强化，理论界顺应这种客观需要也早已开始了其研究进程。这样，产业经济学萌芽的历史自然比较久远，最早可追溯到古典经济学家亚当·斯密那里。他在《国民财富的性质与原因的研究》中提出了后人所推崇的两个原理：一是市场竞争机制理论，二是劳动分工理论。这两个原理都论及在自由竞争的市场体制下厂商的市场行为问题，这对后来的产业经济学中的产业组织理论的研究产生了直接的影响。之后的英国新古典经济学家马歇尔吸取其理论营养，首创性地提出“产业组织”概念并引入到经济学中。他在《经济学原理》一书中讨论生产要素时，丰富了萨伊的劳动、资本和土地生产三要素理论，提出了第四种要素，即组织，指出资源配置效率面临的核心问题是企业内部规模经济与外部竞争活力的问题。他认为，追求规模经济必然导致垄断的发展，而垄断会阻碍和破坏价格机制的作用，使价格受到人为因素的控制，从而扼杀经济发展的原动力——自由竞争，使经济运行失去活力，破坏社会资源的合理分配。因此，规模经济与竞争活力之间的内在矛盾被后人称为“马歇尔冲突”（Marshall conflict）。

马歇尔所处的时代仍然是自由竞争的市场经济占统治地位，垄断现象并不常见。但是到了 20 世纪初，垄断性的经济组织逐步形成，20 世纪 30 年代张伯伦、罗宾逊提出了不完全竞争理论，对垄断竞争和寡头垄断市场进行了分析，对产业组织理论的发展起到了重要的推动作用。尽管如此，此时的产业经济学还处于萌芽状态，真正意义上的产业经济学还未形成。

其间，产业结构理论也开始萌芽。早在 17 世纪，英国古典政治经济学家威廉·配第（W. Petty）就在其《政治算术》中论述了三次产业之间相对收入上的差距（即农业小于制造业、制造业小于商业），并指出，这种差距是劳动力在产业之间流动的重要原因。这为后来的产业间关系以及产业内结构的研究奠定了坚实的基础。

2. 形成阶段（1930 ~ 1970 年）

20 世纪 30 年代，美国处于工业化大规模生产阶段，大规模生产的经济性以及企业组织的替代对市场竞争产生了很大的影响。以梅森和贝恩为代表的产业组织研究小组在哈佛大学成立，他们继承前人的研究成果，总结美国几十年来产业组织政策的实践，运用经验分析、案例分析和经济计量方法，分析了大规模生产条件下的价格与成本、大企业对市场价格的影响以及可竞争市场的条件，形成了产业组织理论的完整体系。其标志性成果是贝恩的《产业组织》一书的出版，在该书中，贝恩明确了产业组织的含义，把产业组织概括为产业内不同企业之间的各种类型的市场关系，即它们的交易关系、资源占有关系、利益关系、行为关系；提出了市场结构（market structure）、市场行为（market conduct）和市场绩效（market performance）三个基本范畴，分析了三者的相互关系，并以研究市场结构为重点，构成了“SCP”分析范式。这就是后人所称的主流产业组织理论。此后，谢勒的《产业市场结构与市场绩效》一书的出版，提出了更为完整的 SCP 范式，使产业组织理论更加成熟。

在哈佛学派看来，市场结构主要包括集中度、产品差异、规模经济、进入障碍和政府管制，企业行为主要涉及合谋和策略性行为、广告和研究开发等方面，市场绩效包括资源配置效率、利润率、生产率等。他们认为，这三者之间存在递进制约的因果关系，市场结构决定企业的市场行为，而市场行为决定资源配置的绩效。因此，为了获取良好的市场绩效，必须采取积极的反托拉斯政策和政府管制，以改善市场结构，进而规范企业的市场行为。由于哈佛学派十分重视市场结构对市场行为和市场绩效的决定性作用，因此又称其为结构主义学派。

在产业组织理论得以形成的同时，产业结构理论也得到迅速发展。20 世纪 30 年代，澳大利亚经济学家费歇尔（A. G. B. Fisher）首次确立了三次产业分类法，把从自然界直接获取物质资料的产业称为第一产业，即广义的农业；把对取自于自然界的生产物进行加工和再加工的产业称为第二产业，即广义的制造业（其中包括矿业）；把第一、第二产业之外的其他所有经济活动统称为第三产业。此后，英国经济学家克拉克（C. G. Clark）在配第和费歇尔的研究基础上，运用多个国家的经济统计资料，进一步揭示了劳动力在三次产业之间分布与转移的规律性，后被称之为“配第-克拉克定理”。同时，德国经济学家霍夫曼（W. G. Hoffmann）还对工业内部各产业之间关系进行了研究，把工业又进一步细分为消费资料产业、资本资料产业和其他产业，论证了消费资料工业的净产值与资本资料工业的净产值的比例是随着工业化的过程而不断下降的。并通过计量分析，得出了消费资料工业的比重逐步减少，而资本资料工业的比重逐步上升的结论，这就是“霍夫曼定理”。到 20 世纪中叶，美国经济学家库兹涅茨（S. S. Kuznets）运用 20 多个国家的资料，深入考察了国民收入在三次产业间分布结构的演变趋势。里昂惕夫（W. Leontief）还创造了投入产出法，由此分析了产业之间的关系，对产业关联理论的发展作出了重要贡献。

3. 深化阶段（1970 年至今）

1970 年以来，产业经济学进入到全新的深化发展阶段，以哈佛学派为代表创立的主流产业组织理论一方面不断获得了发展和完善，另一方面也不断受到批评和挑战。因此，产业组织理论的发展分化成了两条主线：

一条主线是代表主流学派沿着 SCP 范式继续前进的“新产业组织学”，其代表人物有考林（Cowling）、沃特森（Waterson）、鲍莫尔（Baumol）等人。他们在研究产业组织问题中显示了以下几个特征：在研究方向上，不再强调市场结构，而是突出市场行为。在研究方法上，主要运用数学方法以及博弈论建立一系列的理论模型，以此来研究企业行为；对经济福利问题的分析较为深入，有许多独到之处。与谢勒的 SCP 范式相比，新产业组织理论对企业行为给予特别重视，将市场的初始条件及企业行为看作是一种外生变量，而市场结构则被看作是内生变量，而且彼此之间不存在反馈线路。这些可视为对传统的 SCP 范式的修订和补充。

另一条主线是以芝加哥学派为首的其他非主流产业组织理论的崛起。代表人物有斯蒂格勒、德姆塞茨（Demsetz）、布罗兹恩（Y. Brozen）等人。其中，斯蒂格勒的贡献最大，他在《产业组织》一书中提出的主要观点有：（1）探索了企业兼并的动因和根源，认为企业兼并的动因并不在于实现规模经济，只要没有显著的规模不经济，兼并仍会发生。（2）提出了产业生命周期理论，论述了企业内部分工和社会分工的关系，解释了产业内的专业分工和垂直一体化现象。(3) 讨论了厂商的最佳规模。认为最佳规模取决于许多难以观察和计量的因素，创造性地提出了用“生存者技术”原则来确定最佳厂商规模的观点：即，凡是长期竞争中得以生存的规模都是最佳规模。(4) 深入研究了“进入壁垒”问题。传统认为的规模经济、资本需要量、产品差异等进入壁垒因素，在他看来不再构成壁垒，而政府管制是主要的壁垒之一。(5) 创立了信息经济学理论，并运用它来解释市场组织问题。认为信息也可以产生收益，获取信息需要付出成本，厂商的信息是不完全的，市场中人的决策环境是以有限信息为特征的，因此没有必要把完全信息作为实现竞争的必要条件，只要市场中厂商数目众多，就能达到最佳竞争程度。(6) 率先对政府管制问题进行了系统的研究，开创了“规模经济学”的先河。之后，德姆塞茨在其《市场集中研究》一书中，实证研究了获利能力与市场经济的关系。总结起来，芝加哥学派的理论特点主要是：在研究方法上，更注重用严格的经济理论进行分析，并强调对各种理论的经验证明；反对强调“结构—行为—绩效”的单向因果关系，而强调三者之间的双向互动关系；对市场行为持自由放任主义观点，反对政府对产业组织实施干预。

正当欧美对产业组织理论的研究如火如荼的时候，在太平洋的彼岸——日本，则非常重视政府在产业发展中的作用，由此形成的产业政策是政府对产业组织、产业结构实施干预的集中体现。1945 ~ 1955 年是日本战后经济恢复的时期，通过实施产业复兴政策和产业合理化政策，成功地实现了钢铁、煤炭、海运、电力、合成纤维等许多工业部门的产业重建和经济复兴之目的。之后，日本进一步通过产业政策的作用，使其经济在 20 世纪六七十年代获得高速增长，一跃成为世界第二大经济强国。随着日本经济奇迹的出现，产业政策日益引起各国理论界的广泛关注。1970 ~ 1972 年，联合国经合组织（OECD）发布 14 个成员国产业政策研究报告，促进了“产业政策”在全世界的普及。日本学者如小宫隆太郎、筱原三代平、宫泽健一等对产业政策、产业结构等理论进行了系统的总结，并囊括在第一本明确命名为《产业经济学》的书中，标志着产业经济学的正式诞生。

四、产业经济学与其他学科的交叉融合

当代产业经济学的前沿研究大都是在与其他学科的交叉融合中实现的，如与博弈论和信息经济学的交叉融合，与计量经济学的交叉融合，与制度经济学的交叉融合，与演化经济学的交叉融合等。

1. 与博弈论和信息经济学的交叉融合

在传统的新古典经济学中，价格制度成为研究的核心。其研究依赖于两个基本假定：(1) 市场参与者的数量足够多，从而市场是竞争性的；(2) 参与人之间不存在信息不对称问题。但这两个假定在现实中一般是不满足的。首先，现实的市场不可能是完全竞争的市场，在不完全竞争市场中，人们之间的行为是直接相互影响的，所以一个人在决策时必须考虑对方的反应。其次，现实中市场参与者之间的信息一般是不对称的，当参与人之间存在信息不对称时，任何一种有效的制度安排必须满足“激励相容”（incentive compatible）条件，这就是博弈论和信息经济学所要研究的问题。因此，20 世纪 70 年代以来，经济学家开始将注意力由价格制度转向非价格制度研究，博弈论与信息经济学的研究逐渐形成并成为经济学的基石，推进了经济学研究范式的转换（由价格行为向非价格的决策行为转换，并强调实验方法在研究中的运用与重要性）。

博弈论和信息经济学的产生为经济学家理解和分析市场结构、企业战略行为提供了一个强有力的工具。自此之后，产业经济学家们开始将产业经济理论的讨论放在了博弈论与信息经济学的分析框架中。这是因为，在20世纪70年代，产业经济学的发展出现了一个新的变化，那就是将研究从重视市场结构转向重视企业行为特别是策略性行为的研究，而博弈论特别是非合作博弈理论是处理策略性问题的理想方法。在不完全竞争市场，信息不完全和信息不对称是企业行为面临的又一个主要问题，企业行为如何适应这种信息不完全、不对称的情境，以调整行为策略，正是信息经济学所要讨论的问题。借助博弈论和信息经济学的理论运用，产业经济学得到了广泛发展，其中具有代表性的是法国经济学家泰勒尔的《产业组织理论》一书的出版。全书的内容都是建立在信息不对称与非合作博弈论的基础上的。现在，博弈论与信息经济学已经基本上成为产业经济学占主导地位的研究方法，两者有机融合在一起，推动着产业经济学的理论体系不断发展。也正是由于博弈论方法的应用，产业经济学才成为20世纪70年代以来经济学中最富生机与活力的研究领域之一。

2. 与计量经济学的交叉融合

计量经济学是一门从数量方面研究各种经济变量定量规律的应用学科，它作为经济学的一个公共学科，自20世纪30年代诞生起，经过70多年尤其是近30年的发展，形成了广泛的内容体系和方法论基础。

计量经济学作为一种分析工具和研究方法产生以来，逐渐被产业经济学家们运用到产业经济理论研究中，产业经济学与计量经济学不断发生交叉融合。20世纪60年代以后，经济计量学方法逐步成为产业经济学的主要研究方法，是产业经济学转入实证以后主要采用的方法。这一时期，随着在经济计量学方面受过良好训练的新一代学者的出现，加上电子计算机和计量经济学软件的普及，利用“结构—绩效”模式进行横截面数据回归分析，一时成为产业组织问题研究的时尚。20世纪90年代以来，产业经济学的研究不再截然区分规范研究和实证研究，两者出现了融合的趋势，实证研究者越来越愿意吸纳和利用经济学基础理论来分析，而理论研究者开始更加注重运用计量经济方法来进行研究，这就使得产业经济学与计量经济学的交叉融合发展成为一种必然。

3. 与制度经济学的交叉融合

20世纪60年代以来，经济学中引人注目的发展之一就是新制度经济学的出现和发展。新制度经济学是从制度角度研究经济问题的经济学派。其代表人物有科斯、诺思、威廉姆森、阿尔钦等人。如果说主流产业组织理论注重产业组织之间关系的研究，那么，新制度经济学则将研究重点深入到产业组织内部，从企业内部的产权结构、组织结构的变化来分析企业的行为差异及其对市场绩效的影响。例如，科斯和威廉姆森等认为，企业（厂商）和市场是组织经济活动的两种替代方式，都是完成交易的手段，选择企业还是市场方式的决定因素是使用它们的相对成本（交易成本），交易成本随决策者的特性变化而变化。他们运用交易费用理论说明产业组织的效率来自交易费用的节约，交易费用决定了市场结构；运用产权理论说明市场资源配置的失误在于产权配置的失误；运用委托代理理论分析两权分离对企业动力结构和企业效率的影响，以及建立相应的约束激励机制的途径和重要性。新制度经济学为企业行为的研究提供了全新的理论视角，对产业经济理论的深化起到了直接的催化作用。

4. 与演化经济学的交叉融合

从动态的角度研究经济现象是演化经济学的基本内核。自20世纪80年代以来，以1982年纳尔逊（R. Nelson）和温特（S. Winter）的著作《经济变迁的演化理论》发表为标志，演化的思想在经济学界逐渐兴盛起来，经过20多年的发展，已逐渐形成了一门理论较为系统的演化经济学。演化经济学主要研究的领域是：（1）企业组织的演进；（2）经济制度的变迁；（3）经济增长；（4）组织生态学。其基本理论是企业演化理论和制度演化理论，其中的企业演化理论成为产业经济学与演化经济学交叉融合的核心。

演化经济学认为，企业在竞争环境中存活的条件是有正的利润，企业能否通过选择而生存依赖于它的能力，企业的组织能力由企业成员的能力通过各种机制整合而成。这些机制包括：(1）组织结构。组织依据企业的目标和企业内部各成员的能力进行分工。(2）资源获取和退出的渠道。（3）认知机制——惯例。惯例是做事的程序和方式，企业就是由一套惯例（routine）组成的。惯例在组织中的功能可以通过技巧对个体的作用来理解，企业依据惯例行事能节约决策成本。在企业的演化过程中，存在着变异机制、维持机制和选择机制等三种机制促进企业优胜劣汰，所以，企业演化的最终结果是最适者生存下来。弗里德曼认为，企业在竞争的演化过程中，经过自然选择，最后存活的企业必定是最优的。阿尔钦认为，企业虽然没有试图要最大化利润，但自然选择使得更有效率的企业得以生存，所以最优的不在于动机，而在于结果。由此可见，演化经济学的产生和发展，一开始就和产业经济学的内容交叉融合，从而丰富了产业经济学新的内容。

第二节 产业经济学的研究对象和方法

一、产业经济学在西方的历史沿革

在西方，产业经济学（industrial economics）又称产业组织学（industrial organization），是战后迅速发展起来的应用性经济学科。最初把产业组织概念引入经济学并提出其研究方向的是新古典学派经济学家马歇尔（A. Marshall）。他在1890年出版的《经济学原理》一书中论及生产要素问题时，在生产三要素（劳动、资本和土地）说的基础上，独出心裁地提出了第四生产要素，即“组织”。在当时马歇尔使用的“组织”概念里，既包括了企业内的组织形态，也包括产业内企业之间的组织形态，还包括了产业之间的组织形态（产业结构），甚至还包括国家组织等。他认为组织可以提高经济效率、增加经济福利，并指出了提高效率的三个方面：分工、产业集聚和大规模生产。而后来的所谓产业组织理论正是从研究其中的第二个组织形态，即产业内企业之间的关系形态发展起来的。由于马歇尔是产业组织概念最初的提出者和其中内在矛盾的揭示者，因此许多产业组织论者都把马歇尔作为产业组织论的先驱。到20世纪初，随着现代制造业的兴起，垄断、垄断寡头的统治成为发达资本主义国家中的普遍现象，卡特尔、托拉斯等垄断组织亦有了相当的发展。因此，垄断问题开始引起经济学家的关注。1933年英国经济学家罗宾逊（J. Robinson）总结了有关“马歇尔冲突”的论争以来的理论探讨，写出了《不完全竞争的经济学》（The Economics of Imperfect Competition）一书。后来，英国经济学家，特别是牛津大学的经济学家对产业组织的实际状况和理论作了不少调查和研究，产业经济学的研究才真正开始。

但是，现代产业组织理论的真正发祥地并不是英国而是美国。美国人从现实的经济问题和垄断的弊端出发，开始研究产业组织理论。美国产业组织理论的鼻祖是张伯伦（E. H. Chamberlain），他于1933年出版了《垄断竞争的理论》一书，在书中张伯伦以具体的、现实的企业活动的市场取代了理论上的抽象的市场概念，以垄断要素的强弱程度为根据，对市场形态进行了分类，突破了要么竞争、要么垄断的框框，将完全竞争到一家垄断之间的各种市场形态作了区分，并分别研究了价格机制在其中所发挥的具体作用。梅森和贝恩承袭了上述一系列理论研究，提出了现代产业组织理论的三个基本范畴：市场结构（market structure）、市场行为（market conduct）和市场绩效（market performance），并把这三个范畴和国家在这个问题上的公共政策（即产业组织政策）联系起来，规范了产业组织理论的理论体系。

当然，产业组织理论的观点并没有达成广泛共识，一直以来都存在着哈佛学派和芝加哥学派之争，除此之外还有奥地利学派、新制度学派等，这些思想流派的主导思想将在后面详细介绍。

二、产业经济学在我国的构建

改革开放初期，产业经济学被逐渐介绍到我国。20多年来，我国学者翻译和介绍了一批经典的产业经济学专著和教材，如克拉克等人的《产业组织：理论、证据和公共政策》、植草益的《产业组织论》、斯蒂格勒的《产业组织与政府管制》，以及泰勒尔的《产业组织理论》和卡尔顿等的《现代产业组织》等，使产业经济学在我国得到较快普及。目前来看，国内主流的产业经济学受日本某些经济学家的影响比较大，在产业经济学的学科体系构建上把产业组织理论与产业结构、产业关联等其他理论一并讨论，形成了一种“宽泛”意义上的产业经济学。这种“宽泛”产业经济学的代表人物是杨治等，他们认为产业经济学是以“产业”为研究对象，研究产业之间、产业内企业之间的关系结构及其经济运行的规律性，认为产业经济学不仅包括产业组织理论，还包括产业结构、产业关联和产业发展等理论。随着学科建设的不断完善，目前产业经济理论已经发生了相当程度的“本土化”，刘志彪教授编写的《产业经济学》就是最好的说明。他认为产业结构、产业联系、产业组织这三个部分是产业研究的主体内容，其中产业结构问题是产业经济研究的“准宏观”领域，产业联系问题是产业经济学研究的“中观”领域，产业组织问题是产业经济研究的“准微观”领域，结合中国的实际情况——发展中的大国经济和对外开放，产业经济的研究领域应更为广阔。中国的产业经济学除了要研究上述三大领域的问题外，还要研究产业布局问题，经济体制与产业发展的关系问题，不同产业的技术开发、技术改造和技术进步问题，以乡镇企业为特征的中国中小企业问题，开放条件下中国产业的国际化问题等。

三、产业经济学的研究对象

在西方，关于产业经济学研究对象的问题可谓是众说纷纭，泰勒尔说：“我想避免给这一学科下一个精确的定义，因为它的边界并不明确。产业经济学的确始于对厂商结构和行为的研究，但是产业经济学的内容比经营战略更丰富”，“研究产业组织就是研究市场运行”。瑞典皇家科学院在斯蒂格勒荣获诺贝尔奖的公告中则指出：“斯蒂格勒为市场运行的研究和产业结构的分析做出了重大贡献，他的成就使他成为市场和产业结构应用研究领域（产业组织）的学术带头人”。阿宁德亚·森在牛津大学出版的《产业组织学论文集》的导言中指出：“产业组织学的定义可以较宽，包括企业理论、规制、反垄断政策、合同理论以及组织理论的某些内容”。在我国，正如前面所言，“本土化”的产业经济学研究的内容主要包括产业结构、产业联系、产业组织、产业发展、产业布局和产业政策等，我们将在后面详细介绍。

中西方的产业经济学研究的对象是不同的。中国是社会主义国家，受到日本的产业政策的影响，国家对经济的干预是一种必然。因此，中国的产业经济学是以研究产业结构、产业关联、产业政策为主的。而西方主要是受到马歇尔悖论（规模经济与垄断无效）的影响，其主要研究产业组织，就是企业与企业之间的关系与反垄断。

四、产业经济学的研究方法进展

研究方法对经济学理论的发展具有重要作用，有时甚至会带来革命性的变化。纵观西方产业经济理论，我们发现，产业经济学的研究方法主要有三种，即案例研究、经济计量学和博弈论方法。

案例研究是20世纪50年代产业经济学的主要研究方法，是哈佛学派首先使用和比较推崇的方法，也是后来芝加哥学派常用的方法，由此产生了许多重大的学术成果。产业经济学的理论家之所以乐意采用案例研究方法是因为丰富的案例研究可能更容易再现产业的因素和行为。

经济计量学方法是20世纪60年代以后产业经济学的主要研究方法，是产业经济学转入实证以后主要采用的方法。这一时期，随着在经济计量学方面受过良好训练的新一代学者的出现，加上电子计算机和经济计量学软件的普及，利用“结构—绩效”模式进行横断面数据回归分析一时成为产业组织问题研究的时尚。

博弈论方法主要是20世纪70年代以后被广泛采用的新的研究方法。与计量经济学方法不同，它主要适用于产业经济学的理论分析。自冯诺曼（Von Neumann）和摩根斯坦（Morgenstern）于1944年出版《博弈论与经济行为》以来，博弈论方法便开始应用到经济学研究中来。20世纪70年代以后产业经济学从重视市场结构研究转向重视企业行为研究，而博弈论尤其是非合作博弈理论，则恰恰是处理策略性行为问题的理想方法，因而获得了前所未有的推崇和广泛运用。

这三种方法虽然产生于不同的年代，但都是常用的方法，并没有哪一种方法过时之说。目前，伴随着理论层次上对博弈论的广泛重视，案例研究方法继续受到青睐，而且重要性相对提高，但计量经济学方法中的横断面回归分析近期有所衰落。近年来出现了很有发展前途的两种实证研究方法：一种是普劳特（Plott）解释并评述的“实验方法”，另一种是时间序列分析。其中，贝叶斯和皮尔还认为，可用于产业经济学研究的方法包括经济时间序列的线性和非线性方法、协整模型和误差修正模型、双线性模型、临界自回归和混沌模型等。随着有关数据资料的积累，这些分析方法在产业经济学领域将会得到更广泛的应用。

第三节　产业经济学理论

一、产业经济学的理论基础

由于产业经济学是研究产业、中间产品再生产过程的经济学科，这使得经济学的领域拓展到了一个新的更深入的层次。因为现实经济运行所遇到的问题，要求经济学不仅要回答单个经济主体在单个市场上是怎样运作的、国民收入的总需求与总供给是怎样达到均衡的，而且还要回答社会再生产过程中，产业之间的中间产品复杂的生产、分配、流通和消费状况，从而使人们对社会经济运动有一个从个别到中间、再从中间到整体的完整的了解。由于各种经济现象本身是相互联系、相互交织在一起的，因此作为研究某一特定经济现象的某一经济理论，自然也不是完全孤立的，必然与相关的经济理论有联系。产业经济学也是这样，尽管它的研究对象既不同于政治经济学，也不同于微观经济学和宏观经济学，但无论是从它的起源，还是从它的研究方法等方面来看，其都是以下述经济学科为基础的。

（一）马克思主义政治经济学

政治经济学是研究人类社会基本经济规律的学科，是最基础的理论经济学。它所揭示的关于人类社会的一般经济规律和基本原理，是研究其他经济学科的理论基础。特别是马克思主义政治经济学，是我们研究、建立和发展社会主义产业经济学的理论基础。马克思主义政治经济学关于社会主义生产目的的理论、关于商品经济和垄断与竞争的理论、关于社会再生产和关系的理论等，不仅是指导社会主义国家进行产业经济分析和制定产业政策的重要理论依据，而且还是构成社会主义产业经济学理论体系的重要内容。

具体地看，首先，马克思主义经济学的两大部类再生产理论实际上就是产业关联理论中投入产出分析法的直接理论基础之一，曾经有经济学家对此作过论证。因为从投入产出分析法的创始人里昂惕夫的生平看，他本是前苏联公民，曾在列宁格勒大学就读，在去德国以前曾在前苏联国民计委工作，他既通晓马克思主义经济学著作，又熟悉前苏联的经济研究文献。另外，里昂惕夫在 1925 年提出他的最初想法时，他还在前苏联工作，所以里昂惕夫提出的投入产出分析方法从历史的角度来看，其受到马克思的再生产理论和前苏联的物资平衡的做法的影响是十分现实的。事实上里昂惕夫投入产出表的横行分配方程式与马克思主义经济学的基本关系即国民经济最终产品等于国民收入是一致的。

其次，马克思主义经济学在理论上将整个社会经济抽象地划分为两大部类的基础上，进一步认为在社会主义的实际经济生活中，社会生产是按部门来组织和管理的，因此必须进一步分析国民经济各部门的主要比例关系的理论与现代产业经济学中十分重视对产业结构的分析是完全一致的。马克思主义经济学认为国民经济各部门的比例关系首先是农业与工业的比例关系，正确处理好农业与工业之间的比例关系，不仅有利于工业和农业这两个部门的扩大再生产，而且也有利于国民经济其他部门的发展；其还认为在农业和工业经济部门内部也要保持恰当的比例关系，必须强调全面发展的观念，这是保证国民经济全面增长的关键，各种产需平衡工作做得越细、调节得越合理，再生产进行得就越顺利；同时马克思主义经济学也强调工农业和交通运输业、商业等其他各个部门经济的合理的比例关系，认为各部门经济一定要按比例协调地发展。这些观点与现代产业结构理论中一再强调的第一、第二、第三产业结构要合理，产业结构要优化的观点更是完全一致的。

再次，马克思主义经济学也强调地区经济之间要有合理的比例关系，认为在社会分工和商品经济发展的条件下，一国内各个或大或小的经济区域都不可能孤立地发展，各地区只能根据地区的条件生产某些产品，而不可能生产本地区所需要的一切产品，它必然向其他地区购进一些本地区不能生产的产品。同时，本地区生产的产品，超出其自身需要的部分，还应该出售给其他地区。这样，地区之间就必然相互提供产品和市场，因而它们之间也必须建立一种协调的比例关系。建立地区之间合理的比例关系，要求生产力有合理的布局，要求建立工业企业时，要靠近原料、燃料产地，要靠近产品的销售市场，要注意发展边境地区的经济等。这些都可以看做是现代产业布局理论的理论来源之一。

另外，马克思主义经济学也十分强调社会主义国家的对外经济交往，认为它是社会化大生产的需要；是有计划、按比例地协调国民经济比例关系的需要；是利用国际分工、节约社会劳动的需要；也是促进科学技术进步的需要。这和现代的产业发展理论、产业技术进步理论等也是十分一致的。事实上，完全可以说，正是马克思主义经济学第一次针对一个国家的全产业从理论上系统地提出了进行规划和有计划、按比例发展的必要性和具体的方法，并在实际经济生活中进行了有效的实践。因此，马克思主义经济学是产业经济学的理论基础之一。

（二）西方经济学

产业经济学在其形成和发展的过程中，广泛地吸收了西方经济学的研究成果及相关理论。从产业经济学形成的历史渊源看，产业经济学的许多原理和方法都是从西方经济学中衍生出来的，尤其是产业经济学中的产业组织理论。在20世纪50年代末由美国的梅森和贝恩创立的产业组织理论体系中，市场结构理论源于微观经济学中的市场理论；市场行为理论源于微观经济学中的厂商理论和均衡价格理论；市场绩效理论综合反映了微观经济学中消费和生产的优选行为理论和分配理论等。总的来看，产业组织理论以企业与市场的关系结构为研究对象，实质上无非是微观经济学中关于价格理论，特别是垄断价格理论的深入分析和进一步发展。实际上，在现代经济学体系中，已很难明确地划分产业组织理论与微观经济学的界限，这也从一个侧面体现了产业经济学在宏、微观经济学之间的桥梁作用。

在产业经济学的研究中，也广泛吸收了宏观经济学中的分析方法和理论成果。例如产业经济学中的产业关联理论，是在20世纪30年代美国经济学家里昂惕夫所建立的投入产出分析方法的基础上创立的，它填补了微观经济学和宏观经济学未能涉及的有关各产业的中间投入和中间需求变化关系的研究空白。但是，他的投入产出分析理论受启于微观经济学中瓦尔拉斯的“一般均衡理论”，同时引进了宏观经济学中凯恩斯的“国民收入理论”关于最终产品总值与国民收入相等的观点，只是进一步使这种均衡关系多部门化而已。

因此，马克思主义政治经济学与西方经济学是产业经济学学科本身得以产生和发展的最重要的理论基础。

二、我国产业经济学的思想渊源

虽然产业经济这一概念的正式出现是在20世纪50年代以后，但若从产业经济学是研究调节产业间和产业内的资源配置的经济学科这一现代角度来看，那么早在人类最古老的产业——农牧业的出现和最早的国家政府建立以来，某种具有现代产业经济学特征的思想就已经出现了，从某些思想的演变和据此具体实施的经济政策来看，甚至已达到了相当成熟的地步。特别在中国，由于其中央集权的统一国家政权建立时间之早、延续时间之长在人类历史上是罕见的，故国家政府对经济发展加以控制、扶持等的各种经济思想及相应的政策由来已久，而这些经济思想及政策对中国特定的社会发展走向也起到了十分重大的影响，所以从现代产业经济学的角度来对这些经济思想和相应的政策加以研究、分析和重新认识是十分有意义的。

中国最早的具有产业经济思想的经济政策在春秋战国时期就已经出现，有的甚至可以追溯到商、周时期，所以有些学者甚至认为“中国产业政策实施的广度和深度甚至远远超过了以成功推行产业政策而著称的日本”。当然制定这些政策的根本目的不可能与现代意义上的产业经济学提出的目标是完全一致的，更不可能正式提出“产业政策”这样的现代概念，但是无论是从指导这些政策制定的思想还是从具体的政策内容来看，其对各产业间和同一产业内资源配置的影响都是客观存在的，无疑已具有了现代产业经济学的根本特征。

中国的封建统治自秦汉以来一直到晚清第一次鸦片战争以前，长达两千余年，虽几经更迭，但其社会经济结构却几乎从未受到外来势力的冲击，这与中国封建统治时期与其社会经济结构特征相适应的产业思想及在此思想指导下制定的经济政策可以说不无关系。中国的传统社会特征始终表现为小农经济、家族制度、中央集权官僚体系这三者的结合与统一，而与其相互适应的经济思想及相应的政策虽反复变动，但其主要的内容却明显地表现为：农本思想、工商业思想和水利基础建设思想这三个方面。

（一）农本思想

在古代社会中，人们经济生活的物质需求主要依靠农业，统治阶级实施其政治统治的物质基础也主要产生于农业，农业是“整个古代世界的决定性的生产部门”。因此，在古代人们的思想观念上首先产生对农业的重视，这是符合人类认识发展的基本规律。从商、周时代遗留下来的甲骨卜辞和一些文献中就已保存着不少有关农业方面的记载，反映出从上古时期就已开始了对农业的重视。但从另外的有关文献记载来看，春秋及其以前社会对当时的商业的态度也是肯定的，并无明显的重农抑商倾向，所以当时的经济思想和政策对商贾以及商业活动都没有过多的干预。而真正开始对农业的偏重是从战国初期开始的。战国初期李悝在魏国推行“尽地力之教”，其理论基础就是重农思想，认为农业是财富产生的唯一根源。他从重农的角度提出“农是国之本，农伤则国贫”的观点。以后商软、荀况、韩非等更进一步将之推向了极端，明确提出了“农本工商末”的口号。重农轻商思想在战国时期形成，有其客观原因。战国是从春秋时的分封制经过各种形式的兼并，演进到地区性的统一及地区性的君主集权制，最后发展到全国性的统一及君主中央集权制的过渡时期，这一过程是通过激烈的军事行动才得以完成的。为了保障在兼并战争中有足够的兵员与财力，就必然要求动用国家行政的力量来最大限度地保护易于控制的小农经济，并对社会财富、包括商人的财富进行掠夺式的征调。战国时期正是中国封建经济确立时期，土地的私有化和自由买卖已经出现，这就给商业资本向土地投入开辟了途径，而商业资本向土地投资最初必然是对自耕农进行兼并，这就势必造成军事官僚实体赖以进行的军事兼并的物质基础发生动摇。因此，为了保证兼并战争的顺利进行，地主阶级政治家便在传统的重农思想的基础上发展形成了重本抑末的理论，从此偏重农业的农本政策开始确立。

在其后封建时代的演进中，封建统治者不断地认识到商人资本的过度膨胀会造成农业生产的萎缩，阻碍封建经济的稳定发展，因此重农轻商思想一直受到地主阶级的重视。从西汉初的贾谊、晁错，直到唐代中叶的杨炎，以及北宋时期的王安石，他们的经济理论都和重农轻商思想有一定的联系，而其经济活动都不同程度地涉及重本抑末政策。直到清中叶，封建政府仍以坚持重本抑末为治国之策，例如雍正皇帝依然明令宣布："农为天下之本务，而工商皆其末也。"故以重农轻商思想为特色的农本政策在中国封建时期虽历经两千多年，却经久难衰，一直到晚清鸦片战争前后才受到真正的挑战。

农本政策，从现代产业经济学的角度来看，体现的是一种产业结构政策，即如何看待农业在社会产业结构中的地位以及国家应相应采取什么样的产业思想。因此，中国封建时期是将农业在整个产业结构中放在了一个最重要的位置，农业实际上成为了整个封建时期的"支柱产业"。农本思想的目的是维护农业的再生产，其在政策上就要保证农业有充分的劳动人手，农业人口不能随意向其他行业转移。春秋战国群雄纷争，各国推行的农战政策、农耕政策都是农本思想的具体体现。而从先秦到明清，历来的农本政策，其目标就在于如何将尽可能多的社会劳动人手固定在土地上，其进一步的政策目标是要实现劳动人手与土地资源的合理结合，故调整人、地结合的比例就成为土地政策思想的重要内容。

从上述农本思想目标的具体政策来看，大致有土地政策、赋役政策和人口政策三类。从上古时代起，封建的理想土地形式就是"井田制"，即一种"有田者皆耕"或"耕者皆自有田"的理想目标。因为中国封建社会的土地所有制，从终极所有权意义上来讲，应该是封建王朝所有，所谓"普天之下，莫非王土"，故对封建政府来说，生产者与土地的直接结合，农业产品就可以只在国家与生产者之间分配，否则农产品就必定要在国家、地主、生产者三者之间进行分配和再分配。但从春秋战国时期开始，井田制作为一种理想化的土地制度已失去了它现实的可能性，封建地产制的统治已是不可避免的历史事实。于是此后历代便提出了较井田制后退一步的限田、占田、均田等抑制土地兼并的土地政策。这些政策都是将一部分土地交给农民直接耕种，以保证皇朝的收入；同时又将一部分土地以官田、职田等形式赏赐给皇室、贵族、官吏等归其占有和支配；这些人又把土地分成小块，由佃农来进行生产。因此，从西汉起，抑制土地兼并即成为一项最为普遍、存在时间最长久的经济思想，其表现形式即为抑商贾、抑豪强以及提倡均田三大抑制兼并的政策。

与土地政策紧密联系的是赋役政策，它们可以被视为同一个问题的两个方面：有均田制，就有与均田制相对应的府兵制和租庸调；均田制崩坏，就有相应的两税制的兴起等。总之有什么样的土地政策就有什么样的赋役政策。作为历代赋役政策思想最具共性的一点是对赋敛程度的关心，因为征收过少会难以维持国家机器，而征收过多又会阻碍社会再生产。一般说来，其主流思想大多认为"征不能废"，但应"征之有度"、"征之有常"。

既然农本思想的目标是使劳动力与土地资源合理配置，故不可避免地相应要有人口政策。在地广人稀的古代，其根本措施就是鼓励人口增殖，企图以未来人口的增加来加快土地资源的开发，进而加强国家的经济实力。典型的如越王勾践、唐太宗等都推行过相应的鼓励政策。而当用人口增殖手段难以解决燃眉之急的问题时，则往往采用"移民屯边"，鼓励流民复业垦荒、屯田甚至直接掠夺人口和迁民等。

总之农本思想是中国封建时期最重要的一项产业思想。封建政府根据其制定的经济政策已经是相当的完备和成熟，有各种具体的配套政策与保障措施。从现代产业经济学的观点看，这些政策就是一种产业结构政策，将农业作为“支柱产业”而加以扶持。

（二）工商业思想

从前面对农本思想的介绍可知，几乎伴随农本思想提出和依此实施政策的同时，抑商的思想和政策即已开始提出和实施。但封建政府推行抑商政策并不是说其认为工商业是“末技”，是不重要的，而是在充分认识到工商、手工业力量的基础上，为维护其封建统治而推行的政策。因为商品货币关系的发展必然造成商人势力的增大，导致土地兼并加剧，从而破坏小农经济的生存基础，对封建王朝的统治构成威胁，因此重农抑商就成为各个封建王朝的基本国策。但是实际上“抑商”远不是在封建王朝工商业思想中占主导地位的思想。在工商业思想中占主导地位的乃是扶持官营工商业的思想，其表现在经济政策上即是国家专营或专卖的政策。这是因为在中央集权的统治形式之下，为满足宫廷、政府和军队的需要，国家必须将有关国计民生的重要产品掌握在自己手里。因此，自秦汉以来、中央集权制形成之后，对手工业的管理和控制就成为历代王朝进行统治的一项重要内容。大致从秦汉开始，便开始了由国家垄断对盐和铁的生产和经营。其后历代，纺织、陶瓷、造纸业等行业也陆续由国家控制，这种垄断制度使重要的工商业活动都为国家所独占。它一方面在几乎一切重要的领域成功地封闭了传统工商业发展的机会和道路，另一方面表现出对民间财富极大的掠夺性。与对官营工商业极力扶持相对应的就是对民间工商业的抑制。

从前面我们已经知道，中国社会自秦汉建立起封建大一统的国家体制后，中央政府无疑已成为社会的政治中心，故其绝不会放任民间工商业自由成长为一支能与之抗衡的经济力量，否则对其一元化的封建专制统治是一种极大的威胁。因此，从社会再生产以及封建国家的经济、政治利益出发，民间私人工商业一方面不能没有，但另一方面又绝不能让其自由成长到会影响小农经济的农业生产形式，能与中央政权相抗衡、形成潜在威胁的力量。故对封建国家来说，其理想目标就是既允许它存在，但同时又将它控制在一定的水平上，处于永远依附于国家的地位。所以从秦统一六国后，就开始运用国家政权直接对商人进行控制和打击。汉朝汉武帝更是开始大规模实施抑商政策，一方面运用政权力量直接对商人进行政治压迫和严厉打击，另一方面又运用封建伦理进行“贱商”、“轻商”，致使商人处于一种被人轻视的低下社会地位，其直接影响波及整个封建时期。其主要手段有对民间工商业课以重税；利用均输、平准等手段干预市场，控制物价，对城市市场进行严格管制，防止商人从中牟利；利用行会强化对工商业活动的控制，并设立专门的机构严格控制和垄断海外贸易，甚至闭关锁国、实行海禁等。

（三）水利基础设施建设思想

在一个以农为本、以农业为主要生产部门的社会里，人们的安居、迁徙、生产无不与水利息息相关，水利是农业社会中的基础产业。但在中国古代封建王朝有意维护的小农经济状态下，其分散孤立的状态和低下的生产能力，排斥了分工以及由此产生的社会经济联系，使得一切公共工程及设施的建设只能由中央集权的政府来组织完成。故从上古的夏、商、周起历代国家政权及地方政府无不知水利为命脉，其对水利事业在社会经济生活中地位和作用的认识的言论在各朝各代都屡见不鲜。

水利思想以其关注的对象和具体内容而言，大致可分为以治理黄河为中心内容的治理大江大河的“河工”思想和以维护漕运水道为主要内容的漕河思想。自秦汉以来，历代都城先为关中，后移洛阳、开封、北京，多在北方之地，一切时政皆赖漕河运输接济，故对潜运水道的维护整治自然成了国家的首要政策。隋炀帝时，就开凿了迄今为止最大的运河。而治理河工则以保漕为中心的思想也日趋明显，到明清时，治理黄河的首要目标就是为了保证南北运河的畅通。

总之，为了维护封建政权财政收入的稳定，在封建小农经济无力承担大规模水利工程的情况下，水利基础产业的建设就成为了历代封建王朝尤为重视的头等大事。

综上所述，中国封建时期自秦汉封建大一统的国家政权体制建立以后，就已经具有了十分成熟的具有现代产业经济学特征的经济思想，在实践中，已开始了对社会经济各个领域的直接干涉和控制，其赖以进行的相应政策就是农本政策、工商业政策和水利建设政策。从现代的观点来看，这反映了一种产业结构政策的思想，而在工商业政策中则更闪烁着产业组织政策的思想，即扶持官商、国家垄断经营和抑制私商。可见，产业经济学的思想渊源在中国是十分久长的。

三、产业经济学的理论体系

（一）两种主要的观点

对于产业经济学的理论体系（或研究内容）的构成问题，目前存在两种主要观点：第一种观点认为，产业经济学（industrial economics）等同于产业组织理论（industrial organization），主要以特定产业为研究对象，并以市场结构、市场行为、市场绩效和产业组织政策（包括反托拉斯政策）为基本理论框架。这种观点与欧美国家的情况比较一致。在欧美国家，主要以“Industrial Organization”为书名，即使以“Industrial Economics”为书名，也是主要研究产业组织理论。第二种观点则认为，产业经济学不仅仅是产业组织理论，还应包括产业结构、产业关联、产业布局、产业发展和产业政策等内容。由于研究范围广泛，产业组织理论只占一部分内容。

（二）我国产业经济学的理论体系

我们认为，第一种观点比较容易与国际接轨，而第二种观点更符合中国的传统。从我国对产业经济学的研究历史看，对产业结构等理论的研究确实早于对产业组织理论的研究，而且在支持政府制定产业结构政策中发挥了一定的作用。因此，在现阶段，如果以“产业经济学”为书名，其研究内容除了产业组织理论外，还应包括产业结构理论、产业政策理论等内容，但又不能把产业经济学的研究内容搞得太宽泛，主张把产业关联、产业布局等理论作为产业结构理论的研究内容，不将这些内容独立化。这样，具有中国特色的产业经济学的理论体系主要由以下几部分组成：

（1）产业组织理论。它以特定产业为研究对象，着重研究一个产业中的市场结构、市场行为和市场绩效及其三者之间的互动关系。它是产业经济学的主要内容。

（2）产业结构理论。它主要研究产业之间的联系及其相互影响，其研究范围比产业组织理论更为广泛，主要内容包括：

1）产业结构优化理论。它主要研究产业结构的演进规律，通过产业结构的调整与合理化、升级与高度化，实现产业结构的不断优化。

2）产业关联理论。它主要研究产业间以各种投入品和产出品为连接纽带的技术经济联系，包括产业之间的产品（服务）联系、生产技术联系、价格联系、投资联系等内容。

3）产业布局理论。它主要研究地区产业结构的合理化问题，即根据不同地区的资源优势和产业特征，在一定地区（甚至全国）范围内实行合理的产业布局，使各地区的资源得到充分、有效的利用。

(3) 产业政策理论。从“实用”意义上讲，产业经济学的研究是以支持政府制定科学的产业政策为导向的。因此，产业政策理论不仅研究产业政策本身的制定、实施、修正和效果的科学性，而且研究根据特定产业的现状，如何制定科学的产业组织政策和产业结构政策，在产业内形成规模经济与竞争活力相兼容的有效竞争格局，在产业之间协调发展，实现产业结构的不断优化。

(4) 反垄断与管制理论。从广义上讲，产业政策理论也包含反垄断与管制理论。但从国内外的现实情况看，反垄断与管制理论显示出越来越重要的作用，因此，国外的教材也将这部分内容独立化。反垄断主要研究政府如何立法，并通过有效的执法，限制垄断企业滥用其垄断力量。政府管制主要研究政府如何对电信、电力、运输、自来水和管道燃气供应等垄断性产业的价格、市场准入、产品与服务质量、投资等方面进行管制。反垄断与政府管制的主要目标都是保护消费者利益，维护社会整体利益。

四、现代产业经济学的理论

（一）产业组织理论

产业组织理论是现代应用经济学的一个分支，是西方经济学家运用微观经济理论分析企业、市场和产业相互关系，以及分析和指导产业组织政策制定的理论体系。产业组织有其特定的内涵，是指市场经济条件下个别产业内企业与市场的相互关系，也就是产业内企业间竞争与垄断的关系。之所以称为产业组织，实际是指产业内企业与市场的合理组织，即在市场机制作用下，既要使企业充满竞争活力，实现有效竞争，又要充分利用规模经济性，实现资源的优化配置，避免过度竞争带来的低效率。

1. 产业组织的定义

组织这一概念通常包括三种含义：第一，指按照一定的目的、任务和形式予以编制，如作为企业管理职能之一的组织、某项工程建设或某项活动的组织等。在这里，组织通常是作动词用；第二，指形成的形式，如各种党派、团体、企业、学校、医院、家庭、军队和国家政权等；第三，指组成部分之间的关系，如市场专业化和分工组织等。

经济学中的组织概念最初是由英国著名经济学家马歇尔首先提出的。马歇尔在其1890年出版的著名的《经济学原理》一书中，把组织列为一种新的生产要素。他把组织看作是一种能够强化知识作用的要素，其内容包括企业内部组织、同一产业中各种企业间的组织、不同产业间的组织形态以及政府组织。

所谓产业组织（industrial organization），通常是指上述组织概念中的第三种，即同一产业内企业间的组织或者市场关系。这种企业之间的市场关系主要包括交易关系、行为关系、资源占用关系和利益关系。对产业组织的研究主要是以竞争和垄断及规模经济的关系和矛盾为基本线索，对企业之间的这种现实市场关系进行具体描述和说明。

需要指出的是，产业组织理论考察的通常是作为“组成部分之间关系”的组织，这与大多数经济理论中的组织概念是有区别的。因此，必须把产业组织概念与其他有关组织概念区别开来，特别要注意不可把它与生产组织、企业组织等概念相混淆。同时，产业组织考察的是同一产业内的企业，即处于同一商品市场的企业之间的市场关系。这里所指的商品的同一性，主要指企业之间或同一企业生产的商品的主要性能必须基本相同，商品之间具有高度的替代关系。由此可见，产业组织理论中所指的产业，通常是指以同一商品市场为单位划分的狭义的产业或市场。

2. 竞争机制与市场秩序

竞争是商品生产者（交换者）之间进行经济实力较量和利益争夺的一种关系，它使市场经济规律的内在强制成为对商品生产者的外在强制而得到贯彻。竞争机制被西方古典经济学认为是对于资本主义经济中的各种问题，能给出最优解的组织形式，它能使有限的资源得到合理的配置。因此，竞争机制被视为市场经济条件下经济进步的最大动因，竞争活力被作为信条而成为市场经济赖以生存和发展的前提。

最初从体系上对竞争机制进行阐述的是亚当·斯密。他在《国民财富的性质和原因的研究》一书中，论述了竞争机制是如何使每个人都无意识地参加到促进社会全体利益的发展中去，通过“看不见的手”的作用，创造出一个理想的市场秩序和最优的经济社会。这里的“看不见的手”，就是由竞争的力量来自发决定的价格体系的。由于这只无形的手的作用，人、财、物等资源会自动地从资源分配过多、价格下跌的产业向资源分配不足、价格上涨的产业转移，同时又不断地从经营不善、效率低下的生产者向效率更高的生产者转移。这样，就能自然而然地达到资源在产业间和产业内企业间的合理分配，实现资源最优配置和经济福利的最大化。

因此很长一段时间，许多西方经济学家认为，政府不应过多地干预经济活动，政府的作用及政策的制定，应着眼于如何维护正常的竞争秩序以保证竞争机制的正常运行。只要市场接近于完全竞争状态，就能自然而然地实现资源的最优配置和经济福利的最大化。在他们看来，没有比竞争机制再优越的市场组织形式了。

这里所谓的完全竞争，通常是指下列条件占主导地位的市场状况，即市场上存在大量的具有合理的经济行为的卖者和买者；产品是同质的，可互相替代而无差别化；生产要素在产业间可自由流动，不存在进入或退出障碍；卖者或买者对市场都不具有某种支配力或特权；卖者和（或）买者间不存在共谋、暗中配合行为；卖者和买者具有充分掌握市场信息的能力和条件，不存在不确定性。

在这种完全竞争条件下，由市场供求所形成的均衡价格能够引导社会资源实现有效配置，使任何两种产品对于任何两个消费者的边际替代率都相等，任何两种生产要素对任何两种产品生产的技术替代率都相等，从而达到任何资源的再配置都已不可能在不使任何人的处境变坏的同时，使一些人的处境变好。这就是所谓的帕累托最优状态。

3. “马歇尔冲突”与不完全竞争

尽管产业组织理论的思想渊源可追溯到亚当·斯密关于市场竞争机制的论述，但最初把产业组织概念引入经济学的，是新古典学派经济学家马歇尔。马歇尔在与其夫人共著的《产业经济学》一书中，第一次把产业内部的结构定义为产业组织。其后，在他的名著《经济学原理》中论及生产要素问题时，在萨伊的生产三要素（劳动、资本和土地）的基础上，提出了“组织”这一第四生产要素，并专门设章分析了分工的利益、产业向特定区域集中的利益、大规模生产的利益、经营管理专业化的利益、马歇尔意义上的“内部经济”与“外部经济”、收益递减与收益递增等现代产业组织的主要概念与内容。马歇尔之所以要把组织作为第四生产要素，是因为他在分析研究上述问题时触及了收益递增即规模的经济性问题。马歇尔认为，这种规模经济性是和工业组织直接相关的。他说："大规模生产的利益，在工业上表现得最为清楚。"马歇尔在分析规模经济成因时，发现了被后人称之为"马歇尔冲突"的矛盾，即大规模生产能为企业带来规模经济性，使这些企业的产品单位成本不断下降、市场占有率不断提高，其结果必然导致市场结构中的垄断因素不断增强，而垄断的形成又必然阻碍竞争机制在资源合理配置中所发挥的作用，使经济丧失活力，从而扼杀自由竞争。面对这一矛盾，马歇尔试图用任何企业的发展都有的"生成—发展—衰退"过程来说明垄断是不会无限蔓延的，规模经济和竞争是可以获得某种均衡的。

20世纪初开始，随着生产日趋集中，企业规模不断扩大，垄断、寡头垄断的市场支配已是发达资本主义国家中的普遍现实市场问题，以英国剑桥大学教授斯拉法为代表的一些经济学家以收益递增规律与完全竞争前提相矛盾为突破口，对马歇尔的价格理论进行了猛烈的抨击，于是引发了有关"马歇尔冲突"的一场理论论争。英国和美国的经济学家围绕竞争和垄断的关系，对产业组织的实际状况进行了大量的调查分析和理论研究。同时，美国已在1890年制定了世界上第一部反垄断法——《谢尔曼法》，该法的实施使美国积累了许多有关产业组织状况的实际资料。

1932年，贝利和米恩斯发表了《近代股份公司与私有财产》一书，详尽分析了20世纪20～30年代美国垄断产业和寡头垄断产业的实际情况，并对股份制的发展更易使资金集中到大企业手中，从而造成经济力集中等问题进行了实证分析，为以后产业组织理论体系的形成提供了许多有重要参考价值的研究成果。1933年，美国哈佛大学教授张伯伦和英国剑桥大学教授罗宾逊夫人同时出版了各自的专著《垄断竞争理论》和《不完全竞争经济学》，不谋而合地提出纠正传统自由竞争概念的所谓垄断竞争理论。这一理论否定了以往要么垄断、要么竞争这样一种极端和互相对立的观点，认为在人们生存的现实世界中，通常是各种形式的不同程度的垄断和不同程度的竞争交织并存。张伯伦特别注重分析现实的市场关系，其所提出的一些概念和观点成为现代产业组织理论的重要来源。他以垄断因素的强弱程度为依据，对市场形态作了分类，把市场划分为从完全竞争到独家垄断的多种类型，总结了不同市场形态下价格的形成和作用特点。他还着重分析了垄断竞争、同类产品的生产者集团和企业进入和退出市场、产品差别化、过剩能力下的竞争等问题。许多产业组织学教科书都把张伯伦、罗宾逊夫人和马歇尔奉为产业组织理论的鼻祖。

（1）从亚当·斯密、马歇尔到张伯伦、罗宾逊夫人。在经济学的发展长河中，产业组织理论的思想渊源通常可追溯到古典经济学家亚当·斯密关于市场竞争机制的论述。亚当·斯密在其著名的《国富论》中，对资本主义的市场活动进行了细致的研究，认为在市场自发调节自由竞争的市场机制下，竞争的结果总是促使市场价格与生产者成本趋于一致。

20世纪初，英国新古典经济学家马歇尔对亚当·斯密的理论作了修正。他认为，在完全竞争的市场机制下，一般可以通过竞争使市场价格与单位生产成本相等。马歇尔在与其夫人合著的《产业经济学》中，第一次提出"产业组织"概念，并将其定义为产业内部的结构。同时，在他的名著《经济学原理》中还把萨伊的生产三要素（土地、资本和劳动）扩展为生产四要素，即把"组织"也作为生产的基本要素。马歇尔把"组织"作为第四大生产要素的重要原因在于他在研究分工与机器、产业集中、大规模生产及企业经营管理、企业形态等问题时，涉及规模经济的问题，并发现了后人称为"马歇尔冲突"的矛盾，即大规模生产能为企业带来规模经济，企业追求规模经济的结果是垄断的发展，而垄断的形成阻碍了竞争机制在资源合理配置中发挥的作用。

进入20世纪以后，生产日益集中，资本主义企业规模不断扩大，卡特尔、托拉斯和康采恩等垄断组织和形式已有了相当的发展，垄断、寡头垄断对经济的统治已经是发达资本主义国家中的普遍现象。以英国剑桥大学斯拉法为代表的一些经济学家以收益递增规律与完全竞争前提相矛盾为突破口，对马歇尔价格理论进行了猛烈的抨击。英、美经济学家围绕竞争与垄断的关系对产业组织的实际状况进行了大量的调查分析和理论研究，其中较有代表性的人物是美国哈佛大学的教授张伯伦和英国剑桥大学的教授罗宾逊夫人。1933年他们同时出版了各自的专著《垄断竞争理论》和《不完全竞争经济学》，提出了垄断竞争理论，试图解释由于市场结构变动导致的厂商行为的变异，并由此影响整个经济的运行效率。这一理论否定了以往要么垄断，要么竞争这样一种极端和相互对立观点。张伯伦把市场结构划分为从完全竞争到独家垄断的多种类型，总结了不同市场形态下价格的形成和作用特点，并着重分析了垄断竞争、同类产品的生产者集团、企业进入和退出、产品差别化、过剩能力下的竞争等现代产业组织理论的重要问题。张伯伦和罗宾逊夫人关于不完全竞争市场结构类型划分以及不同市场结构对竞争程度及后果的影响等的分析，可以看做是市场结构—市场行为—市场绩效分析范式的雏形。张伯伦和罗宾逊夫人还发动了经济理论从规范研究到实证研究的转变。从研究方法上为产业组织理论的诞生奠定了基础。因此，西方的许多产业经济理论家把马歇尔、张伯伦和罗宾逊夫人并称为产业组织理论的鼻祖。

（2）哈佛学派。产业组织理论体系是20世纪30年代以后在美国以哈佛大学为中心逐步形成的。20世纪40～60年代，哈佛大学集聚了张伯伦、梅森、贝恩这样的大师，并形成了著名的哈佛学派。1938年，梅森在哈佛大学建立了一个产业组织研究小组，在继承张伯伦等人的基础上，梅森提出了产业组织的理论体系和研究方向，于1939年出版了《大企业的生产价格政策》一书。1959年，梅森的弟子贝恩出版了第一部系统论述产业组织理论的教科书《产业组织》而成为产业组织理论的集大成者。在其代表作《产业组织》中，贝恩充分表达了其从市场结构推导竞争结果的结构、绩效的两段论范式。谢勒尔在贝恩两段论范式的基础上采纳了各种批评意见后将其发展成为现代主流产业组织理论中流行的市场结构、市场行为、市场绩效三段论范式。哈佛学派的产业组织理论，是以新古典的价格理论为基础，对市场竞争过程中的组织结构、竞争方式和市场竞争结果进行经验性研究。在继承一系列理论研究成果的同时，其主要贡献在于以实证研究为主要手段把产业分解成特定的市场，按结构、行为、绩效的三个方面即所谓的产业组织研究的“三分法”对其进行分析，构造了一个既能深入具体环节又有系统逻辑体系的市场结构—市场行为—市场绩效的分析框架，简称SCP分析框架。并对市场关系各方面进行实际测量，从而规范了产业组织的理论体系。

在分析框架中突出市场结构，在研究方式上偏重实证研究，是哈佛学派区别于其他学派的两个重要特征。在贝恩等人看来，寡占的市场结构会产生寡占的行为，进而导致不良的市场绩效特别是资源配置的非效率。因此有效的产业组织政策首先应该着眼于形成和维护有效竞争的市场结构，主张对经济生活中的垄断和寡占采取规制政策。哈佛学派的这种政策对战后以美国为首的西方发达市场经济国家反垄断政策的开展和强化都曾经产生过重大的影响。

（3）产业组织理论的SCP框架。一般认为，1959年贝恩所著《产业组织》的问世，标志着产业组织理论框架的确立。依据是：

贝恩确定了产业组织研究的目的和方法。他认为，产业组织理论是以产业、企业在市场经济运行中经济政策的制定和评价为主要课题，具有明显的实证性特征，因而实证性研究方法成为产业组织研究的主要方法。

贝恩建立了正统产业组织理论的三个基本范畴，构成了SCP分析框架，即市场结构（market structure）、市场行为（market conduct）、市场绩效（market performance）。"S"指市场结构，包括企业所在行业的集中程度、生产差别、进入壁垒。"C"指企业的市场行为，包括企业目标、战略和企业的各种竞争行为（如创新、合并、广告等）。"P"指企业运行的市场效果，主要包括盈利率、技术进步等效果。贝恩产业组织理论的基本观点是，市场结构决定企业行为，从而市场结构经过企业行为这一环节决定企业的市场成果。以这一分析框架为基础的产业组织政策则指对市场结构的控制，即反对任何导向垄断或企业导向垄断的市场结构的行为。

贝恩把三个基本范畴和国家在这个问题上的公共政策（即产业组织政策）联系起来，规范了产业组织理论的基本框架（图1-1）。

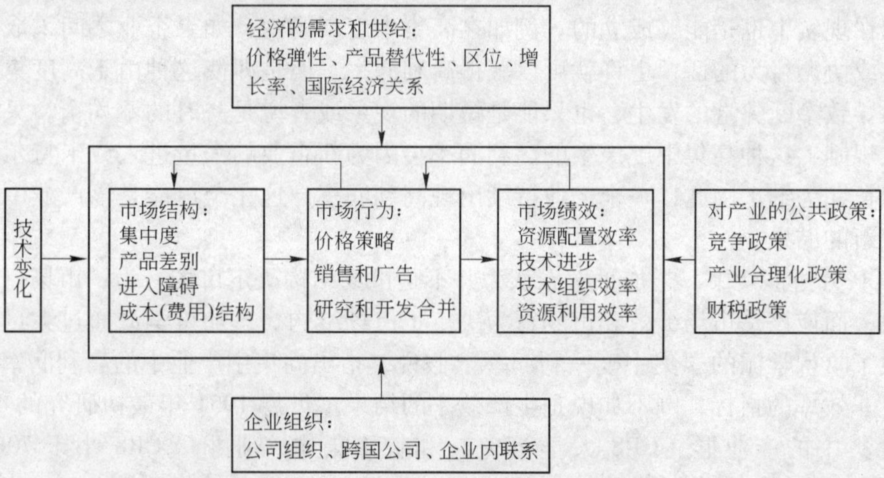

图1-1　SCP分析框架图

自贝恩等人的SCP分析框架建立以来，各国经济学领域基本遵循贝恩的这一理论框架，加强了对本国产业组织状态的研究和分析，积极地为制定本国的产业组织政策提供理论依据。这一SCP分析框架至今仍是主流产业组织理论的基本框架。产业组织理论的基本框架，表明了在市场经济条件下，企业、市场与政府在资源配置中的相互关系，从而揭示三者在优化资源配置中的作用。

（4）非主流产业组织理论。具体如下：

1）芝加哥学派。20世纪60年代，在对哈佛学派的批判中，芝加哥学派崛起了。其代表人物有斯蒂格勒、德姆塞茨、布罗兹恩、波斯奈等人。斯蒂格勒长期从事产业组织理论研究，对产业组织理论的芝加哥学派的形成作出了重要贡献，其较有影响的研究涉及垄断、寡占与兼并、市场容量与劳动分工、规模经济、信息理论和政府规制等诸多领域。由于他对产业组织理论的开创性研究和巨大贡献，因而荣获1982年诺贝尔经济学奖。斯蒂格勒还修改了贝恩创设的进入壁垒理论，他把进入壁垒定义为新进入企业必须负担、而市场上现存企业不需要负担的成本，即新企业比老企业多承担的成本。从这一定义出发，形成进入壁垒的许多传统因素，如产品差别化等不再被看做是进入壁垒，而被看做是实现经济效率的手段。在斯蒂格勒看来，除了政府的进入规制以外，由于真正的进入壁垒在实际中几乎不存在，因此市场中现存企业都面临着潜在进入者的竞争压力。芝加哥学派的这一观点对以后其竞争市场理论的形成有很大的影响。

芝加哥学派在理论上继承了奈特以来芝加哥传统的自由主义经济思想，信奉自由市场经济中竞争机制的运用，坚持认为产业组织及公共政策问题仍然应该通过价格理论的视角来研究，相信个人总是在既定的均衡市场价格和数量下使其行为最优化，由此得到的决策结果可以用来解释各种经济现象。

1968年斯蒂格勒的名著《产业组织》一书的问世标志着芝加哥学派在理论上的成熟。在高集中度的市场结构中通常具有的高利润率究竟是来自垄断势力还是来自大企业的高效率，这是芝加哥学派与哈佛学派争论的一个焦点。以斯蒂格勒为代表的芝加哥学派认为，即使市场中存在着某些垄断势力或不完全竞争，只要不存在政府的进入规制，长期的竞争均衡状态在现实中也是能够成立的。例如在高集中度市场中，如果企业之间采取秘密卡特尔等共谋或协调行为的话，也许就可以获得高利润率。但是即使这种由于高度集中形成的市场势力导致垄断弊端的发生，也只能是短期的现象或者说是一时的不均衡。只要没有政府的进入规制，这种高集中度产生的高利润率会因为新企业的大量进入或卡特尔协议的破裂而难以长期为继。因此，一个产业持续出现高利润率，这完全可能是该产业中的企业高效率和创新的结果。

在SCP分析框架中，芝加哥学派认为并不是市场结构决定市场行为，市场行为再决定市场绩效，而应该是市场绩效和市场行为决定了市场结构。芝加哥学派通过大量的实证研究，批驳了哈佛学派的“集中度—利润率”假说，指出高集中产业中的高利润率与其说是资源配置非效率的指标，倒不如说是生产效率的结果。贝恩1951年最初研究的42个产业中，高度集中的产业群（CR8大于70%）和较不集中产业群（CR8小于70%）间的4.3%的利润率差异，到20世纪50年代中期已降低到仅为1.1%。正是由于一些企业在剧烈的市场竞争中能取得更高的生产率，所以它们才能获得高额利润，并进而促进了企业规模的扩大和市场集中度的提高，形成以大企业和高度集中为特征的市场结构。

20世纪70年代以后，由于传统产业国际竞争力日趋减弱，美国经济出现了大量的财政赤字和贸易赤字，一些重要产业的生产活动向国外转移，发生了所谓的“产业空心化”现象。许多人士认为，实施过于严格的反垄断政策和过剩的规制政策是使美国经济丧失活力的重要原因，而主张反垄断政策目的在于实现经济效率的芝加哥学派的政策观点被越来越多的人所接受。

2）新奥地利学派。产业组织理论的新奥地利学派在理论上的多方面成就是建立在门格尔、庞巴维克创始的奥地利经济学派的传统思想和方法之上的。其代表人物是米塞斯、哈耶克以及在英国和美国曾受教于他们的柯兹纳、里奇等。

新奥地利学派对传统的哈佛学派的反垄断政策基本持批判态度，就这一点而言，与芝加哥学派有共通之处。但同时他们还否定作为新古典经济学核心的价格理论。新奥地利学派致力于个人行为的逻辑分析。对新奥地利学派来说，“研究目的”是从个人效用和行为到价格的非线性因果传递，而不是为人熟知的新古典主义数学函数的相互决定。因此，新奥地利学派虽然和芝加哥学派一样也信奉自由主义，赞赏市场有秩序的结构，但在理解这种结构实际是怎样取得时，又与新古典主义有分歧。

该学派从主观主义的立场出发，把经济基础学看做是不同于自然科学的所谓的“人类行为科学”的一个领域。新奥地利学派在理解市场时强调正在进行中的经济过程。该学派对新古典学派价格理论的核心挑战就是假定完全竞争概念。在新奥地利学派看来，完全竞争理论从各种假定条件出发是本末倒置，这一概念仅仅描述了作为竞争结果的均衡状态，却不谈导致均衡的竞争过程，因而这一概念本身是有竞争之名而无竞争之实。新奥地利学派把市场看做是分散的知识和信息的发现过程，认为如果不是从知识和信息的不完全性出发，就不可能把握市场经济的本质。柯兹纳充分发挥了米塞斯的人类行为概念，认为经济生活的手段与目的关系并非一成不变，而要受有创造性的人的行为的制约，他将这种创造性的作用定义为创业精神。因此新奥地利学派的学者们强烈反对政府对产业的过多干预，认为政府的知识和信息是不完全的，政府的干预反而会扭曲市场调整过程，最终损害经济绩效。在对反垄断政策的批判上，新奥地利学派认为，竞争的强弱是无法用集中度或企业数和市场占有率这些指标来测量的，因为竞争源于企业家的创业精神，而这种创业精神又是其他企业所无法夺去的。因此，只要确保自由的进入机会，充满旺盛的创业精神的市场就能形成充分的竞争压力，而与该市场的集中度无关。同时，新奥地利学派认为产品差别化是影响垄断程度的一个因素，倒不如说是正常竞争过程的一部分。对于进入壁垒，该学派认为，作为进入壁垒因素的规模经济性、产品差别化和绝对费用等都不能排除竞争，因为新企业能否进入市场根本上取决于企业家的努力。只要新企业的供给符合消费需求，进入的大门始终敞开，在他们看来唯一成为进入壁垒的是政府的进入规制政策和行政垄断。因此最有效的促进竞争政策首先应该是废除那些过时的规制政策和不必要的行政垄断。

尽管新奥地利学派的极端自由主义的政策主张在经济生活中是不现实的，但是该学派关于市场作为一种过程的理论分析也有一定价值。

3）新制度学派。20 世纪 60 年代，一些研究组织的学者独树一帜，从新的角度进行产业组织理论研究，逐渐形成了新制度学派的产业组织理论。对新制度产业组织理论产生影响的重要人物之一科斯，早在 1937 年就发表了著名的《企业的性质》一文。按照他的观点，企业与市场是两种可相互替代的协调生产的手段，生产的集中和大企业的兴起不仅仅是垄断的兴起和自由竞争的衰落，同时还意味着企业这种协调手段对市场协调手段的替代。这一观点到 20 世纪 60 年代初才引起人们的广泛注意。以这一理论观点为依据的产业组织理论，直到 1985 年新制度学派产业组织理论的代表人物威廉姆森出版了《资本主义经济制度：企业、市场和关联合约》一书，对交易费用经济学的理论体系、基本假说、研究方法和研究范围作了系统的阐述，才建立起了比较系统的新制度经济学派的产业组织理论。新制度经济学派的产业组织理论的主要特点在于它引入了交易费用理论，用以说明企业与市场的边界关系，从而彻底改变了只从技术角度考察企业和只从垄断竞争角度考察市场的传统观念。

对交易费用的概念，交易费用经济学认为，在存在产权制度的社会中，交易总是要以一定的资源支出为代价的，也就是说，交易必然要引起相应的费用。尽管交易费用的发生是难免的，但交易费用的存在毕竟是对社会资源的一种浪费，因此必然尽可能地降低交易费用。新制度学派从交易费用角度对产业组织演变规律、产业组织演变的规律性动因及产权理论作了分析阐明。一是依据交易费用理论，在市场竞争中，随着交易费用、生产费用和组织费用的变化，发生市场与企业、专业化与一体化相互替代的变动，产业组织不断自我繁殖，自我更新，自我走向更高的序列。而产业组织的这种有序发展变化的规律性动因便是在市场竞争中，人们为了获得更多的利益，不断探索有利于节约交易费用、生产费用和组织费用的新的企业组织结构，来不断调整产业内企业间的相互关系。二是产权问题，科斯、威廉姆森等学者都认为产权明晰是市场交易的先决条件，否则，产生不了交易费用、生产费用更节约的企业组织结构。由斯蒂格勒命名的"科斯定律"，则对产权理论作了进一步的分析。该定律从一个"失散的牛群毁坏邻近地区作物"的例子开始，说明了一个问题：只要市场交易费用为零，不论产权归属于何方，通过互定合约的办法可以达到同样的最佳效果。这也就是说，在交易费用为零的情况下，这种使资源利用达到最佳效率的结果与产权的归属是无关的。然而，交易费用为零的假设是非常不现实的。从"科斯定律"引申出的含义是：只要交易费用不为零，产权明确界定便能使市场发挥最大的功能，产权的交易过程会导致效率的提高。

（二）产业结构理论

1. 产业结构理论的思想渊源

产业结构理论的思想渊源可以追溯到 17 世纪。W. 配第在 17 世纪第一次发现了世界各国国民收入水平的差异和经济发展的不同阶段的关键原因是产业结构的不同。他于 1672 年出版的《政治算术》就通过考察得出结论：工业比农业收入多，商业又比工业的收入多，即工业比农业、商业比工业附加值高。

重农学派的创始人 F. 魁奈分别于 1758 年和 1766 年发表了重要论著《经济表》和《经济表分析》。他根据自己创立的"纯产品"学说，提出了关于社会阶级结构的划分：生产阶级，即从事农业可创造纯产品的阶级，包括租地农场主和农业工人；土地所有者阶级，即通过我为地租和赋税从生产阶级那里取得"纯产品"的阶级，包括地主及其仆从、君主官吏等；不生产阶级，即不创造"纯产品"的阶级，包括工商资本家和工人。他在经济理论上的突出贡献是他在"纯产品"学说的基础上对社会资本再生产和流通条件的分析。

在配第之后，亚当·斯密在《国富论》中虽未明确提出产业结构（industrial structure）概念，但论述了产业部门（branch of industry）、产业发展及资本投入应遵循农工批零商业的顺序。其时恰处工业革命前夕，重商主义阻碍工业进步的局限性和商业繁荣的虚假性已暴露出来。就此而论，配第、魁奈及亚当·斯密的发现和研究是产业结构理论的重要思想来源之一。

2. 产业结构理论的演进

最早有关产业资源流动现象的描述可以追溯到 17 世纪英国古典政治经济学家威廉·配第的名著《政治算术》。配第认为制造业比农业，进而商业比制造业能够得到更多的收入，这种产业之间相对收入上的差异，是劳动力在产业间流动的重要原因。到 20 世纪 30

年代，新西兰经济学家费歇尔把第一次和第二次产业以外的所有其他经济活动统称为第三次产业，并指出第三次产业的本质在于服务。虽然费歇尔并没有进一步揭示三次产业间的规律，但他终于确立了对现代产业结构理论影响极为深远的三次产业分类法。克拉克继承了费歇尔的研究成果，进一步利用三次产业分类法，总结了伴随着经济发展的产业结构变化的规律，从而开拓了产业结构理论这一产业经济学领域，并提出了著名的“配第-克拉克定理”，使三次产业分类法得到前所未有的普及。到20世纪五六十年代，擅长国民经济统计的美国经济学家库兹涅茨出版了《各国经济增长的数量方面》和《现代经济增长》两部产业结构理论的名著，把“配第-克拉克定理”在广度和深度上推进了一步。

20世纪70年代以来，一些经济学家利用库兹涅茨的研究方法，研究了70年代前后的产业结构状况，获得了一些产业结构变化的新趋势：第一次产业的下降趋势在70年代以后有所减弱；第二次产业则无论是劳动力还是国民收入的相对比重在70年代以后都呈下降趋势；而第三次产业的劳动力和国民收入都保持着向上的势头，其比重均在50%以上。经济学家们称这种现象为“经济服务化”。专门对工业结构演变规律作开拓性研究的是德国经济学家霍夫曼，他在1931年出版的《工业化的阶段和类型》一书中，把全部产业划分为消费资料产业、资本资料产业和其他产业，并根据近二十几个国家的时间序列数据，分析了消费资料工业的净产值与资本资料工业的净产值的比例，即所谓的霍夫曼比例。著名的霍夫曼定律实际上就是指在工业化过程中霍夫曼比例的不断下降。后来美国和日本的一些经济学家都根据各自的研究，对霍夫曼定律作了修正。此外，在探求工业结构的演进动因方面，除了需求结构和供给结构两种观点外，还有些学者从国际贸易的角度来探讨对工业结构的影响。例如较为著名的有日本的赤松要提出的“雁行产业发展理论”和弗农的“产品循环说”，都是值得大书一笔的。

配第-克拉克定理　英国经济学家配第和克拉克通过研究，先后发现：随全社会人均国民收入水平的提高，就业人口首先由第一产业转移；当人均国民收入水平有了进一步提高时，就业人口便大量向第三产业转移。这种由人均收入变化引起的现象称为配第-克拉克定理。早在17世纪，配第第一次发现了世界各国的国民收入水平的差异及其形成的不同的经济发展阶段关键在于产业结构的不同。他通过进一步考虑后得出结论：比起农业来，工业收入多；而商业收入又比工业多。即工业比农业，服务业比工业的附加值高。后来，克拉克重新发现并第一次研究了产业结构的演进趋势，得出了产业结构演进的规律性结论。

克拉克定理的理论有三个重要的前提：

（1）克拉克对产业结构演变规律的探讨是以若干国家在时间的推移中发生的变化为依据的。这种时间系列意味着经济发展，即这种时间系列是和不断提高的人均国民收入水平相对应的。

（2）克拉克在分析产业结构演变时，首先使用了劳动力这个指标，考察了伴随经济发展，劳动力在各产业中的分布状况发生的变化。后来，克拉克、美国经济学家库兹涅茨（Simon Kuznets）和其他人又以国民收入在各产业的实现状况，对产业结构做了进一步的研究，发现了一些新的规律。

（3）克拉克产业结构的研究是以三次产业分类法，即将全部经济活动分为第一次产业、第二次产业、第三次产业为基本框架的。

配第-克拉克定理的内容具体介绍如下。根据以上三个重要前提，克拉克搜集和整理了若干国家按照年代的推移，劳动力在第一次、第二次和第三次产业之间移动的统计资料，得出了如下结论：随着经济的发展，即随着人均国民收入水平的提高，劳动力首先由第一次产业向第二次产业移动；当人均国民收入进一步提高时，劳动力便向第三次产业移动；劳动力在产业间的分布状况，在第一次产业将减少，在第二次、第三次产业将增加。

克拉克认为，劳动力在产业间移动的原因是由经济发展中各产业间出现收入的相对差异造成的。人们总是从收入低的产业向收入高的产业移动。对产业间收入相对差异的现象，17世纪的英国经济学家威廉·配第在他的名著《政治算术》中早就描述过。配第认为，制造业比农业，进而商业比制造业能够得到更多的收入。比如，英格兰的农民每周只能赚4先令，而海员的工资加上伙食和其他形式的收入，事实上每周的收入是12先令。一个海员的收入最终能顶上3个农民的收入。他还指出，人口的大部分从事制造业和商业的荷兰，人均国民收入要比欧洲大陆其他国家高得多。当然，这种不同产业之间相对收入上的差异，就会促使劳动力向能够获得更高收入的部门移动。

导致劳动力产业间移动的深层原因主要有：

（1）随着经济发展和人均收入水平的提高，人们需求结构发生变化。

（2）不同产业间技术进步的可能性有很大差别。

（3）劳动生产率提高。

下面将结合三次产业的情况进行具体分析。

（1）第一次产业对国民收入及劳动力的相对比重趋于减少的原因如下：

1）第一次产业的属性是农业，主要为人们提供生活必需品，而生活必需品的需求特性是，当人们的生活水平、收入水平达到一定程度后，个人收入中用于支付生活必需品的比例减少，即农产品的需求收入弹性小。德国社会统计学家恩格尔（E. Engel）曾对食品需求的增长速度将随着人们收入水平的提高越来越落后于人们收入增长速度这一点做过论证。他得出的结论是："越是低收入的家庭，饮食费用在整个家庭开支中的比例越高。"这个结论被称之为恩格尔定理。

从这个定理出发，可以推论出：随着人们收入水平的提高，用于饮食的费用占整个家庭开支的比例不断减少。这样，随着收入水平的提高，人们对农产品的需求相对减少，对食品需求的增加不断落后于其他产品和服务。也就是说，随着这种消费结构的变化，国民收入的支出结构就要发生变化，国民收入在产业间的相对比重也发生变化。与此同时，由于需求高增长的产业较易维持较高的价格，从而获得较高的附加价值；相反，需求低增长的产业则只能维持较低的价格和附加价值。这就使农业所实现的国民收入的份额趋于减少，而其他产业的份额则趋于增加。在第一次产业的国民收入相对比重不断减少的情况下，该产业的劳动力也相应地减少，这也是农业人口减少的原因之一。

2）由于农业的生产周期长和农业生产的其他特点，农业生产技术的进步比工业要困难得多，因此，对农业的投资很容易出现一种限度，这就是出现"报酬递减"的情况。所谓"报酬递减"就是随着产量的增加，单位产量的费用反而上升，以致增产不增收。而工业的情况则不同，工业的技术进步要比农业迅速得多，因此，工业的投资多处于"报酬递增"的情况，随着工业投资的增加，产量的增大，单位成本下降的潜力很大。农业与工业之间的这种差异使农业在国民收入增长中处于不利的地位。

3）农业劳动生产率也在不断提高，特别是美国、大洋洲和西欧一些国家的农业，大规模地实现了机械化和社会化，劳动生产率的提高是很快的。由于农业具有存在的土地的有限性和农业的低收入弹性的特点，必然从农业中释放出劳动力，转入其他产业。这也是农业劳动力的相对比重减少的必要条件。

（2）第二次产业对国民收入的相对比重上升的原因。我们在上面已经对第二次产业国民收入相对比重上升的原因做了一些阐述。需要补充的一点是，不仅人们的消费结构的变化趋势使工业的收入弹性处于有利地位，而且国民收入中支出于投资的部分的增长在不断扩大市场。因此，整个国民收入的支出结构的演变都支持着工业的高收入弹性，从而导致第二次产业所实现的国民收入在全部国民收入中的比重上升。

（3）第三次产业劳动力相对比重上升的原因。第三次产业提供的服务，从发展的观点看，比农业产品具有更高的收入弹性。随着人均收入水平的提高，人们追求更多的服务，形成消费需求的超物质化，第三次产业国民收入的比重也必然上升，由此吸引了劳动力向第三次产业转移。

根据配第-克拉克定理，通过一个国家的时间序列比较和不同国家的横截面的比较，可以判定一个国家产业结构所处的阶段及特点，为制定产业政策提供依据。用这一定理对未来就业需求进行预测，以制定相应的劳动就业政策。

库兹涅茨人均收入影响论 配第-克拉克定理主要是描述了在经济发展中劳动力在三次产业间分布结构的演变规律，并指出了劳动力分布结构变化的动因是产业之间在经济发展中产生的相对收入的差异。从这一研究成果出发，产业结构演变规律的探讨就必须深入到研究第一、第二、第三次产业所实现的国民收入的比例关系及其变化上来。弄清了国民收入在三次产业分布状况的变化趋势，就可以把它同劳动力分布状况的变化趋势结合起来，深化产业结构演变的动因分析。在这一方面取得了突出成就的当属美国著名经济学家西蒙·库茨涅兹。库茨涅兹擅长国民经济统计，特别是国民收入的统计，在西方经济学界享有“GNP之父”的美名。1971年由于他在研究产业结构理论方面的成就，获得诺贝尔经济学奖。他对于产业结构理论研究方面的成果，主要表现在《现代经济增长》和《各国经济增长的数量方面》等著述中。库茨涅兹在继承克拉克研究成果的基础上，进一步收集和整理了二十多个国家的庞大数据，对一些国家，如对英国的统计资料追溯到了19世纪。据此，从国民收入和劳动力在产业间分布这两方面，对伴随经济发展的产业结构变化作了分析研究。

库兹涅茨在继承配第和克拉克等人研究成果的基础上，依据人均国内生产总值份额基准，考察了总产值变动和就业人口机构变动的规律，揭示了产业结构变动的总方向，从而进一步证明了配第-克拉克定理。他发现的这种变动规律，即产业结构的变动受人均国民收入变动的影响，被称为库兹涅茨人均收入影响论。

罗斯托主导产业扩散效应理论和经济成长阶段论 罗斯托首先提出了主导产业及其扩散理论和经济成长阶段论。他认为，无论在任何时期，甚至在一个已经成熟并继续成长的经济体系中，经济增长之所以能够保持，是因为为数不多的主导部门迅速扩大，而且这种扩大又产生了对产业部门的重要作用，即产生了主导产业的扩散效应，包括回顾效应、旁侧效应和前向效应。罗斯托的这些理论被称为罗斯托主导产业扩散效应理论。他根据科学技术和生产力发展水平，将经济成长的过程划分为五个阶段：即传统社会、为“起飞”创作前提的阶段、“起飞”阶段、向成熟挺进阶段、高额大众消费阶段。后来他在《政治与成长阶段》一书中又增加了一个“追求生活质量”的阶段。

钱纳里工业化阶段理论　钱纳里从经济发展的长期过程中考察了制造业内部各产业部门的地位和作用的变动，揭示制造业内部结构转换的原因，即产业间存在着产业关联效应，为了解制造业内部的结构变动趋势奠定了基础。他通过深入考察，发现了制造发展受人均GNP、需求规模和投资率的影响大，而受工业品和初级品输出率的影响小。他进而将制造业的发展分为三个发展时期：经济发展初期、中年期和后期；将制造业也按三种不同的时期划分为三种不同类型的产业，即：

（1）初级产业，是指经济发展初期对经济发展起主要作用的制造业部门，例如食品、皮革、纺织等部门。

（2）中期产业，是指经济发展中期对经济发展起主要作用的制造业部门，例如非金属矿产品、橡胶制品、木材加工、石油、化工、煤炭制造等部门。

（3）后期产业，指在经济发展后期起主要作用的制造业部门，例如服装和日用品、印刷出版、粗钢、纸制品、金属制品和机械制造等部门。

霍夫曼工业化经验法则　霍夫曼对工业化问题进行了许多富有开创性的研究，提出了被称为“霍夫曼工业化经验法则”的问题阶段理论。他根据霍夫曼比例，即消费品工业净产值与资本工业净产值的比例，把工业化分为四个阶段：

第一阶段：消费品工业占主导地位，霍夫曼比例为5±1。

第二阶段：资本品工业快于消费品工业的增长，消费品工业降到工业总产值的50%左右或以下，霍夫曼比例为2.5±0.5。

第三阶段：资本品工业继续快速增长，并已达到和消费品工业相平衡状态，霍夫曼比例为1±0.5。

第四阶段：资本品工业占主导地位，这一阶段被认为实现了工业化，霍夫曼比例为1以下。在实际应用中，霍夫曼比例往往用轻工业品净产值与重工业品净产值的比例来表示。霍夫曼的工业阶段论阐述的主要是工业过程中重化工业阶段的演变情形。

（三）产业关联理论

产业关联就是产业间的联系，只是产业关联理论中所涉及的产业间联系，是从产业与产业之间的投入与产出关系方面来分析的，而且这里的产业分类一般比较细，多半采用标准分类法来对产业部门进行划分。因此，产业关联理论可以称为投入产出理论，对产业关联进行分析，可以称为投入产出分析。

1. 投入产出经济学的起源与发展

投入产出经济学的创始人是美国著名经济学家瓦西里·里昂惕夫。他原籍俄国，20世纪20年代在列宁格勒大学和德国柏林大学攻读经济学。1927～1930年，在德国基尔大学世界经济研究所工作。其间，1929年曾来中国担任过国民党政府铁道部顾问。1931年，里昂惕夫到美国定居，先在美国全国经济研究所工作。1932年以后，任教哈佛大学经济系，1974年退休。里昂惕夫是1970年度的美国经济学会会长。1974年夏曾与哈佛大学教授加尔布雷思、耶鲁大学教授托宾一道来我国访问，他于1973年获得诺贝尔经济学奖。

里昂惕夫于1931年开始研究“投入产出分析”，并用来研究美国的经济结构。他利用美国国情普查的资料编制了1919年和1929年的投入产出表，分析研究美国经济结构中的数量关系，从宏观上研究美国经济的均衡问题。这一成果最早发表在《经济学和统计学评论》1936年8月号上，论文题目为《美国经济制度中投入产出的数量关系》，这是投入产出方面的第一篇论文。1941年，他出版了《美国经济结构，1919~1929年》一书，详细地阐明了“投入产出分析”的内容。1953年，里昂惕夫与其他经济学家合作，出版了《美国经济结构研究》一书，阐述了“投入产出分析”的基本原理及其发展，至此可以说“投入产出经济学”基本形成了。投入产出经济学主要包括投入产出原理及投入产出分析两个部分。

投入产出分析最早的实际应用是在20世纪40年代的美国，美国劳工部劳动统计局曾在里昂惕夫的主持和指导下，于1942~1944年编制了美国1939年的投入产出表。美国空军及战备和裁军总署等机构在第二次世界大战期间及战后，曾利用投入产出分析法及其有关资料，制订战时军备生产计划和研究裁军对国民经济的影响。此后，美国劳工部劳工统计局，商业部、农业部等政府机构，先后编制了1947年、1958年、1963年及1966年的投入产出表。其他西欧国家如法国，制订“指导性计划”的重要工具是投入产出模型，英国和日本等国家也都进行了大量理论研究工作和实际应用工作，多次由官方机构组织编制全国的投入产出表。后来，一些发展中国家也利用投入产出表来编制经济计划。到目前为止，已有89个国家和地区编制过各种类型的投入产出表，不少国家的统计机构中设有专门的投入产出统计部门。联合国也于1968年推荐将投入产出表作为各个国家的国民核算体系的组成部分。

前苏联、东欧一些国家，从20世纪50年代末开始研究和应用投入产出法，这些国家除定期或不定期编制投入产出报告表以外，还编制投入产出计划表。前苏联从20世纪60年代以来，十分重视投入产出法、最优规划等经济数学方法在经济研究和计划工作中的应用，并且与系统法、经济控制论等现代社会经济计划管理方法的研究相结合。1947年前苏联国家计委制订和公布的《苏联编制全国国民经济发展计划的方法指示》中，专门列有“部门联系平衡表”一章，将其纳入计划方法论体系之中，作为国民经济计划平衡体系的一个重要组成部分。我国于1974年编制了包括61种实物产品的1973年投入产出表，之后一些省、市也先后编制了本省、本市的投入产出表。

投入产出经济学从开始到现在已有几十年的时间，已有了较大的发展。这主要表现在两个方面：一是经济理论及经济模型向深度方面发展，如外生变量的内生化，静态模型向动态模型的发展，投入产出模型与线性规划模型的结合，消耗系数变动的预测，等等；二是在广度方面即应用范围的扩展，如从产业结构分析扩展至核算环境污染、收益分配、国际贸易和世界模型、人口、教育模型等。因而，与之相适应，目前投入产出经济学中包含的内容也有一定扩充。

2. 投入产出与产业经济分析

投入产出作为一种理论和一种科学分析方法，国内外曾有过各种名称，如投入产出分析、投入产出技术、产业关联、部门联系平衡法等。作为一种方法，它是研究经济体系中各个产业部门间投入与产出的相互依存关系的数量分析方法，然而又不仅仅局限于分析产业间联系，它可以利用产业间投入与产出的有关数量比例去研究国民经济中的其他方面的问题。

投入产出法的投入是指产品生产所消耗的原材料、燃料、动力、固定资产折旧和劳动力；产出是指产品生产出来后所分配的去向、流向，即使用方向和数量，又叫流量，例如用于生产消费、生活消费和积累。投入产出法就应用于国民经济体系中产业联系而言，是通过已编制的投入产出表和建立的相应的线性代数方程体系来分析产业间各种重要的比例关系。各种投入与产出的对比系数就是用投入产出法进行的产业经济分析。

投入产出法在进行产业经济分析时，有着几个极为鲜明的特点：

（1）它从国民经济是个有机整体的观点出发，综合研究各个具体产业部门间的数量关系（技术经济联系），既有综合指标（社会总产品、中间产品、国民收入、积累基金、消费基金等），又有按产业部门的分解指标，两者有机结合。一张投入产出表，见树又见林，可以利用它较好地解决国民经济的全局和局部的关系，产业间各种关系。

（2）由于投入产出表是棋盘式的，从而使它能从生产消耗和分配使用两个方面来反映产品在产业部门之间的运动过程，也就是同时反映产品的价值形成过程和使用价值运动过程。因为每个产业部门同时具有生产者和消费者的双重身份，它既产出产品，按社会需要分配（当然要通过交换），供其他部门和领域的消费，又要消费其他产业部门的产品，通过本身的生产消费过程才能把产品生产出来。这就是马克思所指出的生产和消费（生产性消费）的同一性。

（3）产业经济分析中将通过各种系数（物资消耗系数、劳动消耗系数、生产基金占用系数、生产性积累占用系数等经济参数），一方面反映在一定技术水平和生产组织条件下，国民经济各产业部门间的技术经济联系；另一方面用以测定和体现社会总产品与中间产品、社会总产品与最终产品之间的数量联系，既反映部门之间的直接联系，又反映部门之间的全部间接联系。系数的测定与分析在这里是十分重要的。

（4）投入产出表本身是一个矩阵，由此建立的线性方程组完全可以由电子计算机进行运算，这不仅可以保证分析的准确和及时，而且还可以进一步扩展与数学规划和其他数量经济相结合，发展成经济预测和计划择优的经济数学模型。因此，产业经济分析的手段是现代数学与计算机的结合，这是一个很重要的特点。

可以说投入产出经济学的投入产出法为进行深刻的产业经济分析提供了重要手段，因此，这里涉及的投入产出仅是在产业经济分析方面的运用，并不完全包括投入产出经济学中投入产出原理及分析方法的全部内容，因为投入产出经济学本身就可以成为一门学科。

投入产出理论的基本思想是指经济活动过程中的交换活动，从卖者来看，是产出的出售，从买者来看，则是对投入的购买。产业关联理论的第一个理论渊源是法国重农学派经济学家魁奈的经济表。魁奈从他的重农主义理论出发，用简明的图式描绘了社会总资本的再生产过程。产业关联理论的第二个理论渊源是马克思的两部门再生产理论。从里昂惕夫投入产出表的横行分配方程式中很容易能推导出马克思两部门表式中所表示的基本关系，即国民经济最终产品等于国民收入，而且里昂惕夫表式的横行方程式是和一个部类的总产品等式这个马克思的关系式相对应的。所以，里昂惕夫的部门间流出流入分析可以看做是马克思表式的发展。产业关联理论的第三个理论来源是瓦尔拉斯的一般均衡理论。一般均衡论的基本思想是各个特殊市场是相互联系的，也就是说各种产品及生产要素的价格是相互联系的，因此，不能撇开别的价格单独地来讨论某一种产品或生产要素的均衡价格，而必须研究整个经济，即整个市场上的所有的价格是如何相互作用并最终同时达到均衡的。

第四节　产业经济学的意义

产业经济学作为一门新的理论经济学，虽然没有像微观经济学和宏观经济学那样受到人们的重视，但其价值并不亚于宏观、微观经济学。学习和研究产业经济学，具有重大的理论意义和实践意义。

一、产业经济学的理论意义

从理论上来看，产业经济学最大的贡献在于建立了一门新的理论经济学科，填补了中观经济研究的空缺，完善了理论经济学的体系，并且为应用经济学和管理学提供了新的重要理论基础。

产业经济是构成和制约国民经济及其发展的重要方面，是联结微观经济和宏观经济的中间层次，理论经济学只有包含中观经济学，才能形成完整、系统的科学体系。但是，长期以来理论经济学只有微观经济学、宏观经济学、国际经济学，没有中观经济学，甚至连在世界上广为流行、再版了十多次的美国著名经济学家萨缪尔森编写的《经济学》都一直没有中观经济学这一部分，缺乏对产业经济全面、系统的分析，不能不说是一个很大的缺憾。微观经济学与宏观经济学，研究对象截然不同，各司其职，彼此独立，相互割裂。两者不仅都不研究客观存在的产业，而且微观经济学也不能全面说明企业与企业之间的关系，宏观经济学也解释不了个量与总量的关系、个量如何整合成总量。理论经济学教科书一般都是微观经济学和宏观经济学这两个相互独立的部分的拼盘，形不成一个存在内在逻辑联系的完整统一的科学体系。以产业作为研究对象的产业经济学的产生，正好克服这些缺陷，通过产业经济这个层次把微观经济和宏观经济联系起来，可能形成理论经济学完整统一、联系紧密的科学体系。

二、产业经济学的实践意义

（一）产业经济学为产业政策提供理论基础

为了弥补市场失灵，政府需要进行产业管理，制定和执行产业政策，以促进产业的发展和资源的优化配置。产业经济学的基本理论，揭示了产业结构、产业布局、产业组织、产业发展的规律，为产业政策制定原则的明确、政策目标的确定、实现手段的选择，提供了有益的理论指导，减少了盲目性，提高了自觉性，能够使产业政策更合理，执行更有效。

（二）产业经济学能够促进产业各方面的合理化

产业各方面的状况如何，是制约国民经济发展的关键性因素。产业结构是否优化，决定资源在产业之间的配置能否合理，关系到国民经济能否协调高效发展；产业布局是否合理，决定资源在地区之间的配置能否合理、各地区的比较优势能否充分发挥，关系到地区经济能否协调健康发展；产业组织是否合理，决定资源在产业内部企业之间的配置能否合理，关系到企业的效益能否提高、产业能否顺利发展。产业经济学全面系统地研究了产业结构、布局、组织等各方面的状况和变化规律，提出了各方面合理化的标志、影响因素和实现途径。人们掌握了产业经济学的理论，就能更自觉有效地推进产业各方面的合理化。

（三）产业经济学对发展中国家的经济发展具有特别重要的指导作用

产业组织理论主要产生于欧美发达国家，直到现在大多数学者仍把产业经济学仅看成是产业组织理论。欧美发达国家对产业结构、产业布局和产业发展理论作出贡献的学者，主要是发展经济学家。产业政策的理论和实践，以日本最为典型，取得的成效更为显著，产业经济学比较完整的理论体系也是后来才成为发达国家的日本的经济学家提出来的。最大的发展中国家——中国，也对产业经济学理论体系的完善作出了贡献。在产业经济学的发展历程中，为什么会出现这样的情况呢？我们认为这不是偶然的。后发国家之所以更加重视产业经济学，尤其是完整的产业经济学，是因为这些国家在产业方面存在的问题更多，对经济发展的影响更大。

欧美发达国家主要通过市场机制的作用，实现产业的发展和产业结构的优化升级，产业政策的作用并不明显，而且在第二次世界大战以后，已经普遍实现了发达工业化所要求的产业结构的合理化。后发国家则不同，产业发展普遍落后，产业结构普遍不合理，层次低，普遍存在二元经济结构，地区发展极不平衡，如果仅靠市场机制的作用去推进产业的优化和发展，可能过程较长，费时较多，很难较快实现赶超目标，因此特别需要以产业经济学作指导，制定正确的产业政策，进行结构调整，促进产业结构的优化升级和产业布局的合理化，更加重视先导产业和主导产业的选择和扶持，以制定正确的经济发展战略，更好地带动整个国民经济更快地增长。由此可见，完整的产业经济学，特别是其中的产业结构理论、产业布局理论、产业发展理论、产业选择理论和产业政策等，对发展中国家的意义更大。

第二章　世界纺织工业发展状况

第一节　世界纺织工业发展历史

一、世界纺织工业的发展历程

纺织工业是人类最古老的产业之一，随着技术的进步，全球经济不平衡发展，纺织工业经历了一次又一次的国际转移。根据纺织技术的变化，世界纺织工业的发展历程大致可分为四个发展阶段。

1. 手工纺织阶段

早在农业社会时期，纺织工业主要以手工生产、家庭纺织作坊形式存在，在亚洲、非洲、南美洲及欧洲都有纺纱、织布和加工制衣业。中国和印度皆是历史悠久的纺织品生产国，它们的丝绸、棉布等纺织品曾远销世界各地，这些国家是当时世界纺织品的生产中心，其纺织品在国际市场上占据重要地位。

2. 机械纺织阶段

英国第一次工业革命使纺织工业进入了机械纺织阶段，飞梭和一系列纺纱机的发明使纺纱效率得到了很大的提高，纺织工厂的建立使纺织生产从手工作坊过渡到工业化大生产阶段。英国是世界上最早开始纺织工业化生产的国家，那时英国纺织工业在世界市场上的地位和作用已使其成为当时的“世界工厂”和“世界贸易中心”。

3. 现代纺织阶段

第二次世界大战以后至20世纪90年代，纺织设备不断创新，纺织技术不断改进。现代环锭纺纱机和自动织布机的发明以及非织造技术的问世，使纺织生产有了质的突破，特别是化学纤维的出现和发展改变了过去那种完全依靠农业的天然原料的限制，纺织工业进入了高速增长阶段。这一时期，美国、德国以及日本等发达国家成为了世界纺织大国。

4. 智能纺织阶段

20世纪90年代以来，纺织工业结构不断升级，产品应用范围不断扩展，发达国家的纺织工业已经从劳动密集转向资金技术密集型产业，并逐步向知识智力型产业转变。电子商务系统、快速反应系统和各类纺织工业的专用软件得到大量应用，企业经营方式也从传统的以生产制品为中心转向以满足消费者需求为中心。这一时期，中国、东南亚等发展中国家和地区成为世界纺织品生产的主要地区。

从纺织工业发展轨迹来看，世界纺织工业基本上可划分为两条发展轨迹：一是产业间的结构升级和叠加发展；二是产业内的自身升级与发展。首先，纺织工业的发展推动了其他相关产业，诸如农业、医疗、化工、建筑等产业的发展，而这些产业的发展又反作用于纺织工业，促进了产业间的技术革新和不断融合。其次，在纺织工业内部，低技术生产逐渐向中技术生产、高技术生产发展，且后一层次的比重逐渐大于前一层次的比重，直至替代前一层次，并最终实现产业内升级。从纺织工业国际区域分布来看，产业中心从发达国家逐渐向新兴工业化国家、发展中国家阶梯式转移，从高度分散的以原料和劳动力为中心的布局特征向以研发和消费为中心的产业集群布局特征转变。发达国家间纺织工业的国际转移主要是在20世纪70年代以前完成的，80年代以后主要是产业内升级。新兴工业化国家及后起的发展中国家的纺织工业大多是从发达国家产业转移过程中开始发展起来的，并在新的国际贸易格局和科技推动下，开始自身的产业调整与升级之路。从产业转移内容来看，从单纯的加工制造转移向整个产业链转移转变。主要表现为纺织工业的跨国公司逐渐在全球范围内进行资源优化，以实现企业利润最大化和资源效能最大化，并构建了自身完整的产业链和供应链体系。纺织工业的规模化发展要求在全球范围内分配产业资源和调整产业结构，这是纺织经济发展的必然选择。各国纺织工业只有充分认识自身在世界纺织工业链中的国际地位，才能更好地发挥比较优势和增强竞争优势。

二、纺织技术发展及其特征

纺织工业之所以有今天的辉煌，离不开现代科学技术的发展及其纺织上的应用。从纺织工业的发展历程来看，从手工业到机器工业的转变，从天然纤维为原料到化学纤维的出现，从传统的纺织工艺到现代的无纺布工艺，现代电子技术和管理技术的应用，大大地推进了纺织工业的发展。所有这些都是现代科学技术的贡献。

（一）纺织技术呈现出五个基本特征

从世界范围来看，纺织技术发展到今天，呈现出了5个基本特征。

（1）传统纺织技术更多地关注纺织产品与生产过程本身。纺织技术所扮演的角色主要包括如下几个方面：

1）提高产品质量，例如在线监测技术、电子清纱技术等；

2）改进产品性能，例如紧密纺纱技术等；

3）赋予产品功能，例如纤维改性技术、功能性整理技术等；

4）提高生产效率，例如高效短流程前处理技术等；

5）降低生产成本，例如冷轧堆染色技术等；

6）提高反应速度，例如CAD/CAM技术、自动测配色技术等；

7）提高生产灵活性，例如无梭织机的模块化技术等。

当然，一项技术也可以带来多种利好，例如冷轧堆染色技术既可以提高产品质量，也可以改进产品性能，还可以提高生产效率与灵活性，并降低生产成本。

（2）纺织技术呈现出多学科、跨领域的融合态势。首先，纺织行业内生技术进步明显，近年来产生了一批有代表性的内生技术，例如紧密纺技术、涡流纺技术、冷转移印花技术等。其次，纺织技术采用了大量新技术革命带来的成果，这体现在对信息技术、生物技术、新材料技术、新能源技术的采用。再次，纺织技术多学科交叉融合趋势明显，很多新型纺织技术采用了现代物理技术、自动化技术、纳米技术、等离子体技术等，使纺织技术日渐成为多学科交叉领域。

（3）纺织技术的复合化应用，推动工艺与装备的快速发展。纺织技术复合化是指将几项技术（或工序）复合为一项技术或一道工序。其最明显的特征：高效率，短流程，节省时间、空间、人力、原料以及其他资源。纺织技术在纤维加工、纺纱、织造、印染、整理以及非织造布生产各个过程中都呈现出了复合化的现象与趋势，这在纺织面料生产过程中的纺纱、后整理工序以及非织造布的生产中表现尤为突出。例如，棉纺行业采用的清梳联、细络联、转杯纺技术；印染行业采用的一步法、一浴法技术；化纤行业采用的熔融纺、直接纺技术；非织造布行业采用的 SMS（纺粘/熔喷/纺粘）技术、CAC（梳理成网/气流成网/梳理成网）技术、SAS（纺粘/气流成网/纺粘）技术、CPC（梳理成网/木浆/梳理成网）技术、ASA（气流成网/纺粘/气流成网）技术、针刺/熔喷技术、纺粘/熔喷/水刺技术纺粘/熔喷/针刺技术等。

（4）在纺织技术发达国家，企业是技术创新的主体。这以纺织机械设备制造企业的作用尤为突出，同时发达国家的纤维原料与染化料企业参与甚至主导某项纺织技术的研发。在技术创新方面，发达国家的政府、行业组织、大学、研究机构协作机制相对完善，技术研发以产业化应用与工业化生产为出发点和落脚点。

发达国家注重实现学术、技术与产业发展的系统对接。大致分为三个阶段：

阶段 1：高校 → 研究与技术开发组织：从事基础研究，例如纳米技术、生物技术、响应聚合物、情景感知应用心理学等。

阶段 2：研究与技术开发组织 → 产业化研发机构：从事应用研究，例如纳米纤维、纳米粉体、数码喷墨印花技术、等离子体及激光技术等。

阶段 3：产业化研发机构 → 实施机构：从事技术成果的推广扩散以及应用工作，例如生物酶、膜技术、机器人等。

（5）中国已经成为纺织技术发展的主体力量。我国有 73 所高校设有纺织服装类学科，纺织行业拥有 19 个国家工程技术研究中心、国家工程实验室、国家重点实验室、教育部重点实验室，40 多家国家认定企业技术中心。我国的纺织科研工作内容已涵盖纤维材料、纺纱、机织、针织、染整、非织造、服装、产业用纺织品、家用纺织品、纺机等整个大纺织工业链。

（二）纺织技术发展的新方向

纺织技术的发展不是孤立的，而是在一个社会经济的生态系统中，涵盖了资源、能源、环境与社会的各项要素。需要重视的是，这个生态系统是动态而持续演进的。纺织技术的历史作用也需要转变：从满足人类根本性需求（使用阶段），到美化人类的生活（采用阶段），最后到多元化地支撑社会发展与进步（利用阶段）。由此可以得出，纺织技术发展的新方向，也就是纺织技术所扮演的新角色：（1）保障原料供给；（2）保护生态环境；（3）节约资源能源；（4）满足社会新需求。

1. 保障原料供给

天然纤维 发现或培育新品种，在提高纤维性能（细度和强度）的前提下，不多占用耕地，利用盐碱地、荒滩地、山坡地，如苎麻种植；天然纤维的升级利用，如黄麻等韧皮纤维的升级利用；稀贵纤维的优化利用，如应采用羊绒等珍稀纤维资源生产高端纺织品和服装；采用高新技术手段制造超仿天然纤维。

化学纤维 如今化学纤维有 85% 以上属于石油基产品，石油、天然气资源的日益枯竭为合成纤维产业敲响了警钟，需寻找并利用可替代资源；大力发展可以再生、可以降解、可以循环、对环境友好的生物质资源。生物质是指利用大气、水、土地等通过光合作用而产生的各种有机体，包括植物、动物和微生物。例如，生物可降解聚酯、甲壳素及其衍生物、蛋白质、细菌纤维素等；再如，竹、木、茎、杆、叶等可再生天然纤维素资源。

纺织品回收利用 我国自有化纤生产以来已生产化纤 2.8 亿吨，“十二五”末将达 4 亿吨。目前，全球每年废弃纤维制品 5000 多万吨，相当于年纤维加工总量的 70%，可见废弃纤维资源将再次成为原料资源的空间很大。因此，纤维制品的回收利用技术将有极大的发展空间。废旧纺织品回用难度大，但潜力更大。

2. 保护生态环境

以技术解决纺织品生命周期的环境问题，实行全方位环保措施，是纺织技术发展的必然方向之一。包括：环保原料生产技术、纺织品绿色加工技术、环保纺织化学品生产与利用技术、废弃物回收利用技术。因此，要依靠先进技术，发展环保型纺织品，同时构建环保与生态技术标准与认证体系。

3. 节约资源能源

提高能源、资源效率，实现资源低耗损或零耗损，并将纺织产品生产中影响环境的化学品用量降到最低，为消费者提供绿色产品。

（1）能源。推广节能技术；研发节能设备、装置、工艺；采用可再生能源，达到碳中和目的。1）采用连续化、自动化、高效化技术工艺和装备，缩短工艺流程，提高劳动生产率，如细络联、涡流纺等；2）耗能设备和系统的改造，例如印染、化纤行业中的热电联产，蓄冷蓄热空调及冷热电联供技术，中央空调风机水泵变频调速技术等；3）余能回收利用技术，例如余热回收技术；4）新能源技术的采用，例如太阳能、风能、声能等。

（2）水资源。推广节水技术：减少湿处理加工过程，在产品生命周期，减少水耗，提高水质，促进回用。例如棉纤维素新制浆工艺节水技术，缫丝工业污水净化回用技术，洗毛污水“零”排放多循环处理技术，喷水织机废水处理再循环利用技术，少水及无水印染加工技术，中水回用技术，污水处理技术。

4. 满足社会新需求

过去的消费者会习惯“只”购买某个等级的服饰，现代的消费者会习惯购买多种不同等级的服饰来“混搭”。对于高级定制服、挑战者品牌、街头流行服饰、大众零售市场、运动服饰等各个细分领域的技术发展都提出了新要求。纺织品制造商将继续以天然纤维、常规化学纤维以及差别化纤维、高性能纤维为主要生产原料，通过新技术的采用，来满足人们的日常生活。技术手段要使这一类纺织产品同时或者分别具有 3 个基本特征：流行、功能和环保。据联合国预测，到 2050 年，全球纺织纤维加工总量将达到 2.53 亿吨，比目前的 8000 万吨，增长 2 倍多。其中，产业用纺织品加工量将达到 1.7 亿吨，占纤维加工总量的 67.4%。人均纤维消费量达到 18.53kg/a。面对这样的需求，纺织技术在产业用纺织品领域将大有作为。

21 世纪经济的可持续发展，面临着人口、资源、环境等重大问题。20 世纪后 50 年全球人口增加了 1.4 倍，预计到 2050 年全球人口将达 90 亿。人口的高度膨胀，最先面临的是粮食和衣着问题，产业界也需要大量的纺织品，因此纺织行业的作用仍然举足轻重。研究世界纺织工业的生产格局、消费格局，进而促进世界纺织工业的高效发展，显得尤为重要！

第二节 世界纺织工业生产格局

一、发达国家和地区纺织工业的生产格局

第一次工业革命以后，纺织工业首先登上历史舞台。第一次世界大战前英国的棉纺工业发展到一个高峰，纺织工业的出口额占世界纺织贸易总额的58%以上，几乎垄断了全球的棉纺织产品市场。第一次世界大战后的1924年，英国棉纺锭数量达到创纪录的6330万锭，织机79.2万台，毛纺业也居全球的霸主地位，纺织品给该国流入了巨额资金。当时中国纺织工业落后英国100年，19世纪中后期东南沿海开始出现机器纺织缫丝厂。经过一段时间的发展，到1895年中国已经有纺织厂79家，纱锭17.5万台，织布机1800台和员工5万人。

第二次世界大战后美国、日本、西德、意大利等国如法炮制，大力发展纺织工业，这是纺织工业生产重心的第一次转移。美国凭着棉花资源的优势，大力发展棉纺业，棉纺锭数达3600万锭，同时凭着工业和技术优势，大力发展机械制造专业和化纤工业。20世纪50年代美国纺织品生产技术和纺织机械水平处于世界领先地位，在化纤工业上，开启了工业化生产的先河。1956年日本的纺织工业产值占到国内工业生产总值的1/2以上，出口占全国出口总额的34.4%，1976年前30年间，日本花费了大量的资金从国外引进130多项纺机先进技术，并投入巨额研究开发资金，生产纺织机械出口，使日本纺织机械水平大幅度提高，1976年生产的纺织机械出口占79.7%。西德依靠其发达的机械加工业和化学工业，大力发展纺织机械业和染料工业，对本国的纺织工业生产设备的现代化也十分重视，不断更新纺织生产设备，很快成为纺织品和纺织机械出口大国，至今德国的纺机出口仍保持国际领先地位。意大利凭着本国在欧洲地区劳动力低廉的优势，重点发展毛纺、棉纺、服装工业，从20世纪70年代起很快成为欧洲的纺织、服装工业中心。

随着社会的不断向前发展，发达国家和地区纺织工业的生产格局也在发生着显著变化，主要体现在以下几个方面。

（1）商业模式变革：商业模式变革即企业根据市场环境和自身优劣势，从需求角度出发，扬长避短地调整企业经营内容和重点。商业模式变革达到一定规模和程度之后，产业整体便出现了转型。以美国服装企业为例，其在过去数十年中已经大部分放弃生产制造，转为从事设计、产品开发、品牌包装及市场营销等其他增值环节，从而规避与发展中国家相比的劳动力成本劣势，并获取更为高额的利润。如行业“领头羊”Levi Strauss，VF Corporation，Ralph Lauren 和 Kellwood 等企业，它们在对外宣传时（如企业的网站）已经自我定义为“市场营销者”（marketer）或“品牌制造商”（branded manufacturers），并且将开发设计、采购以及向零售商提供个性化、深加工、高附加值品牌产品作为经营重点。然而，美国服装企业与零售商之间的紧密合作关系在后危机时代随着对有限消费者资源争夺的加剧而出现“破裂”。一方面，零售商，尤其是百货业（department store）巨头，如Macy，JCPenney，Target，Kohls 等，在加紧“自有品牌”（private label）的建设和推广力度，并逐步提高“自有品牌”产品在销售额中的比重。与 Polo，Levi，Jansport，the Northface 等

由服装企业提供的品牌产品不同，零售商对“自有品牌”拥有完全产权和控制力，并且能更为灵活地为特定消费者量身定制产品。同时，“自有品牌”产品对零售商而言属于独家垄断，有利于培养消费者对该零售商的忠诚度。尽管零售商为此也将承担额外风险，但丰厚的利润回报率成为有效激励。另一方面，服装企业也不甘心一直受制于零售商的控制，因而凭借多年来苦心打造的品牌资源，纷纷跨入零售业务，开设中小型专卖店（specialty store），并希望通过与消费者直接接触，更好地扶持、发展品牌。可以预见，未来美国服装企业与零售商之间的界限将越发模糊，业务内容也将产生更多重叠，各类品牌之间将为争夺消费者展开激烈竞争。

（2）加速海外市场扩张：由于本土市场规模庞大，所以历史上美国纺织工业的发展一直具有内向型特征，对海外市场并不十分倚重。然而，后危机时代受宏观经济形势的拖累，美国纺织业在国内市场前景暗淡的情况下，开始仿效日本和亚洲国家采用的“出口导向”战略，积极谋划海外市场的扩张。一方面，就美国纺织企业（纤维、纱线、面料制造商）而言，由于其产出属半成品性质，而美国国内服装企业早已大部分放弃服装生产，对纺织原料需求有限，因此将产品卖给周边仍然从事服装加工的发展中国家成为当务之急。美国统计局（Census）数据显示，2009 年美国纤维和纱线的出口依存度（即出口所占产出比重）达到65.9%，远高于2002 年55.2%的水平。另一方面，对美国服装企业和服装零售商而言，国内乏力的消费需求增长前景与其商业扩张的愿景形成矛盾，而新兴发展中国家的零售市场则方兴未艾，许多消费者对美国服装及品牌不仅熟识而且偏爱有加，这为企业“走出去”奠定了良好的基础。

表2-1 显示，2007 年至今美国服装零售业明显加快了海外直接投资步伐，即使在2008年全球经济陷入严重衰退的时候，投资额依然小幅增长了2.3%，2010 年增长率更是强劲反弹至12.1%。另据美国纺织品服装办公室（OTEXA）统计，相比2008 年，美国服装出口虽然总体下降了5.9%，但对很多亚洲和南美洲国家出口增长迅猛，如印尼（15%）、印度（6%）、韩国（31%）以及中国（21%）。如此典型的外向型发展模式，不仅在美国纺织服装产业发展史上实属罕见，对于传统纺织经济演进阶段理论及其结论也提出了挑战。

表2-1 美国服装零售业海外直接投资（FDI） （百万美元）

年 份	2002	2003	2004	2005	2006	2007	2008	2009	2010
投资额	1826	2438	3295	3096	3283	4347	4449	4186	4694
增长额	−15.6	33.5	35.2	−6.0	6.0	32.4	2.3	−5.9	12.1

（3）推动产业“绿色革命”：如果说商业模式变革及海外扩张还只是战术层面的选择，那么引入最新环保技术，推广并实现清洁生产，同时借机设立全新游戏规则并对市场需求结构实施主动影响，则是美国纺织业立足长远所进行的战略性转型。一方面，低污染、低能耗、可持续性的生产模式在纺织业得到普及将是大势所趋，美国国内及全球范围内通过更为严格的工业生产环保标准也只是时间问题。为此，美国纺织业近年不惜投入巨资，积极改进工艺流程，在工业废水排放、能源消耗及循环生产方面已经取得了令人瞩目的成绩。以再生纺织品（recycled textiles）为例，美国在废料回收、分拣、再制造等关键性环节均实现了产业化和规模化，用废旧塑料品制成的西服、用废旧牛仔布制成的铅笔以

及用回收材料制成的地毯等再生产品在美国已经进入寻常百姓家。另一方面，美国服装及零售企业也花费重金着力推广宣传“绿色消费”理念，通过各类广告、公益活动和营销手段，培育并扩大“绿色消费”群体。据美国棉花公司2010年一项最新调研显示，约7%的美国消费者已经成为铁杆绿色消费者，并愿意支付额外费用购买贴有“环保”标签的服装。类似针对消费者购买“绿色产品”方面的行为研究，在美国也正如火如荼地展开，例如消费者如何理解鉴别“绿色”产品，对绿色产品的品牌忠诚度，哪些人群最有可能成为潜在绿色消费者，绿色消费者愿意承受的产品溢价幅度等。相关研究成果成为企业经营决策、产品开发营销的有益参考。而一旦自身生产技术“过关”同时对消费者“洗脑”成功，美国纺织业的下一步举措自然是将更为严格的环保标准强加给其他国家，一来可以通过游戏规则稳固自己在绿色纺织领域的领先地位，二来也可有意识地构建“绿色壁垒”，阻挡来自发展中国家的进口纺织品服装。由于环保生产在工艺上对技术和资本有更高要求，发展中国家仅凭劳动力低廉无法取得竞争优势，届时出现全球纺织业生产格局重新洗牌，甚至部分生产环节从发展中国家回流发达国家并非绝无可能。

二、发展中国家和地区纺织工业的生产格局

基于产业价值链的国际分工，是当今纺织工业全球转移的主要特征。在产品价值链中，各个环节的成本和效益差异很大。跨国公司为了实现其全球战略的需要，对整个产业（产品）价值链进行拆分和对产业空间分割，分别将其布局到具有比较优势的国家和地区实行专业化生产，然后在全球范围内实行产业整合。当前，外包成为纺织服装业国际产业转移的重要方式。“外包”已经不再仅局限于传统意义上的“代工”和“贴牌生产”（OEM），外包业务的范围从成品加工逐步扩展到了纺织原料和纺机研发、产品设计、展示、营销等更多领域。外包的发展使纺织服装业国际产业转移的方式更趋多样化。在这种方式下，纺织服装企业可以结成多种有效的分工和战略合作关系。相对而言，纺织服装业的最终产品制造环节进入壁垒较低。不少发展中国家的纺织服装业逐步具备了自我发展的条件。在这种情况下，纺织服装业国际产业转移的重点领域和方式发生了新的变化。欧、美、日等国家和地区纺织服装业的大跨国公司开始在纺织原料、高级服装面料、染整等产业的上游环节以及设计、展示、营销等下游环节进行大规模的海外直接投资。纺织服装业产业转移向上、下游领域的延伸为发达国家在发展中国家投资的纺织服装企业以及当地企业提供了更全面的配套设施，有助于在当地形成产业集群效应，从而完善产业链条，进一步降低生产和销售成本。从利润分配来看，发展中国家的出口利润并没有像出口数量那样迅速攀升，它们分得的只是国际分工中很少一部分加工费，发达国家独享了大部分利润，两者之间的利润分配比例约为1∶4。随着发达国家科技投入的不断增长以及国际市场竞争的日趋激烈，发展中国家的利润空间将受到原料供应和消费市场的进一步挤压，议价能力进一步下滑，利润空间将进一步缩小。以中国为例，目前我国纺织业自主创新能力不足，这不仅表现在高端纺织设备上，企业对市场的快速反应能力上也有较大差距。纺织服装的出口主要是贴牌加工，自主品牌走向国际市场的寥寥无几，全行业的利润率仅为3%。由于缺少品牌和国际营销渠道，产业竞争优势主要体现在劳动密集型的产品，而制造环节利润仅为整个产业供应链利润的10%，对进口的依赖度超过了65%。另外，我国纺织行业在劳动用工、社会保险、环境保护、知识产权保护、税收制度及土地政策等方面的执行亦

不规范。

20世纪70年代后纺织工业生产重心转移到韩国、中国香港、中国台湾、印度等国家和地区。20世纪80年代中国紧跟其后，迅速崛起，1994年中国纺织品和服装出口总额列居世界首位，这是纺织工业生产重心的第二次转移。纺织工业为这些国家和地区经济的发展同样起了重大的推动作用。2000年中国纺织品和服装出口达522.3亿美元，占全球纺织品贸易的14.7%。据近20多年的资料统计，纺织品和服装出口曾居全球第一的国家是日本（1970～1972年，3年），德国（1973～1980年，8年），意大利（1981～1983年、1985～1986年，5年），从1994年开始至今中国跃居第一位。在20世纪的历史长河中，纺织工业在各国工业化的过程中都曾朝阳似火，2000年全球纺织品贸易额为3564.0亿美元，纺织工业是和人类相依存的，纺织品、服装产品在世界各国零售商场总是琳琅满目，对消费者具有永久的魅力，纺织工业不会夕阳西下。

发展中国家和地区纺织品和服装在国际市场上具有一定的竞争优势，特别是在中低档产品占有较大的份额，尤其是近些年以来纺织工业运行情况良好，但这种势头能否长期持续还难以确定。发达国家对《纺织品和服装协议》的履行情况很不好，取消产品数量限制的仅仅是一部分产品，出口增长的空间受到一定限制。

第三节　世界纺织工业发展现状

一、亚洲

除印尼和泰国有一定规模的纺织品出口外，基本上是以服装出口为主，出口较有优势的国家有：孟加拉、印尼、泰国、越南等，其中孟加拉在欧盟服装进口市场居第6位，越南在日本服装进口市场居第4位，印尼在美国服装进口市场上居第6位。孟加拉、越南等国成本优势突出，服装厂工人最低工资仅为45美元/月，土地、水、电等能源价格也非常优惠。据中国香港客商反映，在越南等国开设一家1000人左右的服装厂，投资仅需要六七百万港元，而同样规模的工厂设在中国，则需投入几倍的资金。但东南亚国家的劣势是服装工业规模不大，配套水平较低，面料依赖进口，接单能力有限，加工品种不够齐全。

亚洲国家纺织服装业凭借丰富的原料和“取之不尽，用之不竭”的廉价劳动力迅速崛起。有关统计资料表明，中国、印度、巴基斯坦、孟加拉、柬埔寨、越南、印度尼西亚等亚洲国家的纺织品服装生产行业的劳动力成本价格还不到欧、美等发达国家的1/10。所有这些都为亚洲纺织工业的发展提供了便利。

目前亚洲已经是世界上最大的纺织品服装生产基地。2010年，全球纺织品出口为2506.52亿美元，其中亚洲各国纺织品出口占45.9%，仅中国大陆、香港和台湾的出口额就占全世界的35.21%；全球服装出口3514.64亿美元，其中亚洲国家出口占全世界的57%，仅中国大陆和中国香港的出口额就占全世界的43.88%。

从生产能力方面来看，亚洲也是当之无愧的纺织服装生产基地。全世界60%以上的棉纺和棉织机都集中在亚洲。

印度：印度是世界上第3大产棉国，纺织工业规模很大且实力雄厚。纺织服装业是印度的支柱产业，占全国制造业的比重为20%，就业人数1500万，纺织服装出口占出口总额的比重为25%。主要市场为欧盟和美国，在欧盟市场列第3位，在美国市场列第4位。印度的纺纱、织布及印染业设备技术水平很高，已成为我强大的竞争对手。

巴基斯坦：纺织服装业是该国的支柱产业，占全国制造业的46%，就业人数1500万，占制造业就业的38%，纺织服装出口占出口总额的比重高达66%，为世界第4大产棉国，纺织工业实力雄厚，拥有较强的纺纱业和织布能力，出口产品以纱、布等初级纺织制成品为主。巴基斯坦棉纱的竞争力大有超越我国之势。其纺织品在美国、欧盟、日本纺织品进口市场上分别列第6、第7、第8位，成衣等制成品所占比重较低。

日本：日本是世界上第3大经济体，也是我国纺织服装出口的主要市场。2003年，日本经济出现复苏迹象，但消费支出仍处于低迷状态。尽管如此，但由于日本纺织服装消费基数庞大，再加上纺织服装业大部分已把制造地转移到中国，因此其消费市场还是严重依赖于进口产品。在日本纺织品服装进口市场上，中国产品占71.5%，具有较强的价格和质量竞争力。因此，我国出口企业在日本市场面临的主要挑战并不是扩大市场份额，而是提供深加工、高质量产品，提高产品附加值及品牌服务的问题。

二、美洲

美国、加拿大、墨西哥于1994年签订《北美自由贸易协定》等区域优惠贸易措施以后，在配额、关税方面大大放开，美国纺织业大量在墨西哥和加勒比盆地国家投资，墨西哥和中南美国家对美国的纺织服装出口持续增长，墨西哥从1996年起连续6年成为美国纺织服装第一大进口来源国，中南美国家也成为运用美国的纺织部件生产服装返销美国、免进口配额和美国部件关税的《加勒比盆地贸易伙伴法案》（CBTPA）条款的受益者。

美国：美国纺织工业仍是国民经济主要部门，从业人员200万人，为美国创造500亿美元产值。纺织工业的总体状况是在进口迅速增加的背景下，就业呈现长期下降趋势。美国纺织服装产业面对激烈的市场竞争，在结构调整方面取得了进展，尤其是纺织品出口保持了增长。在新经济条件下，美国产业在电子商务、快速反应体系建立方面走在各国的前面。美国纺织工业主要通过组织变革、结构重组和缩减规模来提高竞争力。通过合并，纺织公司获得了新的市场份额，扩大了资本实力；经过多元化和垂直整合，纺织公司已经实现了经济规模并扩大了产品领域和服务范围。美国纺织工业很少从短纤织物制造转向成衣制造业，而是转向多组分的产品或其他合适的产品。制造运动装、工作服的高技术纤维大量的增长，其他有盈利的产品主要集中在非服装面料产品，包括汽车用、医用、防火用和信息（光纤）等领域。美国的纺织业技术装备较为先进，这是主要通过投资现代化装备和重组结构实现的。纺纱、织造和针织在许多工厂都非常现代化，这使他们提高了质量和速度，并使人工成本在总成本中的比例下降，纺织工业可以通过新技术增加生产。目前纺织工业每年技术和设备投资达30亿美元，对现代技术包括信息技术的不断投资是十分重要的。

加拿大：加拿大纺织业在1999年共有950个公司，雇佣了49800位劳动力，生产了80亿美元的纺织物及产品，其中42.2%（34亿美元）用于出口。美国一直是加拿大最大的出口国，占加拿大纺织出口的87.4%。大多数的纺织厂只有不到50名工人。主要的纺织厂通常比生产纺织产品的生产厂大，也具有更大的经济规模。很多产品的生产也是相当集中的，比如人造纤维、长丝和面料、地毯、床单和枕头以及毛巾。1999年，加拿大的纺织业占国民生产总值的 2.2%，提供了 2.7% 的就业机会。在 1994 ~ 1999 年的五年里，纺织业的总产量增长了 21.1%，从 66 亿美元上升到 80 亿美元。主要的纺织行业产量从 34 亿美元上升到 42 亿美元，增长了 23.5%。纺织产品行业的产量从 32 亿美元上升到 38 亿美元，增长了 18.8%。

墨西哥：从 1994 年以来，墨西哥纺织品对外贸易额逐年增加，增长率接近 8%。2010 年，墨西哥纺织品出口额为 19.28 亿美元，同比增长了 19.68%。其中，向美国出口 15.37 亿美元，占其纺织品出口总额的 79.7%。亚太地区居墨西哥进口纺织品的第 2 位，达 7.19 亿美元，其中韩国对墨西哥出口纺织品 3.58 亿美元，占亚太地区第一位。

三、欧洲

2010 年国际贸易统计数字显示，由 15 个成员国组成的欧盟在全球纺织品服装贸易中占据着非常重要的份额。以 2010 年为例，欧盟纺织品、服装的出口额占全世界纺织品服装出口总额的 32.06%，仅次于中国。2010 年中国的纺织品、服装出口额约占全世界纺织品服装出口总额的 34.39%。如果单就服装出口来看，2010 年，欧盟服装的出口额占全世界服装出口总额的 32.8%，仅次于中国的 36.9%。欧盟的纺织服装业目前面临亚洲国家纺织、服装业超低劳动力成本的竞争压力。欧盟纺织服装业针对自身劳动力生产成本价格过高的劣势，实行全行业内部的资源合理化配置。具体措施包括调整、重组行业部门、机构，实行自动化生产管理，将生产基地向全球低成本区域转移，重点开发价格敏感度较低、时尚化程度较高的品牌类纺织、服装产品等。欧洲纺织服装业 2005 年的从业人员总数为 230 万人，同比下降了 7%；服装纺织企业总数约为 11.3 万家，减少 2.6%。

第四节　纺织工业发展动力

一、自然资源和自然条件是产业发展的原始动力

早期的纺织工业中，原材料和劳动力成本占产品总成本的比重较大，平均为 60% 左右。由于发达国家生活水平和消费层次明显高于发展中国家，前者的劳动力价值远远高于后者。按劳动价值论，在生产资料价值相等的条件下，在发达国家生产的纺织品成本大于在发展中国家生产的纺织品成本，这将迫使发达国家对产业结构做出调整，将纺织工业中低附加值的生产环节转移到劳动力低廉和纺织品原材料资源丰富的发展中国家。

二、科学技术成为主导纺织工业发展的决定力量

20 世纪 80 年代以后，科技实力超过资源和劳动力成为第一生产力。科学技术渗透到纺织工业的每一个环节，它不仅改进了生产设备和生产工艺，提高了劳动者的素质和生产效能，而且优化了原材料的性能，增强了纺织品的功能，延伸了纺织品的应用领域，使纺织工业的发展既基于纺织工业，又超越了纺织工业。

三、产业生命周期是纺织工业发展的内生动力

按产业生命周期理论，随着产品从创新—成熟向标准化方向发展，产业的国际竞争将

日趋激烈。由于纺织产品具有多品种、小批量、短周期、快变化等特征，这就更加要求纺织工业不断推陈出新，生产出性能更好、功能更多、款式更新颖、使用更便捷、价格更低廉的纺织产品以满足需求，不断促进纺织工业自身的结构升级以实现产业的高阶化发展。

四、产业间的关联效应是纺织工业的外生助推器

从产业间的相互作用来看，其他相关产业的发展为纺织工业提供了现代化的生产设备和生产工艺以及新的生产资料和应用领域，带动了纺织工业的发展，并对纺织产品提出了更多更高的要求，例如抗辐射、耐高温、防腐蚀、高强度等，这也进一步促进了纺织工业的发展。

五、国际交流也是纺织工业发展的基本动力之一

纺织品的国际贸易加强了各国纺织工业间的相互依存和互动关系，加速了纺织工业的国际分工，成为世界纺织工业结构配置的基本途径和基本动力之一。国际资本流动和信息技术的交流，也拓宽了纺织工业的国际交流渠道，推动了世界纺织工业的协调发展和高级化进程。

六、其他影响因素

纺织工业是提供人类衣食住行的必需品之一，是一种不可完全替代的产业，被称作“永续型”产业。随着世界经济不断发展、全球人口增长以及现阶段资源环境的不断恶化等因素的影响，纺织品的需求和消费结构、质量标准和产品层次都将面临越来越高的要求，这也进一步带动了世界纺织工业的不断发展。

总之，世界纺织工业发展的动力源泉是多种多样的，既有产业间的又有产业内的，既有国际的又有国内的，既有有形的又有无形的，而且，各种作用力错综复杂地交织在一起，形成了多边立体、多向辐射、多层回转反馈的复杂机制体系。

第三章　我国纺织工业发展

第一节　我国纺织工业发展现状分析

一、纺织工业取得的成就

1. 规模和效益持续增长

2010年，全国纺织工业规模以上企业完成工业总产值47650亿元，“十一五”期间年均增长18.2%，就业人数1148万人，年均增长2.1%，实现主营业务收入46510亿元，年均增长19.2%，工业增加值年均增长12.6%，利润总额2875亿元，年均增长27.7%。

2010年，规模以上企业实现纱产量2717万吨，“十一五”期间年均增长13.4%，化纤产量3090万吨，年均增长13.2%。化纤、纱、布、呢绒、丝织品、麻纺织品、服装等产量均居世界第一。全行业纤维加工总量达到4130万吨，年均增长9.0%，占全球纤维产量的比重超过50%。

2010年，我国纺织品服装出口额2065亿美元，“十一五”期间年均增长11.9%，一般贸易比重由2005年的69.7%提高到2010年的74.4%，占全球纺织品服装贸易额的比重超过30%。

2. 产业结构有所优化

“十一五”期间，服装、家纺、产业用三大类终端产品纤维消费量的比例由“十五”末的54∶33∶13调整为51∶29∶20，产业用纺织品应用领域不断扩大。化纤在纺织原料中的比重达到70%，比“十五”末提高5个百分点，化纤产品差别化率达到46%，提高了15个百分点，基本满足了纺织工业对原料快速增长的需求。中西部地区固定资产投资年均增长27.2%，占全行业的比重由2005年的23%提高到2010年的48%，纺织工业从东南沿海向中西部地区梯度转移的进程加快。

3. 自主创新和技术装备水平不断提高

纺织行业自主创新能力不断提高，多项高新技术取得实质性突破，一批自主研发的科技成果和先进装备在行业中得到广泛应用。碳纤维T300、芳纶1313、芳砜纶、超高分子量聚乙烯、聚苯硫醚和玄武岩等高性能纤维实现了产业化突破。全行业有22项科技成果获得国家科学技术奖，其中“年产45000吨粘胶短纤维工程系统集成化研究”、“高效短流程嵌入式复合纺纱技术及其产业化”获一等奖。国产纺织机械产品市场份额由2005年的61.7%提高到2010年的78.1%。截至2010年底，纺织行业国家认定企业技术中心达到38个。

技术装备更新速度加快，落后产能在市场机制作用下逐步退出，全行业工艺技术装备水平和生产效率稳步提高。1/3规模以上企业的技术装备达到国际先进水平，2010年规模以上企业新产品产值比2005年提高了2.4倍，高于产值增长率，全员劳动生产率达到11.0万元/(人·年)，比2005年增长1.1倍。

4. 节能减排和循环利用成效明显

一批节能减排和资源循环利用新技术在全行业得到广泛应用。差别化直纺和新型纺丝冷却技术在化纤行业开始推广，高效短流程印染前处理技术在棉及棉混纺织物上得到普遍应用，废水余热回收、中水回用、丝光淡碱回收等资源综合利用技术在行业中推广应用比例已达到50%。纺织纤维再利用开发技术不断升级，2010年再利用纺织纤维产量突破400万吨，以可再生、可降解的竹浆粕、麻秆浆粕为原料的粘胶纤维实现产业化生产。

“十一五”节能减排的目标任务全面完成。纺织行业单位增加值综合能耗累计下降约32%，百米印染布新鲜水取水量由4.0t下降到2.5t，印染行业水回用率由7%提高到15%，纺织行业单位增加值污水排放量累计下降幅度超过40%。

5. 品牌建设初见成效

加快品牌建设已在全社会形成共识，品牌建设的内生动力明显加强，品牌发展环境不断改善。“十一五”期间，我国纺织工业已经从加工制造向产品设计和创意转型，初步形成了一批设计创意园区。纺织品服装出口由加工生产（OEM）向设计生产（ODM）和品牌生产（OBM）转变，纱线、面料、辅料等中间产品的品牌价值也得到市场认可，我国纺织服装自主品牌逐步走向国际市场。获得服装服饰类中国名牌143个，家纺类中国名牌45个，国内消费者对服装家纺自主品牌认知度有所提高。

二、纺织工业发展面临的形势

1. 发展的机遇

从国际看，国际市场将从金融危机中缓慢复苏，纺织品服装市场需求继续保持增长趋势，但消费将更加趋于理性。美国、欧洲、日本三大发达经济体仍将是我国纺织品服装出口的主要市场，新兴经济体的需求潜力将进一步释放，这将有利于我国纺织工业开拓多元化市场。新能源、新材料、环保产业在全球范围内蓬勃发展，为纺织工业开创新的消费领域和新的市场提供了机遇。

国际金融危机加速了科技创新和低碳技术发展的进程，信息技术、生物技术等高新科技和传统纺织工业的结合日益紧密，可再生原料、清洁生产和循环利用技术的开发应用对纺织工业发展产生深远影响，为缩短与纺织强国之间的差距和抢占产业发展的战略制高点创造了条件和机遇。

经济全球化深入发展，发达国家具有优势的先进技术、高端纺织机械装备制造、研发设计能力等呈现出向新兴经济体加速转移的趋势，国际纺织工业格局将进一步调整。我国纺织工业经过多年的调整升级，在吸收新技术成果和提高创新能力等方面具备了良好的基础，纺织企业国际化水平不断提高，有条件更好地利用两个市场、两种资源，在更高层次上参与国际竞争。

从国内看，“十二五”时期，我国将全面建设小康社会以顺应各族人民过上更好生活的新期待，国内消费者对纺织品服装消费需求将不断升级，国内市场对纺织工业的发展将提出更高要求。目前，占人口54%的农村居民人均衣着支出是城镇居民的18%，城镇化率的提高将直接带动衣着消费的更快增长。随着纺织工业新材料、新技术的应用，以产品创新所引领的绿色、低碳、文明、时尚的生活方式，将进一步挖掘出我国内需的巨大潜力。

国家区域发展总体战略和主体功能区战略的实施将加快纺织工业转型升级。我国纺织工业80%左右的产能集中在东部地区，随着经济发展和资源环境约束加剧，东部地区转型升级和产业转移的步伐将加快。西部大开发、中部崛起和东北振兴等国家区域发展战略的实施，促使中西部地区承接产业转移的条件日益完善。“十二五”期间，抓住机遇推进纺织工业转移，有利于形成东中西部纺织工业优势互补、协调发展的新格局，将进一步保持和提升我国纺织工业国际竞争力。

加快培育和发展战略性新兴产业为纺织工业的发展创造了新的有利条件。高技术纤维及其复合材料、高端纺织技术装备制造、部分产业用纺织品等作为战略性新兴产业的组成部分，将得到较快发展。同时，战略性新兴产业的发展将进一步扩大纺织产品在交通、新能源、医疗卫生、安全防护、环境保护、航空航天等领域的应用。

我国是世界劳动年龄人口数量最多的国家，发展吸纳就业能力强的现代产业体系是“十二五”时期的重要任务之一。纺织工业直接就业人口超过2000万人，每年使用国产天然纤维近900万吨，直接关系到至少1亿农民的生计。纺织工业作为重要的民生产业，将在增加就业、解决“三农”问题和促进城镇化建设等方面继续发挥重要作用。

2. 面临的挑战

从国际看，“十二五”时期，我国纺织工业面临发达国家在产业链高端、发展中国家在产业链低端的双重竞争将更加激烈。发达国家凭借技术、品牌和供应链整合的优势，占据着市场的主动地位。其他发展中国家凭借劳动力成本、资源、贸易环境等比较优势，纺织工业将会得到快速发展。同时，部分发展中国家货币贬值加速，将与我国在中低端产品市场展开更加激烈的竞争。

国际金融危机爆发以来贸易保护主义抬头，主要发达国家纷纷通过动用贸易救济或增加技术贸易壁垒等手段，限制他国产品进口。2009年以来，针对我国的各类贸易摩擦事件频发，未来几年国际贸易环境的不确定性仍然较大，人民币汇率问题也将是影响我国纺织工业国际竞争力的重要因素。

我国纺织原料对外依存度较高，棉花的对外依存度为30%左右，化学纤维原料乙二醇、对二甲苯、己内酰胺、丙烯腈等的对外依存度均超过50%。而且受自然气候变化、游资投机炒作和石油市场波动等因素影响，纺织工业平稳运行存在较大风险。

从国内看，在经济转型升级过程中，受劳动环境和待遇的制约，以及人口老龄化进程加快，纺织工业劳动力结构性短缺问题日趋严重，随着产业转移步伐加快，中西部地区本地就业数量增加，向东部纺织企业输出的劳动力数量逐步减少，东部企业劳动力短缺明显。同时，随着资源节约型、环境友好型社会加快推进，对纺织工业节能减排、淘汰落后提出更高要求。

纺织工业自身存在的问题仍然突出，主要是：科技创新能力不足，高技术纤维和新型装备技术与国际先进水平有一定差距；自主品牌建设步伐滞后，提高产品附加值和完善产业价值链形势紧迫；节能减排和淘汰落后产能任务艰巨，先进技术推广和技术改造工作有待加强；同质化重复建设现象依然存在，区域布局调整和优化的任务繁重；国内棉花管理体制仍需进一步理顺，制约纺织工业科学发展的体制机制等问题仍然较多。“十二五”时期，必须科学判断和准确把握发展趋势，充分利用各种有利条件，加快转型升级，着力推动纺织工业进入创新驱动的发展轨道。

第二节　我国纺织工业科技进步发展情况

经过几十年的发展，纺织行业自主创新能力明显提高，高性能、功能性、差别化纤维材料技术，新型纺纱、织造与非织造技术，高新染整技术，产业用纺织品加工技术，节能环保技术，新型纺织机械以及信息化技术等重点领域的关键技术攻关和产业化取得重大进步，多项高新技术在纺织工业领域取得实质性突破，一批自主研发的科技成果和先进装备在行业中得到广泛应用。先进生产技术与时尚创意的结合，明显增强了纺织服装产品开发能力和品牌创建能力。“十一五”期间，大中型纺织企业研发经费投入、规模以上企业新产品产值均增加了近 2 倍；全行业有 22 项科技成果获得国家科学技术奖，其中“年产 45000 吨粘胶短纤维工程系统集成化研究”“高效短流程嵌入式复合纺纱技术及其产业化”两项获国家科技进步奖一等奖；中国纺织工业协会（纺织之光）科学技术奖累计奖励 622 个项目；行业发明专利和实用新型专利数量每年增加 1000 余件。

全行业整体工艺技术和装备水平快速提升，先进技术装备投资不断增加，落后工艺、技术和装备则在市场机制作用下加速退出，行业技术素质和生产效率稳步提高。“十一五”期间，全行业共引进国外先进装备近 200 亿美元，采用国产先进装备约 2800 亿元人民币；化纤行业共淘汰陈旧的小型聚酯装备约 300 万吨，淘汰落后抽丝能力约 150 万吨，印染行业 74 型染整设备基本淘汰。目前，全行业 1/3 左右的重点企业技术装备总体上达到国际先进水平，规模以上企业全员劳动生产率比 2005 年翻了一番。

一、纤维材料技术进步成效显著

（一）一批高新技术纤维材料产业化取得突破

碳纤维、芳纶 1313、芳砜纶、超高相对分子质量聚乙烯、聚苯硫醚、玄武岩纤维等高性能纤维以及竹浆纤维、麻浆纤维等生物质纤维已实现产业化生产，正在进一步开发系列品种，扩大应用，多数技术及产品均达到国际先进水平。芳纶 1414、新型溶剂法纤维素纤维已取得中试成果，填补了国内空白，产业化生产技术正处于研究阶段。新型聚酯 PTT 树脂合成已突破中试实验，纤维生产加工及产品开发实现产业化生产。

（二）国产化生产技术和装备的开发应用能力显著提升

以大容量、高起点、低成本为特征，具有国际竞争力的国产化新型聚酯及配套长短丝技术装备在行业中广泛使用，目前正在向超大型化、柔性化、精密化、节能减排直纺新一代聚酯新技术方向全面升级，整套规模已由原来的引进 6 万吨/年扩大到 40 万吨/年，百万吨级新型 PTA 成套国产化技术装备也已研发成功。自主研发的年产 45000t 粘胶短纤维工程系统集成技术达到单线产能世界最高、原材料消耗最低的国际先进水平。国产化的技术装备使行业新建项目投资成本大大降低，生产效率大幅提高，有力地推动了化纤行业的快速发展和产业结构的优化调整。

（三）化纤产品功能化、差别化水平提高

新一代直纺涤纶超细长丝及高效新型卷绕头技术、蛋白纤维等一系列功能化、差别化纤

维生产技术实现产业化，为纺织面料及服装、家纺产品提供了新的优质纤维原料。目前，行业中已开发出细旦、超细旦、异型截面丝、阻燃、抗菌、抗静电、吸湿透汗等功能化、差别化纤维品种，2010年化纤差别化率可达到43%以上，比2005年提高了12个百分点。

二、纺织加工技术和产品开发取得明显进步

（一）技术装备水平提高促进纺织品生产加工水平提升

棉纺自动化、连续化、高速化新技术的国产化攻关和大规模的推广应用提高了生产效率和产品质量，2009年棉纺行业精梳纱、无结头纱、无梭布、无卷化比重分别达到27.8%、65.4%、68.3%和46.8%，比2005年分别提高2.8个、10.1个、16.1个和8.4个百分点。毛纺行业无结纱比例超过60%，大中型毛针织企业基本实现纱线无结化；精梳产品100%无梭化，粗梳产品80%无梭化，产品质量大幅提高，接近世界先进水平。桑蚕自动缫丝机的推广应用使生丝质量水平平均提高1.5个等级，应用比例由20%提高到85%。

（二）生产加工新技术推动了高档纱线的发展

紧密纺、喷气、涡流纺、嵌入纺等新技术的采用使纱线产品种类更加丰富，天然纤维纺纱支数大大提高，纱线质量显著提升。2009年，棉纺紧密纺生产能力达到443万锭，喷气、涡流纺达到5.9万头。嵌入式复合纺纱技术已在毛纺行业得到产业化应用，开发出了羊毛500公支的高支纱线，棉纺、麻纺行业正在进行产业化研究。半精梳毛纺加工技术取得突破，2009年生产能力达到100万锭，比2005年增加了70万锭。特种动物纤维绒毛分梳及改性加工技术达到世界领先水平，已在25%左右的羊绒分梳企业得到应用。

（三）织造、染整工艺技术进步提高了纺织面料的质量和功能化水平

“十一五”期间，纺织行业面料加工技术上了一个新台阶。新型电子提花装置的大量应用、经纬编新型面料的开发、多种纤维的混纺交织以及织物结构的创新大大丰富了纺织面料的品种，我国棉纺、毛纺、针织面料及一批化纤面料已经达到或接近国际先进水平。印染行业自主研发了活性染料冷轧堆前处理及染色、数码印花、涂料印花等一批印染新技术，大量采用了电子分色制版、自动调浆、在线检测等先进电子信息技术，大大提高了面料质量的稳定性和附加值。面料后整理由抗菌、抗皱等单一功能的整理发展至为提高织物附加值而进行的多功能整理，应用也越来越广泛，突破了服装、家纺等传统消费品领域，逐渐拓展至电子、航空、建筑等产业用领域。目前，我国纺织行业面料自给率达到95%以上，与2000年相比较，面料出口额年均增速超过10%。

三、绿色环保技术开发和应用进展较快

（一）一批节能、节水的新技术实现研发突破并在行业中推广应用

“十一五”期间，按可比价计算，纺织行业单位增加值综合能耗累计下降约40%，节能新装备、新技术在行业中得到广泛应用。棉纺行业推广采用节能电机、空调自动控制等技术，其中空调自动控制技术可降低空调能耗10%～15%。化纤行业推广差别化直纺技术、新型纺丝冷却技术等实用节能型加工技术，其中新型熔体直纺热媒加热系统可减少燃料消耗近1/3。印染行业节能降耗的新工艺技术研发和推广成效显著，其中高效短流程前处理技术可节约电、汽消耗30%以上，已经应用于各类棉及其混纺织物；冷轧堆染色可节约蒸汽40%，已在中厚型织物上应用。

"十一五"期间，纺织行业节水工作取得进展，用水量最大的印染行业百米印染布生产新鲜水取水量由4t下降到2.5t，累计减少37.5%。在印染行业中开始大量推广应用的高效短流程前处理技术可减少水耗30%以上，生物酶退浆可节水20%以上，冷轧堆染色可节水15%。

国产绿色环保纺织专用装备的研发和制造能力提高为纺织行业实现节能降耗创造了良好基础条件。其中，国产连续前处理设备和连续染色设备可有效节约蒸汽、水各20%；新型间歇式染色机可节水50%，节能40%。

（二）污染物控制技术明显进步

"十一五"期间，按可比价计算，纺织行业单位增加值污水排放量的累计下降幅度超过40%，污染物减排及治理技术明显进步。印染行业开发了对废水分质分流进行深度处理及回用的新技术，实现废水处理稳定达标，同时使印染布生产水回用率由2005年的7%提高到2010年的15%，大幅减少了污水排放。丝绸行业研发了缫丝生产废水深度净化循环技术，缫丝废水循环使用率可达90%以上，基本实现污水零排放，目前已在大中型缫丝企业中推广应用。化纤行业采用膜技术处理化纤废水，采用长网洗浆机、连续打浆机和漂白自控系统等装置进行粘胶浆粕黑液治理，采用活性炭吸附法、废气制硫酸装置等治理粘胶废气，有效减少了液体、气体污染物的排放，提高了行业的清洁生产水平。

（三）资源循环利用技术取得进展

废旧聚酯瓶回收利用技术得到有序推广，技术不断升级。再生纺纤维用于家纺填充料已经开发出三维中空纤维等新品种，卫生性能也显著改善；用于生产可纺棉型短纤维、有色纤维等差别化纤维，中等强度工业丝的新技术也已实现突破，正在加强推广应用。目前，国内再生纤维生产能力达到700万吨，产量达到400万吨。行业利用速生林材等可再生、可降解生物质资源开发纤维材料的能力提高，竹浆、麻浆纤维已实现产业化。冷凝水及冷却水回用、废水余热回收、中水回用、丝光淡碱回收等资源综合利用新技术在行业中推广应用比例均已达到50%，提高了水、热等各种资源的使用效率，同时也减轻了排污压力，产生了较好的经济和社会效益。

四、产业用纺织品发展迅速

（一）高性能纤维应用水平提高使产业用纺织品的性能大幅提升

"十一五"期间，高强高模聚乙烯、芳纶、芳砜纶、聚苯硫醚等高性能纤维材料产业化取得重大突破，推动了防弹防刺复合面料、耐高温针刺环保过滤分离用复合非织造材料、防喷溅阻燃防护服等产业用终端产品的研发。新型溶剂法纤维素纤维、聚乳酸纤维等生物质纤维原料的研发成功促进了抗菌、可降解的医用卫生材料的开发应用。

（二）产品加工技术取得突破性进展

非织造技术取得重大跨越性突破，直接梳理成网技术使加工流程大大缩短，高速加固技术大幅降低了运行成本，同时在产品的各向同性、均匀度、手感、厚薄等性能上显示了传统纺织材料无法比拟的特点。产业用经编和立体编织技术进步大大拓展了复合骨架材料的加工领域，突破了风力发电叶片、卫星支架、火箭喉衬等加工难度极大的产业用纺织品成型技术。重磅高速织造技术、多层在线复合技术推动了高强土工布、高档医卫材料等产业用纺织品的发展。

（三）产品研发创新为促进国民经济相关领域的发展做出积极贡献

国产土工合成材料在青藏铁路建设工程中应用，成功解决了高原地质裂缝、冻土隔断、保温、防渗等系列难题。采用芳纶、聚苯硫醚等高性能纤维研制的环保过滤材料不但可将火力发电污染粉尘排放截留效率提高5倍以上，还可在废渣中分离回收珍贵的稀有金属，创造了较高的经济效益。轻质高强的高性能复合材料不但满足了航空航天、新能源等领域的需求，还在制造业中逐步替代部分传统钢材，促进了低碳发展。病毒阻隔精度高的一次性手术服、口罩等医疗用产品有效降低了交叉感染概率，保障了人们的生命健康安全。婴儿和老年人一次性尿布（裤）、妇女卫生巾、擦拭布、湿巾等卫生用产品大大改善了人们的生活质量。

（四）产品市场竞争力不断提高

2010年，我国产业用纺织品产量预计将达到820万吨左右，比2005年增长1.2倍；占行业纤维加工量的比重超过19%，比2005年的13%增加了6个百分点。国产产业用纺织品不仅能够越来越好地满足国内需求，逐步替代进口产品，而且出口种类日渐丰富，2010年出口额比2005年增加了近2倍。

五、纺织机械工业自主创新能力及制造水平大幅提高

（一）十项新型成套关键设备技术攻关及产业化取得突出成绩

“十一五”以来，《纺织工业科技进步发展纲要》确定的10项新型成套关键装备研发和产业化攻关进展突出。大容量涤纶短纤成套设备，新型清梳联合机、自动络筒机等高效现代化棉纺生产线，机电一体化喷气、剑杆织机均已实现批量生产，部分产品达到国际先进水平，有效替代了进口，国内化纤、棉纺装备自主化率显著提高。纺粘、熔喷、水刺非织造布设备以及电脑提花圆纬机、电脑自动横机、高速特里科经编机等针织设备均已研发成功，并推向市场，大大降低了纺织企业的装备成本。印染工艺参数在线检测与控制技术已经完成工艺点的检测，单机台的监测与闭环控制系统也研发成功，进入推广阶段。印染设备领域发展了大批具有节能、节水、减排潜力的新产品，国产前处理设备和连续染色设备已经可以替代进口。

（二）纺织机械制造技术水平不断提高

纺织机械产品机电一体化已向深层次的智能化、模块化、网络化、系统化方向发展，节能技术在纺织单机和成套装备中推广应用，节能、降耗、减排的新理念在印染和化纤机械设计中得到贯彻，依托循环经济理念推出了适用于废旧纤维纺纱、瓶级切片纺丝和非织造布等新装备。采用先进制造工艺技术、先进刀具、辅具，建立装配流水线，提高装配精度，加强制造过程中的检验和检测，随时监控产品质量。计算机技术逐渐在铸造、热处理、表面处理和装配等方面应用，极大缩短了理论应用于实际生产的时间，提高了产品质量。

（三）国产纺织机械市场竞争力显著提高

伴随着自主创新能力提高和加工制造技术进步，我国纺机行业的市场竞争力显著提升。2010年，国产纺机的国内市场占有率超过70%，主要产品中，棉纺细纱机、粗纱机等产品的国内市场占有率超过90%，中、高档剑杆织机国内市场占有率超过60%，自动络筒机超过25%。国产纺机出口规模也持续扩大，“十一五”以来出口额年均增速超过10%，在印度、孟加拉、巴基斯坦等东南亚市场广受欢迎。

六、信息化技术得到推广应用

（一）产品设计数字化和生产制造自动化水平得到较大提升

CAD、CAM 等产品研发设计数字化技术得到广泛应用，有效提高了产品创新能力和市场反应速度。计算机测配色和分色制版等技术的广泛采用，使印染后整理水平大幅提高。现场总线技术和远程通信技术等在纺织装备领域得到推广，纺织机械正朝着数字化、集成化、网络化方向发展。在线生产监测系统的一些关键技术取得突破，并在企业得到应用，为物联网在纺织行业的应用打下基础。

（二）企业管理信息化取得较大进展

规模以上纺织企业应用企业资源计划系统（ERP）的比例达到近 10%，其中化纤、纺机、棉纺企业应用比例较高，大型骨干企业普遍采用。企业应用 ERP 水平不断提高，部分大中型企业已经达到国际先进水平，成为行业内推广的典范。纺织 ERP 产品开发取得明显成效，印染、棉纺织、毛纺织等多个子行业的 ERP 系统已达到产业化应用阶段。纺织 ERP 系统的开发应用降低了原料库存，节省了成本，提高了产品质量和劳动生产率，缩短了产品开发周期，极大地提升了纺织企业的运行管理水平和竞争力。

射频识别技术（RFID）取得研发突破并进入产业推广阶段。电子商务和营销信息化取得应用成果，有利于纺织企业开拓市场。公共信息服务平台在重点产业集群得到推广，为广大中小企业提供所需的信息服务。

七、创新能力提高，创新机制建立

（一）基础研究取得进展

“十一五”期间，纺织高等院校积极开展纺织前沿技术及基础理论研究，并在碳纤维、芳纶等高性能纤维大分子及凝聚态结构的调控，纺纱加工的纤维流有序控制及纤维结合体品质控制，表面物理化学结构改性等方面取得进展，为相关产业化技术研发突破提供理论指导，增强了创新能力提升的原动力，并对“十二五”产业升级起到重要先导作用。

（二）技术创新与文化创意有机结合

行业开展了纺织品流行趋势研究和推广工作，内容涵盖生活方式、市场消费特征、色彩应用以及服装、家纺产品设计，面料、纱线及纤维的结构、功能设计和生态开发工艺等领域，以文化创意研究促进了科技成果的转化应用与市场化运作，更好地适应了现代生活方式和多元文化审美需要，有效提升了行业发展的差异化水平和品牌效应。流行趋势研究与推广目前在骨干企业中参与度较高，中国流行面料工程开展多年，已经培育了一批具备较强自主创新能力的优势骨干企业，60 多家企业获得了中国纺织工业协会产品开发贡献奖。

（三）创新体系逐步形成

产学研合作创新加强，“十一五”期间，近 80% 获得国家科学技术进步奖和 1/3 获得行业科技奖励的项目是产学研结合成果。产业联盟成为集成创新的重要组织形式，天竹产业联盟、新一代纺织设备产业技术创新联盟等创新联盟先后组建，加强了企业间横向合作和跨产业链合作，有效促进了技术研发和应用能力的提升。创新平台建设得到进一步推进，先后在广东西樵、福建石狮、上海松江、浙江萧山、江苏无锡等重点产业集群建立了

15 个地区性产业创新平台；国家纺织面料馆、中国纺织工业网联盟等行业性产业创新平台也先后建成启动，为提高行业创新能力提供了公共服务支撑。

八、标准化建设得到较快推进

“十一五”期间，纺织行业共新制定、修订标准 727 项，标准总数达到 1500 余项，覆盖服装、家用、产业用三大应用领域，基本形成标准体系，有 6 项标准获得中国标准创新贡献奖。积极开展对口国际标准（ISO）转化工作，转化率达到 80%；主动参与国际标准制定，自主提出了两项提案，提高了行业与国际标准对接的水平。

第四章　纺织产业结构与布局

第一节　纺织产业结构概述

纺织产业在我国是一个劳动密集程度高和对外依存度较大的产业。我国是世界上最大的纺织品服装生产和出口国，纺织品服装出口的持续稳定增长对保证我国外汇储备、国际收支平衡、人民币汇率稳定、解决社会就业及纺织产业可持续发展至关重要。加入世界贸易组织（WTO）以来，我国纺织产业得到了快速发展。目前，我国化纤、纱、布、呢绒、丝织品和服装的产量均居世界首位，是世界最大纺织品和服装生产国，也是世界纺织品和服装第一出口大国。同时，国内纤维消费量也已占全球总量的20%，成为全球纤维消费量最大的国家。

一、产业结构的概念

产业结构是指各产业的构成及各产业之间的联系和比例关系。各产业部门的构成及相互之间的联系、比例关系不尽相同，对经济增长的贡献大小也不同。因此，把包括产业的构成、各产业之间的相互关系在内的结构特征概括为产业结构。

产业结构，亦称国民经济的部门结构。国民经济各产业部门之间以及各产业部门内部的构成。社会生产的产业结构或部门结构是在一般分工和特殊分工的基础上产生和发展起来的。研究产业结构，主要是研究生产资料和生活资料两大部类之间的关系；从部门来看，主要是研究农业、轻工业、重工业、建筑业、商业服务业等部门之间的关系，以及各产业部门的内部关系。

决定和影响一个国家产业结构的因素一般有以下几类：（1）需求结构，包括中间需求与最终需求的比例，社会消费水平和结构、消费和投资的比例、投资水平与结构等；（2）资源供给结构，有劳动力和资本的拥有状况和它们之间的相对价格，一国自然资源的禀赋状况；（3）科学技术因素，包括科技水平和科技创新发展的能力、速度以及创新方向等；（4）国际经济关系对产业结构的影响，有进出口贸易、引进外国资本及技术等因素。

二、纺织产业结构

中国纺织产业结构根据产品的最终用途的不同，纺织产业可分成服用类纺织、家用纺织品和产业用纺织品三大类。根据所用原料和加工系统的不同，纺织产业可分为棉纺织产业、毛纺织产业、卷纺织产业、麻纺织产业、化纤产业等。

根据纺织产品的成品形式不同，纺织产业可分为原料类，如生产涤纶、腈纶等化纤；纱线类，如生产棉纱、涤棉混纺纱等；织物类，即各种织造产品；面料类，主要指生产印染产品；服装类；机械类等。

我国纺织产业的大部分力量都从事纺纱、织造和服装加工等。我国化纤、棉纱、服装等主要纺织产品产量均居世界第一位，是世界最大纺织品和服装生产国，也是世界纺织品和服装第一出口大国。同时，国内纤维消费量也已占全球总量的20%，成为全球纤维消费量最大的国家。尽管规模很大，但总体产业层次较低。技术装备水平与发达国家仍有相当大的差距。我国服用纺织品、家用纺织品和产业用纺织品比例大约是51∶33∶13，以服用纺织品所占比重较大。三大类纺织产品中以产业用纺织品的技术含量和附加值最高。我国纺织工业的主导行业还是服装加工产业。

纺织工业是我国国民经济传统支柱产业和重要的民生产业，也是国际竞争优势明显的产业，在繁荣市场、扩大出口、吸纳就业、增加农民收入、促进城镇化发展等方面发挥着重要作用。

进入21世纪以后，特别是中国加入WTO以后，全球化的发展，国民经济的发展，中国纺织产业的繁荣形势在内部结构当中，特别是区域结构当中已经有了产业从东部向中西部转移的发展势头。目前，我国纺织制造业的80%集中在沿海，中西部发展滞后，区域不平衡问题比较突出。纺织产业每年的固定资产投资增速最快的是中西部，而且整个行业固定资产投资的绝对额，中西部所占的比重也越来越多。而东部沿海地区呈现重点发展技术含量高、附加值高、资源消耗低的纺织产品趋势。推动和引导纺织服装加工企业向中西部转移，建设新疆优质棉纱、棉布和棉纺织品生产基地是市场机制下产业转移的方向。

第二节　我国纺织产业布局

由纺织产业自身的生产特点所决定，我国纺织产业属于比较原始的劳动密集型行业，需要大量的廉价劳动力，所以在我国纺织服装行业从其萌芽的时候开始，就一直是集聚在我国人口密集的东部地区，在20世纪八九十年代我国东部的纺织产业达到空前的发展。当时每个街道的自办企业或者城市里都有着相当规模的纺织服装厂，吸引了大量的劳动力。

目前，我国纺织制造业的80%集中在沿海，中西部发展滞后，区域不平衡问题比较突出。纺织行业每年的固定资产投资增速最快的是中西部，而且整个行业固定资产投资的绝对额，中西部所占的比重也越来越多。而东部沿海地区呈现重点发展技术含量高、附加值高、资源消耗低的纺织产品的趋势。推动和引导纺织服装加工企业向中西部转移，建设新疆优质棉纱、棉布和棉纺织品生产基地是市场机制下产业转移的方向。

一、影响纺织产业布局选择主要区位因素

（一）市场

由分布来看，世界四大纺织工业区也就是四大纺织市场，可见市场对于纺织工业的关系较原料重要，乃是因为纺织品在制造过程中失重率很小，不必迁就原料生产区。同时，因为布匹运价比棉毛等原料运价为高，所以不如将工厂设于市场附近，由远地运来原料。布匹市场当以服装业和顾客为对象，所以人口密集的地区和大都市也就是纺织产业集中中心，由于都市居民穿用呢绒较多，所以毛纺织也更有靠近大都市的趋势。

（二）劳动力

劳动力在纺织品的成本中占着很大一部分，而所需的工人数目相当多，而又不必要很熟练的普通女工，经过短期的训练即可愉快胜任，所以纺织又往往选择在工资低廉的地方。而开发地区也常以纺织工业为最先进行的工业，因为这些地方总是农村人口很多而技术不很熟练、工价很低，纺织工业正好可利用这类人工。不过近年来因为工业技术进步，今天工业化程度最高的国家已逐渐减少纺织工业，而增加电子工业和机械工业等以博厚利，如美国、英国、德国等国，其纺织工业的增加速度远不如机械工业快，它们宁可输入布匹，以便将国内人工投入这些高级的制造业上面去。

如今纺织产业的原材料越来越多样化，虽然不是首选区位因素，但就不同的需求而言，原材料的供应依旧是纺织产业区位选择中考虑的一部分，如山东丰富的棉花资源使其在棉纺领域优势明显，而新疆作为全国棉花三大主产区之一，其种植规模近年来一直稳定在133多万公顷（$1hm^2=10^4m^2$），占中国棉花种植面积的1/3。新疆地区棉花生产种植集中、规模大、单产水平和机械化程度高，原棉色泽好，异性纤维含量相对较低，但纺织工业基础薄弱，棉花主要销往内地，销售成本高。随着产业集中度和棉花品质的提高，棉花加工、纺织等企业开始在棉花优势区域内建立生产基地，按照“企业+基地+农户”或“企业+专业合作组织+农户”等方式，开展订单生产，使棉花产业链条不断延长。

二、纺织产业布局现状

虽然在投资增量上中西部地区仍远低于东部地区，但增速上已远远超出东部地区。目前，我国80%以上的纺织产业集中于广东、浙江、江苏、上海、山东和福建等地。在纺织产业链条上，中西部承接东部地区转移出的劳动密集型部分，东部地区则应该抓紧自主创新，在品牌、研发等领域上多做文章。

这种转移不是把过剩的、落后的设备转移到中西部去，而是一种产业升级的转移，是在西部大开发、中部崛起大背景下政策所鼓励支持的方向。据了解，“十一五”规划纲要明确指出，推进纺织工业梯度转移，也同样强调要促进东中西部协调发展，优化行业区域布局。要求沿海地区和中心城市适度控制棉纺、化纤常规产品产能的扩张，重点在时尚品牌、研发设计、市场控制力等方面有所突破；中西部地区充分利用劳动力、原材料和土地等方面的资源优势，发展与东部配套的劳动密集型加工制造业，承接来自中心城市、沿海地区以及国外的产业转移，形成各具特色、比较优势明显的梯度产业格局。

产业转移对中西部有无承接这种转移的体制环境和资源条件提出了挑战。目前，不少中西部省区市都在积极做好迎接这种产业转移的准备。如河南提出，要建立全国重要的新型纺织工业基地，湖北、湖南、安徽等省也提出了相应的规划。

例如对于纺织产业中最主要的棉纺，江苏、山东上榜棉纺织企业最多。从棉纺企业的地区分布看，江苏、山东上榜棉纺企业数量都超过了30家，成为棉纺强势企业最为密集的省份。除了山东、江苏两省的棉纺实力较为突出，浙江、河南、新疆等省区也各有10多家优势棉纺织企业上榜，成为优秀棉纺织企业聚集的“第二区域”。另外，来自安徽、湖北、上海、福建、广东、河北等地的优秀棉纺织企业均有上佳表现。

由于原材料、能源以及劳动力成本逐年上升，棉纺织企业逐渐向中西部转移是大势所趋。再如，近些年很多国内外企业看中新疆丰富的棉花资源，加快了“西进”的步伐。伴随棉纺织企业的转移，新疆棉纺产业形成了五大产业集群区域：乌鲁木齐—昌吉、石河子—奎屯、库尔勒—尉犁、阿克苏—阿拉尔、喀什地区。截止到2008年，这五大纺织工业区生产规模超过了全新疆纺织总生产能力的90%。同时，中西部地区企业的创新能力高于企业平均水平。

第三节　产业集聚理论和产业集群理论

一、产业集聚理论

产业集聚是指在各种社会因素、自然因素的影响下，某一产业地理空间上的集中过程或趋势，它侧重于该产业在特定区域的集结与该产业整体的区域分布之间的对比，描述产业的空间分布状态。因此，产业集聚是一种运动，而产业集群则是伴随某一产业在某一空间地理区域集结、集中的过程，出现了众多企业聚集在一起所形成的一种特定的社会经济实体，它侧重于描述特定经济区内，该产业内部、各企业之间以及与相关产业企业之间互相影响、互动的关系。可以说，产业集群是产业集聚所产出的一种良性结果，但是，产业集聚并不一定会产生产业集群。我们可以将产业集聚定义为：产业集聚是指某个区域内相互关联（互补、竞争）的机构与企业在某区域内连片，外围支持产业体系健全，具有机动性灵活的特性，形成上、中、下游结构完整的有机体系，集群内企业之间建立了密切的合作关系。产业集聚是产业发展演化过程中的一种地缘现象。

（一）产业集聚的基本特征与分类

产业集聚主要有四大特征：一是空间集聚性特征。产业集聚是一种大量企业、产业在某一特定地理区域内的集聚的经济过程或现象，但因其纵深程度和复杂程度不同，包括的内容也不同；空间上的产业集聚是产业集聚的外在表现形式，也是首要的基本特征。二是柔性专业化特征。产业集聚内的企业是属于同一特定产业或具有直接上下游产业关联或具有其他密切联系的相关产业的企业，彼此间有很强的合作关系与专业分工的企业及长期空间聚集所形成的互相信任的产业文化，降低了交易成本并减少了群内企业间的不确定性，使区域实现了外在范围经济和外在规模经济。并且集聚是柔性生产的地域系统，表现为集群内企业关系柔性化、集群内企业生产管理方式柔性化、劳动过程柔性化，使集群内对新技术、新观念具有快速吸纳能力，对产品生产周期长短具有快速反应和高度灵活性，生产方式和组织方式具有很强的灵活性、适应性，企业对内，可以团队形式进行合作与创新；对外，可加强、增加信息流并吸纳外部的新技术与知识。三是社会网络特征。产业集聚是一种产业网络体系，其网络结构包括区内企业间，企业与政府部门之间，企业与各种中介服务组织间，企业内员工之间和员工与企业间的各种正式和非正式的信息交流与协作关系网络。四是植根性特征。植根性指经济行为深深嵌入社会关系之中，产业集聚的地理上靠近，有很强的本地联系，以相近的制度环境和社会文化背景为基础，企事业间、企业与政府社会之间、企业之间、人们之间的经常互动、联系所采取各种经济行为深深扎根于相互熟悉的圈内语言、交易规则、文化和背景知识而具有可靠性，区内最有价值的资源是共同的社会文化环境产生的理解、信任和相互支持、满意、合作和相互信任。可以认为，产业集群里一种积极参与全球分工而又与本地社会文化高度融合的本地化产业聚集。

产业集聚分类，按照历史上产业发展的不同特征可分为五类：传统产业集聚、传统工业区产业集聚、马歇尔工业区产业集聚、专业化柔性化产业集聚、创新型产业集聚。按照中国产业集聚发生机制不同可分为四类：地方传统产业促成集聚、地方产业政策促成集聚、贸易诱发促成产业集聚、核心企业促成产业集聚。最值得关注的是创新产业集聚。生物技术革命和信息革命直接导致了高科技产业和信息产业的出现，并快速成为世界范围的主导产业。由于这些产业主要以创新型、高科技为特征，技术更新远远快于其他产业，因此出现了诸如上海张江高科、美国硅谷、中国台湾新竹园区、北京中关村等新型产业集聚，其特点是规模不大，创新技术扩散快、人员流动性高、企业间没有严格的竞争界限，共赢和合作成为集聚的共识。

（二）产业集聚的形成机制

产业集聚的形成机制如下：

（1）产业发展与产业集聚、产业集群关系分析。产业发展的阶段包括产业集群的发展，而在产业集聚发展过程中，总会有产业集群的不断出现和衰退。产业发展、产业聚集与产业集群三者之间存在互相促进作用：产业发展促进产业聚集；产业聚集对产业发展有巨大反作用，或进一步推进新产业发展，或阻碍产业的创新发展；产业发展需落实在某个具体区域并与当地的产业结构、产业竞争力有着密切联系；产业发展与产业集群的形成、发展以及再生成息息相关；产业发展影响产业集群，而产业集群作为加速器或阻碍因素又反过来影响产业发展。

（2）产业集聚形成的促进因素有九点：地理因素，处于地理优势的区域往往比区位劣势的区域更容易发生产业集聚，如中国的东部地区比中、西部地区有着更多的产业集聚；历史因素，如中国历史上曾经辉煌过的杭绸、苏绸、宣纸等；资源因素，包括自然资源与人文资源，是产业集聚的基础和前提；政策因素，指政府的宏观经济政策的产业政策，如各种金融货币政策、进口政策、产业发展与产业结构调整政策等；基础设施因素；产业分工价值链细分因素，分工可使产业内企业从竞争到合作关系发展，可提高生产经营效率与促进出现弹性专业化生产方式并引发更大范围的产业集聚；技术因素，包括各类技术创新与变革；外部推动因素，主要指外商投资与跨国经营；其他因素。以上因素也可归为两大类，即硬件因素和软件因素，要特别关注软件，包括历史人文因素、社会网络技术因素、人力资本、无形资源、政策因素及其促进产业集群企业衍生的主要“软件因素”，劳动分工、知识传播、社会网络、无形资产、创业精神与创业机制等。

（三）产业集聚的竞争优势

产业集聚使本地化经济和外部经济得到了加强并产生协同效应，获得竞争优势，主要有六大优势：（1）集群内企业生产成本优势，包括企业生产要素成本节约优势、劳动分工优势，集群内部组织或成本节约优势，产业集群的交易成本节约机制（信息成本与契约成本节约、风险化解与主体多元化、融资成本节约、劳动力市场的有效供给）。（2）质量和成本差异化优势。（3）区域网络优势，产业集聚区域网络系统是建立在区域内核心、产业、辅助产业之间及其内部企业之间的联系，以及企业与科研机构、高等院校、行政机构长期合作基础上的稳定关系，通过网络、企业之间与上述单位之间进行科技、文化、管理等各方面的交流并降低了交易费用。区域网络结构对集聚效益影响较大的有三个层次的网络结构，即交易网络、技术网络和社会网络。（4）市场竞争优势，包括所在产业吸引力、市场竞争地位和议价能力。（5）区域品牌优势。（6）创新优势。知识中心与技术中心是技术创新的主体，是产业集聚区域创新的原始推动力，是产业集聚得以长期发展的根本所在，企业家与创业者，是产业集聚最关键、最活跃的因素，是创新的组织者和实施者，创新环境是技术创新能够进行的保障，产业发展是创新能够实现商业化，取得经济利益的载体；地方政府是制度创新的主体及政策体系，以及创新环境的主要构建者；非正式交流既是创新扩散的主要渠道，又是创新的重要源泉。

二、产业集群理论

（一）产业集群及其性质、分类与特征

产业集群是指一组在地理上靠近的相互联系的公司和关联的机构，它们同处或相关于一个特定的产业领域，既竞争又合作，由于具有共性和互补性而联系在一起，是彼此关联的公司、专业化供应商、服务供应商和相关联的企业，以及政府、科研院所、大专院校、行业协会等相关机构的集聚体。产业集群是产业聚集所产生的良性结果，产业聚集不一定会产生产业集群。

产业集群的性质，从经济学看是一种介于纯市场组织和企业组织之间的中间性产业组织；从组织生态学看是一种具有生物群落特征的产业种群或企业发展生态系统；从区域经济学看，产业集群是一种区域创新网络。

产业集群是大量专业化的产业或企业及相关支撑机构在一定地域范围内的柔性集聚，它们结成密集的合作网络，植根于当地不断创新的社会文化环境，具有六个主要特征：以中小企业为主的企业规模结构与空间集群特征，经济活动高度密集；灵活专业化、柔性专业化与自我增强特征，是柔性生产的地域系统、生产方式弹性化，企业内组织构架与外部系统的关系有伸缩性特征；集群网络特征，具有以分工专业化合作为基础的合作网络特征；集群根植特征，是一种企业网络根植于社会文化之中的特征，具有较强的地方归属性，其他区域难以模仿；集群创新特征，成熟的产业集群往往具有良好的技术学习与扩散机制，所形成的“外部引进—内部扩散”良好知识流动，推动集群整体技术能力的提高，使集群持续动态增长。

产业集群的分类常见的有三种：按产业集群内企业的聚集形态和企业之间的分工关系划分，有水平一体化型、垂直整合型、水平与垂直混合型三种类型；按产业集群发展的层次和路径划分有两种，即创新型（高端道路）集群和低成本型（低端道路）集群；按产业集群发育的驱动力量划分，可分为外生型集群即由区域外部力量（或因素）驱动和内生型集群。

（二）产业集群的成长与演进

产业集群的成长与演进可分为三个阶段，具体如下：

第一阶段，产业集群的初期形成。企业在某个区域内聚集直至初具产业集群的雏形，往往是因为该区域的生产要素比较优势，区域社会文化环境和产业传统，产业分工和产品差异化、产业竞争环境、机遇等因素起着重要作用。生产要素比较优势是促进大量企业在

某区域内聚集的诱因；商业文化环境是产业集群产生的温床，产业分工与产业差异化是企业聚集一起发展的重要影响因素；适应动态的竞争环境是产业集群存在的必要条件，抓住发展机遇，获取技术创新优势是产业集群发展的关键。

第二阶段，产业集群的加速成长。产业集群加速成长的直接动力来源于产业集群的成本优势、效率和灵活性优势、市场优势、集群学习和创新优势等因素形成的产业集群竞争优势。产业集群成本优势具体表现在环境成本低、信息成本低、配套成本低和交易成本低四方面。产业集群的市场优势是吸引企业在特定区域集聚的另一个重要动因，产业集群的市场化优势主要来自其所形成的产业规模与产业集群相匹配的专业市场，区域性品牌和在国内外市场的开拓能力。产业集群网络化的生产组织模式为企业学习和创新活动提供了良好的环境，形成学习与创新优势。外部经济效应是产业集群成长的重要动力之一，产业集群内企业集中所形成的当地辅助生产共享、基础设备和服务共用，提高了公共设施和服务使用的外部性，加上合资合作企业或企业联盟的建立，专业化市场的建立及大批原材料、中间品的购买和易获得所形成的外部经济性，产生了产业集群的外部经济效应。产业集群的社会资本优势包括集群区域特殊的商业文化和基于平等关系的非正式交流、学习与协作，其社会资本体现在商业化、信任为基础的社会网络等方面。比较优势，在产业集群的快速成长阶段，比较优势主要是指地方在生产要素、市场需求、政府效率、制度环境等方面的比较优势，是地方产业集群萌芽和成长的重要推动力之一。影响产业集群加速成长的重要因素是：产业集群加速成长的网络效应，网络效应不仅在吸引新企业进入集群过程中起作用，也有助于产业集群以内的方式生长，由于产业集群的衰退具有不可逆性，要特别密切关注网络效应导致的恶性循环和衰退的加速，同时产业集群的规模，特别是企业家及其创新作用的发挥，对地方性产业集群成长起关键作用，是推动集群演进的主要动力，成为地方产业集群网络中的核心人物。

第三阶段，产业集群成熟阶段的提升。产业集群从调整成长阶段到成熟阶段，集群网络、集群创新、集群竞争优势是集群层次提升、迈向成熟阶段的动力本质。其中，集群网络是集群层次提升的关键，集群网络与集群环境交互相融、协同作用，共同推进产业集群的发展；集群创新是集群持续发展的原动力，创新是提高集群竞争力的关键，集群的技术创新与扩散是产业集群成长与层次提升的核心原动力。集群创新优势是产业群发展与壮大的充分条件。

（三）集群网络与集群持续成长

集群网络，是指一定地域范围内，产业集群的各行业为主体（企业、科研院所、大专院校、地方政府、社团等组织及个人），在交互作用与协同创新过程中，彼此建立起各种相对稳定的、能够促进创新的、正式或非正式的关系总和。组成集群网络有环境、企业、市场三个要素，主要由集群网络中的企业、技术中心或研发机构、中介组织、政府及公共部门、集群网络中的非正式关系、金融机构集群网络中的企业家、劳动力市场，也就是由社会和文化等无形要素构成的各种非正式关系。

集群网络的成长。集群内各种网络发育形态有差异，由于集群所处的发展阶段不同，集群内产业结构不同，即使处于同一发展阶段产业集群，网络形态也有显著差异，集群网络呈现逐步发育成长的特征。集群网络的成长不仅要求有基础设施、自然地理位置等硬件环境较好，而且对软件环境要求越来越高。希鲁斯特和泰伊比吉列出的12个成功集群应具备的环境因素除交通方便外，有11个条件属于软环境：风险投资的易获得性、技术熟练的劳动力、经验丰富的企业家队伍出现、顾客（客商）与企业比较接近、比较令人满意的政府政策、供应商比较接近、土地利用方便比较令人满意、良好的大学（研究机构）与企业比较接近、有吸引力的居住条件、善于接受新事物和知识的人群、辅助支持服务业的存在。在全球化时期，产业集群应该是全球网络中的地方网络系统，集群网络与外部全球层面的知识、技术、信息交往，在更大的范围内实现资源优化配置，区域外新技术和新产品的发展加快了产业集群的创新步伐和增值。

（四）集群创新与集群持续成长

集群创新是指同一产业或相关产业的顾客、政府、中小企业、营销网络、协同供应商或其他机构等集群中的各行为主体，以专业化分工和协作，通过地理位置上的靠近或集中，在企业间的良性竞争推动下，促使创新变异、溢出、扩散和传播的协同创新过程。主要是在企业间的良性竞争促使下，集群内对创新纵向追赶、快速模仿和拉拢。集群组织对创新的影响主要表现为：集群组织为创新提供了良好的环境并促进了成员间的创新互动，同时促进创新速度加快和创新风险降低。

集群创新的特征如下：

（1）互惠共生与协同竞争，互惠共生表现为产业集群中的各种研究院所或高校提供科研成果、创新信息人才培养，企业则进行产品开发、工艺开发、市场开发，互惠互利，优势互补，相互促进。协同竞争能促进协同创新，企业间是产业链条上的合作伙伴。

（2）资源共享与低成本。

（3）地方结网与可持续性。地方结网性表现为集群创新是以产业关联为基础，以地理靠近为条件，以基础设施配套、机构完善为支撑条件，以文化事例为连接纽带的地方结网。地方结网可促进各方面的信息交流、技术创新、相互学习以促进持续创新。

（4）非正式性。产业集群内的默会知识包括企业员工的技术特长、创造性解决问题的能力、管理层的领导能力和主观洞察力、管理技巧和团队精神等，相对于明晰知识可以认为是非正式性的，团队成员在组织结构环境中的密切互动和信任是集群创新的源泉。

集群创新的溢出效应的发挥，是集群持续成长的保证。集群创新的溢出效应是指产业集群内由企业间人员的接触和流动、群内企业、科研单位、高校间的密切联系、群内企业间示范和模仿、向群外企业学习和引进人才等的技术创新、创新吸收、创新传播、衍生等外部性。集群创新的正溢出效应为集群创新的公共外部性和自我强化功能；集群创新的网络性；产业集群内企业间人员接触和流动性，这是集群创新传播的重要路径；集群创新溢出加快独特区域产业文化的形成。

持续不断的集群创新是产业集群竞争力的本源，为集群的可持续发展提供动力，降低产业技术创新成本，提高产业集群的增值能力，产业集群必须通过持续的集群创新来保持产业集群的成长和不断升级。集群创新的具体作用有：为集群可持续发展提供动力；降低产业集群的创新成本，满足市场新需求，提高产业集群的应变能力，促进集群技术扩散加速，提高集群的创新效率，加速产业集群的文化融合。

第四节　我国纺织工业集群形成和发展

一、我国纺织工业集群形成的背景

纺织工业是我国的支柱产业，纺织工业集群在动态上指纺织企业及关联企业或机构在产业内分工基础上，向特定区域大规模集中的过程。静态上指处在同一产业链上相互关联的纺织企业、服务提供商、专业化供应商及相关产业的行业协会、大学、相关政府部门等服务机构，在一定区域内组成互相竞争，互相依赖，并形成具有持续竞争优势的产业群落。

产业集群化已经成为一种世界范围内普遍的经济现象，纺织工业也不例外，无论是发展中国家还是发达国家，纺织工业都呈现出集群化发展趋势。如意大利普拉托地区的毛纺产业集群，英国的曼彻斯特、波士顿地区的纺织工业集群，印度南部泰米蓝多州的针织产业集群等。由于纺织行业具有进入门槛低、产业链长且易于分解的特点，迎合了我国改革开放初期资本技术匮乏，劳动力供给充沛的比较优势。所以随着我国改革开放的逐步深入和出口导向型战略的实施，自 20 世纪 80 年代开始我国纺织工业迅速从国有经济强大的河北等纺织业大省向市场集中民营经济发达的江苏、浙江、广东等地区集中。现在形成了山东、江苏、浙江、广东等地区纺织业集中地的局面。

不仅如此，在这些纺织工业大省内一些狭小的地理空间点（小城市和镇）上以生产一种或几种纺织品为主要产品的大量纺织企业和相关产业高度集中，成为全国性的纺织业专业化生产经营基地和市场平台，如江苏省常熟市服装产业集群、吴江市盛泽镇丝绸产业集群、江阴市精细纺织工业集群、浙江省绍兴县轻纺产业集群、海宁市皮革加工产业集群、广东省东莞市大朗镇羊毛衫产业集群等，这些微观上的产业集群虽然以市镇为依托，但特色突出，组织效率极高，具有很强的市场竞争力。

为了充分发挥产业集群的优势做强我国纺织工业，中国纺织工业协会 2002 年首批选择了纺织工业集中度高、规模效益明显、对组织市场影响力大、对产业发展和区域经济贡献较突出的 19 个市（县）、镇作为纺织工业集群化发展的试点，2003 ~ 2009 年，中国纺织工业协会按照试点的要求，又选择了 145 个市（县、区）和城镇作为纺织工业集群化发展的试点。

二、我国纺织工业集群形成的原因及模式

（一）我国纺织工业集群形成的原因

纺织工业集群形成的原因和条件是多方面的。首先，是市场竞争机制的结果。市场经济的本质是独立产权激励下的自由经济主体高度竞争，一些能够以低于社会必要劳动的成本进行生产的企业，逐渐把那些缺乏竞争力的企业淘汰出市场，从而使得全社会实现资源配置的优化和不断高级化。纵观我国纺织工业的几个主要聚集地的形成，都是从市场经济观念领先，市场经济制度基因丰富，企业家精神最被看重的省份成长成熟。

其次，是经济资源在地理空间分布的差异性。产业集群的实质是经济活动在空间分布上的专业化，是产业结构不断实现优化和经济全球化背景下专业分工的深化和细化。而实

现专业分工的基础是经济资源在区域空间分布的不平衡性，特定的地理区域根据自身经济资源的特点，发展自身具有比较优势的产业，产业集群才得以萌芽和发展壮大。我国纺织工业集群的发展主要得益于农村剩余劳动力向城市转移过程中产生的大量廉价的劳动力资源，从而在全球范围内具有从事纺织业这一劳动密集产业的比较优势，在我国不断融入世界经济体系的大背景下不断把全球的纺织工业吸引到中国来。而在中国广袤的土地上纺织工业的分布最终取决于与纺织工业相关的经济资源的分布状况。那些创业精神、学习能力和交通发达、信息灵通的地方，因为能够实现劳动力资源以非常低的成本流转，更加具有竞争优势，易于实现纺织工业集群的产生。现实情况也证明了这一点。

再次，是东部沿海优越的区位优势和当地政府的扶植。东南沿海省份依托内陆，面向国际市场，不仅能够实现原材料和产成品能方便地运输，还能大量地出口，具有巨大的市场需求和强大的竞争优势，此外，当地政府紧紧抓住改革开放的历史机遇，充分利用政策优势提供了土地、工商管理、引导服务等支持政策，促进了集群地产业链的完善与升级。

（二）我国纺织工业集群的模式

根据区域内企业分工合作的形式，我国纺织工业集群的模式主要可分为水平集聚型纺织工业集群、纵向集聚型纺织工业集群、混合集聚型纺织工业集群。

1. 水平集聚型

水平集聚型纺织工业集群多出现在集群形成和专业化的早期阶段，由生产或销售类似产品并相互竞争的企业组成。集群内企业规模较小且都集中于某一项产品的生产或销售，区域内很少存在能在本地供产销方面具有垄断地位的大企业。企业之间的合作关系以市场交易为主，各企业以水平联系分工来完成产品的生产或销售。由于大量中小企业共同存在，产品状况基本上相同，企业很容易得到竞争对手的产品的特点、质量以及成本等，这使企业能够有效地把自己的行为与竞争对手进行比较。随着持续的互相对比，企业地域接近的好处日益明显。

浙江省诸暨市大唐镇袜业产业集群是水平集聚型的典型例子。大唐袜业是我国生产袜子的最大基地，它以大唐镇为轴心，包括10000多家企业涉及周边12个集镇，是配套服务最全的规模巨大的产业集群，同时也是我国最大的织袜原料生产基地和国内袜业要素集聚最广的产业集群。基本形成了以织袜为主题，轻纺原料生产、销售、印染和定型包装一体化服务的经济格局。

2. 纵向集聚型

纵向集聚型纺织工业集群中，大企业通过掌控核心技术、重要原料的供给或是控制销售渠道的手段实现对整条产业链的整合，使自己处于整个产业链的支配地位。众多中小企业处于外围或下属，主要为核心大企业提供专门化产品或是进行特定的专业化加工，这种地域结构也称为产品链群或轮轴式产业区。

浙江嵊州领带是纵向集聚型纺织工业集群中的典型案例。嵊州领带企业的迅速发展，得益于香港嵊州籍企业家，1984年，当地政府通过各种办法大力招商引资，成立了一些规模比较大的中港合资领带企业，随后，意资、韩资等也相继进入并且将世界领带行业最先进的印花和后整理技术引入嵊州，使得嵊州领带产业集群的规模和层次迅速提升。随着产业集群的形成，外资企业只掌控着提花织机、印染等进入壁垒相对高的核心，而把一些加工类的低技术含量的工作交给周边的中小企业。

3. 混合集聚型

在这种类型的集群内部，几家或十几家核心品牌企业透过产业链的高效整合，与其他小企业（作为分包商）进行合作生产经营，而群内一些中小企业也存在水平关系上的相互合作。构成一个大中小企业协调发展、共生互助的产业群落，例如福建泉州的服装产业集群。

上述分类是根据我国纺织服装产业集群形成实践基础，依据区域内企业分工合作的形式划分的。因为世界上各国的产业群总是不断发展变化，由于它们的专业化分工的程度、社会文化环境、经济发达程度、地理位置等诸方面与我国存在着差异，各个产业群的规模不同，集群内企业的结构不同，企业之间竞争与合作的程度也不一样。只有把我国产业集群模式不同的生成机制与运行方式通过外成熟产业集群加以比较，寻找它们之间的特点与未来的发展趋势，从而实现对我国产业集群模式本质的认识，通过合理有效率的产业集群发展模式，实现我国产业的国际经济竞争力的提升。

三、我国纺织工业集群发展现状

（一）我国纺织工业集群的基本情况

自 20 世纪八十年代我国实行改革开放的政策以来，纺织工业集群化发展首先在具有政策优势的东部沿海地区逐渐形成，一批以开拓国际市场、品牌推广、科技创新、资本运作、产业价值链整合为主的大纺织企业集团在大、中城市形成。同时由于一些资源要素向一些县市及城镇集中，一批专业化显著、产业链完整、中小企业集聚效应显著的产业集群形成。因此，这在满足城乡不同层次消费市场需求的同时，形成了较强的国际竞争力，增加了出口，带动了当地社会与经济发展。东部沿海地区纺织工业集群发展的实践证明，推动产业发展的区域经济组织形式是纺织工业集群，为中小纺织企业快速发展提供了便利条件，优势互补在大中城市的大企业集团中发展形成，中国纺织工业发展的新的增长模式即是纺织工业集群。

自 2002 年底开始，我国纺织工业协会按照标准评选出 100 多个纺织工业集群，这 100 多个集群试点在全国各地都有分布，尤其是在沿海各省市，具有活力的纺织集群带因此形成，以环渤海、长三角、珠三角这三大经济圈带为集中，全国规模以上纺织工业中的 76.38% 的纺织企业、86.04% 的出口交货值、60.97% 的从业人员都聚集在这里。目前，我国纺织工业集群主要由中小型民营企业或家庭工业为主构成，发展还不成熟，竞争力不强，表现在企业的创新能力水平较低，专业化水平不高，市场不健全等方面，因此引起产业竞争力不强，尽管我国的纺织工业生产规模世界第一，但中国的纺织品国际贸易中 80% 的利润被国外的设计者、品牌拥有者和渠道商所占有，我国的纺织工业在国际分工中更多的还是属于被支配地位，因此我国是纺织生产大国，而非纺织生产强国。

我国纺织工业不仅在宏观层面的省市集中现象明显，而且在微观层面的各省内部，纺织工业以镇、市为依托的集中是普遍存在的，以某一两件纺织产品为主的产业集群发展模式存在。如江苏吴江市盛泽镇的丝绸产业集群、浙江诸暨市大唐镇的袜业集群、福建晋江的鞋业集群、广东东莞市大朗镇的羊毛衫产业集群等。它们在全国甚至世界范围内都享有相当高的声誉，极大加快了地区经济的发展。

（二）纺织工业集群发展迅速

为了不断推动我国纺织工业集群健康快速发展，我国首批纺织工业集群化发展的试点在2002年底通过，选择规模效益明显，产业集中度高的地区作为试点单位（表4-1）。

表4-1 我国首批纺织工业集群试点单位一览表

省 份	中国纺织工业基地市（县）	中国纺织工业特色城	中国纺织工业特色镇
江苏省	常熟市	江苏省常熟市 中国休闲服装名城	江苏常州市武进区湖塘镇 中国织造名镇
	江阴市	江苏省金坛市 中国出口服装制造名城	江苏省海门市三星镇 中国家纺绣品名镇
	张家港市		江苏省吴江市盛泽镇 中国丝绸名镇
广东省	东莞市		广东省东莞市大朗镇 中国羊毛衫名镇
	开平市		广东省东莞市虎门镇 中国女装名城
	中山市		广东省佛山市张槎镇 中国针织名镇
			广东省南海市西樵区 中国面料名镇
			广东省南海市盐步镇 中国内衣名镇
			广东省增城市新塘镇 中国牛仔服装名镇
			广东省中山市沙溪镇 中国休闲服装名镇
浙江省	海宁市	浙江省平湖市 中国出口服装制造名城	浙江省海宁市马桥镇 中国经编名镇
	绍兴县	浙江省嵊州市 中国领带名城	浙江省海宁市许村镇 中国布艺名镇
	杭州市萧山区	浙江省天台县 中国过滤布名城	浙江省湖州市织里镇 中国童装名镇
		浙江省杭州市余杭区 中国布艺名城	浙江省嘉兴市油车港镇 中国静电植绒名镇
			浙江省绍兴县杨汛桥镇 中国经编名镇
			浙江省桐乡市濮院镇 中国羊毛衫名镇
			浙江省诸暨市大唐镇 中国袜子名镇

续表 4-1

省 份	中国纺织工业基地市（县）	中国纺织工业特色城	中国纺织工业特色镇
浙江省			浙江省诸暨市枫桥镇 中国衬衫名镇
			浙江杭州萧山区衙前镇 中国化纤名镇
山东省		山东省昌邑市 中国印染名城	
		山东省即墨市 中国针织名城	
河北省		河北省清河县 中国羊绒纺织名城	
福建省		福建省石狮市 中国休闲服装名城	
辽宁省	海城市		

资料来源：作者根据《中国纺织工业基地市（县）特色城（镇）概览》统计整理。

经过多年的发展，我国纺织工业集群从无到有，由小到大逐步成长，迅猛发展。截至2010年我国先后确立了六批纺织工业基地市（县）特色城（镇）产业集群试点单位，共计命名了175个集群试点，其中有85个市（县）被命名为中国纺织工业基地或特色城市，90个试点镇被命名为特色镇（表4-2）不同地区的纺织工业集群因地制宜，呈现出各自的特点（表4-3）。

表 4-2 我国纺织工业集群试点单位统计表

省、自治区	试点市（县）数/个	试点镇数/个	合计/个
江苏省	10	28	38
浙江省	16	26	42
广东省	11	20	31
福建省	6	10	16
山东省	17	2	19
陕西省	1	—	1
河北省	6	—	6
山西省	1	—	1
四川省	—	1	1
湖北省	1	2	3
黑龙江省	2	—	2
湖南省	2	—	2
江西省	3	—	3

续表 4-2

省、自治区	试点市（县）数/个	试点镇数/个	合计/个
宁夏回族自治区	1	—	1
河南省	2	—	2
辽宁省	3	1	4
青海省	1	—	1
新疆维吾尔自治区	2	—	2
总　计	85	90	175

资料来源：中国纺织工业协会统计数据，统计时间截止到 2010 年 10 月。

表 4-3　我国典型纺织工业集群代表发展情况

典型集群	类型特征	同类型集群	借鉴经验	面临的主要风险
广东省南海市西樵区 中国面料名镇	自发型	部分珠江三角洲一带的纺织工业集群	依靠科学信息技术促进产业升级，注重产业创新平台的建设，积极完善产业链	（1）中小企业融资比较困难； （2）需要注重上下游产业链的建设； （3）部分中小企业素质和创新能力仍需增强；
广东省中山市沙溪镇 中国休闲服装名镇	三来一补	部分长三角洲、珠江三角洲一带的纺织工业集群	充分利用当地的区位优势和低成本优势，积极发展外贸加工型纺织企业而形成纺织工业集群	（1）缺乏自主品牌； （2）外贸依存度高，受外贸影响大； （3）没有建立起更为完善的自主销售渠道； （4）技术水平需要进一步提高； （5）存在企业间过度竞争的情况
河北省清河县 中国羊绒纺织名城	非原料产地集聚型	环渤海地区部分纺织工业集群	依靠技术、专业分工与协作逐渐演变成为具有一定技术和知识的劳动密集型产业集群地	（1）缺乏自主品牌，现有品牌知名度不高； （2）存在过度竞争问题； （3）企业规模普遍较小
宁夏回族自治区灵武市 中国精品羊绒产业名城	重要的原料产地	新疆维吾尔自治区和黑龙江省等地的纺织工业集群	充分利用当地丰富的纺织原材料吸引大批企业投资发展而形成的原料集群地	（1）技术水平有待进一步提高； （2）须处理好原材料的生产与当地生态环境保护的关系； （3）营销方式比较落后； （4）缺乏连贯的产业政策扶持

资料来源：作者根据中国纺织工业协会资料整理。

（三）部分地区纺织集群集中度高

按照世界上流行的一般标准，衡量一个区域的产业集群集中程度的指标一般用区位商。区位商指标的计算方法有两种：一种是用工业总产值法进行计算；另一种是用职工人数法进行计算，也即“地点系数法”。

区位商的概念是指某一特定区域的某一产业总产值在这个区域的全部产业总产值的百分比与整个国家范围内同一产业的总产值在整个国家全部产业总产值的百分比之比。其计算公式表示为：

$$LQ_{ij} = \frac{a_{ij} \Big/ \sum_{j=1}^{n} a_{ij}}{\sum_{i=1}^{m} a_{ij} \Big/ \sum_{i=1}^{m} a_{ij} \sum_{j=1}^{n} a_{ij}}$$

式中 LQ_{ij}——j 区域 i 产业的区位商值；

$a_{ij} \Big/ \sum_{j=1}^{n} a_{ij}$——$i$ 产业在 j 地区的总产值占该地区所有产业总产值的份额；

$\sum_{i=1}^{m} a_{ij} \Big/ \sum_{i=1}^{m} a_{ij} \sum_{j=1}^{n} a_{ij}$——所有地区 i 产业总产值之和占所有地区全部产业总产值的份额（其中，$i=1, \cdots, n$；$j=1, \cdots, m$）。

当区位商 $LQ_{ij}>1$ 时，表明 i 产业在 j 地区具有比较优势，同时 i 产业在 j 地区的聚集程度高。在一定程度上能够说明 i 产业在 j 地区有比较强的竞争力。区位商越大，表示其比较优势显著，该地区该产业的聚集程度也越高，竞争能力就越强。

当区位商 $LQ_{ij}<1$ 时，表明 i 产业在 j 地区竞争能力弱，处于劣势。

当区位商 $LQ_{ij}=1$ 时，表示 i 产业在 j 地区该产业的优势还不明显，处于均势。

根据区位商公式计算可以得到的结果具体如表 4-4 所示。

表 4-4 部分省份 2006～2008 年纺织工业区位商值

省 份	2006 年纺织业产值/亿元	2007 年纺织业产值/亿元	2008 年纺织业产值/亿元	2006 年区位商	2007 年区位商	2008 年区位商
浙江省	5199	6297	7241	3.54	3.84	2.71
江苏省	5786	6833	8069	3.01	3.65	1.98
广东省	2306	2766	3317	1.23	1.57	1.76
山东省	3380	4416	5769	1.96	2.56	1.34
福建省	1183	1486	1866	1.74	2.18	1.46

可以得知，江苏、浙江等五省份纺织工业区位商的值均比 1 大，这说明上述地区纺织行业的生产比较集中，具有很高的集中度。这与我国现阶段纺织行业发展的现实状况是相符的。据统计，全国规模以上的纺织企业（年主营业务收入 500 万元以上的纺织企业）中，60.97%的从业人员，76.38%的企业，86.04%的出口交货值都聚集在东部沿海地区的纺织工业集群内。特别是江苏、浙江、广东、福建、山东等五省的纺织工业无论是从事纺织企业的企业数量还是纺织工业的产值来说在全国纺织工业中都占有相当大的比重，而且也带动全国范围内其他纺织工业集群发展壮大。

（四）纺织工业集群作用显著

企业的规模收益逐步增加是由于纺织工业集群不断成长，创新能力不断推进，资源共享效应不断发挥，企业的生产效率逐步提高，极大的集群推动效应就逐渐显露出来。

总体上讲，我国纺织工业集群是区域与产业的有机结合，经过十多年的发展已显示出较强的市场竞争力，极大地促进了我国纺织工业的发展和新型纺织工业基地的形成，实现了中小企业向专业化发展，推动了地方区域经济的发展与进步。

四、我国纺织工业集群的特征

我国纺织工业集群的特征具体如下：

（1）纺织业产业集群的产生都是自发形成的。从我国纺织工业集群形成过程来看，江苏、浙江、广东等地区的纺织工业集群都是在市场力量驱动下企业自发组织起来的。这些区域内的纺织企业利用传统的生产资料和市场的优势，积极组织生产，同时，外部企业为了向原料产地或者是市场靠近，不断地向这些地方聚集，使纺织企业的分布相对集中，形成产业集群的雏形。其中，广东珠三角的产业集群是由外商直接投资驱动下的外向型加工业集群，江苏、浙江一带是依靠本地企业家精神和商业传统发展起来的特色品产业集群。

（2）纺织业产业集群内大多数是民营中小企业，江苏、浙江、广东等地的纺织工业集群的企业，多数是家族式的加工型民营企业，企业规模不大，其资金来源多是本地私人或者外地的投资，很少有国有企业。东莞市纺织集群、辽宁省海城市的西柳纺织集群和苏州金坛市纺织集群中，民营企业的比例均在70%以上，有的甚至达到100%。相对廉价的劳动力资源是大量中小企业及外来加工企业进行劳动密集型的低附加值服装的大批量生产与加工的主要途径。

（3）政府在产业集群发展中起了一定作用我国纺织业产业集群在建立之初，基本上是由企业自由发展形成的。但是，当其形成一定规模之后，地方政府在其发展中起了很重要的引导作用。首先，政府积极实施一些有倾向性的优惠政策，帮助产业集群吸引外资、减免税费等，大力支持产业集群的发展。其次，政府帮助产业集群建立专业化市场，为产业集群大力宣传，帮助产业集群树立品牌。最后，政府还大力改善当地的硬环境和软环境，完善中介服务体系，积极推进创新，促进产学研相结合等。

五、我国纺织工业集群竞争优势

纺织工业集群形成和发展是我国纺织业获得竞争优势的重要因素之一，根据经济学家们对集群的研究，如马歇尔集聚的外部经济性观点、克鲁格曼的规模报酬递增原理、波特的钻石模型等，可以把纺织工业集群的竞争优势归纳为以下四点：

（1）产业集群产生外部规模经济效应，降低交易成本。纺织工业集群不是单纯的生产型企业集聚，它有相关的配套专业性市场为依托，区域内形成纺织专业化市场，使进入集群的原料和产品都能够达到一定规模，从而降低了单个企业的交易成本和交易风险。威廉姆森用交易的不确定性、资产专用性以及交易的频率这3个维度衡量交易成本的大小。纺织工业集群内部企业之间在水平和垂直方向上有着广泛的业务联系且有相近的价值规范和企业文化，有利于建立社会网络关系（以信用为基础），企业之间容易达成交易，使交易的不确定性大大降低；专用性资产的投资是不可收回的成本之一，专用性强，投资风险大，因为只要投资，就有被套牢的危险，从而当交易对象有限时，企业在专用性资产的投资就很谨慎，增加了交易成本。而集群内部集中了产业链上各个环节的众多同类企业，企业之间的交易是一种多对多的交易关系，大大增强了专用资产的流动性，从而降低了交易费用。并且，产业集群内同类企业较多，分布较密，可以提高利用基础设施等公共产品的效率，实现相同供给条件下公共产品和服务的使用成本的降低，相应进行污染治理的成本也能够随之降低，实现区域可持续发展。

（2）产业集群增进了企业之间信息、知识和技术的交流，有利于产业链上企业间的专业化分工。集群中企业在地理位置集中的特征有利于企业间的相互交流。企业可以用较低的成本得到相关的信息和技术。同时，集群内企业之间的竞争使得企业不断积极创新，发挥自己的比较优势提升竞争力。产业集群中企业间的竞争，使得每个企业都在产业链中从事自己效率最高的工作，使得整个产业链的分工更加专业化，从而实现资源的高效配置。在纺织工业集群内部，大量机构、相关或相同企业集聚在一地，企业就可采取“核心能力加外包”的经营模式。即每个企业都把全部精力、全部资金集中到最能体现企业核心能力的地方，可是其他工作，包括产品设计、市场调研、生产、研发、销售等相关业务，可以外包给别的机构完成。这样，产业链上各个环节最具竞争力的企业完成了集群产品，在市场上具有更强的竞争优势。

（3）产业集群带来了区域品牌效应。区域品牌是产业集群的发展产物，代表着一个产业集群产品的主体和形象，是集群中众多企业品牌精华的浓缩，在竞争中表现出强大的优势。首先，区域品牌有助于集群内相关产业的联合，使它们共同努力而形成规模经济效应，大力提高产业集群的整体实力，使产业集群得到发展，增强整体竞争力。其次，产业集群创造出区域品牌，使产业集群声誉提高，整体形象大大提升，吸引企业来此投资，更能吸引客户，因此可以提升区域品牌特色，造就具有特色的区域产业结构。再次，区域品牌的树立，使政府积极参与到产业集群的发展过程中来。政府通过改善产业集群发展环境，提供高质量的服务，扶持产业集群的发展，充分发挥推动作用，进而又有利于区域品牌优势的加强。

（4）对于任何产业，产业要素在充分竞争的条件下总是流向效率最高和要素回报最高的地区，因而产业集群创造的产业竞争优势吸引了众多的海外资本、技术注入纺织业。

在改革开放的宏观政策指导下，我国纺织工业及时抓住世界纺织工业转移的历史机遇，勇于创新，通过“来料加工”等多种模式逐步发展起来。部分地区纺织工业集群发展比较成功，如广东西樵纺织工业集群，开始向高级化方向发展。但到目前为止，还没有出现像意大利那样的高级成衣集群或法国巴黎那样的高级时装集群。我国纺织工业集群的竞争优势依然是建立在低价格、低成本基础之上的。“质低、量大、厂小”是各地纺织工业集群面临的共同的问题。因此，我国纺织工业集群应当树立发展风险意识，关注技术创新、产业集群风险规避以及维护产业安全等方面，走上新型工业化道路，从而持续、快速、协调、健康发展。

第五章　纺织品国际贸易

第一节　国际贸易的基本理论

一、重商主义理论与政策

（一）重商主义（Mercantilism）的产生背景

重商主义是18世纪在欧洲受欢迎的政治经济体制。它建立在这样的信念上，即一国的国力基于通过贸易的顺差——即出口额大于进口额——所能获得的财富。它是封建主义解体之后的16~17世纪西欧资本原始积累时期的一种经济理论或经济体系，反映资本原始积累时期商业资产阶级利益的经济理论和政策体系。

（二）重商主义的经济思想

1. 基本主张

基本主张如下：

（1）货币是一国财富的唯一形式。

（2）一国获取财富的途径是实现对外贸易顺差。

（3）通过国家干预经济活动来实现贸易顺差。

2. 发展阶段

发展阶段如下：

（1）货币平衡论（theory of the balance of bargains）（15世纪~16世纪中叶）。主张国家采取行政手段，直接控制货币流动。在对外贸易上遵循多卖少买甚至不买的原则，从而使贵金属的流入量大于流出量。由于特别强调金属货币余额，又被称为“货币差额论”。

（2）贸易平衡论（theory of the balance of trade）（16世纪下半叶~17世纪）。反对国家政府限制货币输出，主张国家应该允许货币输出国外，以便从国外获取大量货币。只要该国能够保持贸易收支的顺差，一国的货币财富就会增加。由于强调贸易差额甚于货币差额，又被称为“贸易差额论”。

（三）重商主义的政策主张

重商主义的政策主张具体如下：

（1）货币政策重商主义的早期规定了严厉的刑罚，禁止货币输出；重商主义晚期的货币政策有所放宽，准许输出适量货币，以期获得更多的货币。

（2）奖出限入政策在进口方面，不仅禁止奢侈品输入，而且对一般制成品和奢侈品的进口也严加限制；在出口方面，主张出口制成品代替出口原料。现金奖励在外国市场上出售本国商品的商人。

（3）保护关税政策对进口的制成品设置关税壁垒，使进口的商品售价昂贵，达到限制进口的目的；对进口的原料和出口的制成品，减免关税或退还进口原料所征的关税。

（4）发展本国工业政策保持贸易顺差的关键在于本国能够多出口竞争力强的工业制成品。

二、自由贸易理论与政策

（一）绝对优势贸易理论（Theory of Absolute Advantage）

1. 背景

重商主义的极端保护主义从根本上阻碍了对外贸易的扩大，使新兴资产阶级从海外获得生产所需的廉价原料，并为其产品寻找更大的海外市场的愿望难以实现。

2. 主要论点

亚当·斯密1776年发表《国富论》，创立自由放任（Laissez-Faire）的经济理论。从生产的绝对成本的差别为出发点，当一国相对另一国在某种商品的生产上有更高效率，但在另一种商品生产上效率更低，那么两国就可以通过专门生产自己有绝对优势的商品并用其中一部分来交换其有绝对劣势的商品。这样，资源可以被最有效地使用，而且两种商品的产出会有很大增长。

3. 理论简评

绝对优势贸易理论第一次从生产领域出发，首次论证了国际贸易是一个“正和博弈”的思想。但是，绝对优势理论只能说明国际贸易中的一种特殊情形，即具有绝对优势的国家参加国际分工和国际贸易能够获益，无法解释绝对先进和绝对落后国家之间的贸易活动。

（二）比较优势贸易理论（Theory of Comparative Advantage）

1. 背景

工业资产阶级同地主贵族阶级的矛盾在经济方面上表现为《谷物法》（Cereal Law）的存废。法令规定，必须在国内谷物价格上涨到限额以上时才准进口，而且这个价格限额在不断地提高。

《谷物法》限制了英国对谷物的进口，使国内粮价和地租长期保持在很高的水平上，对英国工业资产阶级不利。一方面，国内居民对工业品的消费因吃粮开支增加而相应减少；另一方面，工业品成本因粮价上涨而提高，削弱了工业品的国际竞争力。限制谷物进口而招致的国外报复，亦不利于英国工业品出口。大卫·李嘉图在《政治经济学及赋税原理》中提出了以自由贸易为前提的比较利益论。

2. 主要论点

如果一个国家在两种商品的生产上都处于绝对有利地位，但有利的程度不同，而另一个国家在两种商品的生产上都处于绝对不利的地位，但不利的程度也不同。在此情况下，前者应专门生产比较最有利的商品，后者应专门生产其不利程度最小的商品，通过对外贸易，双方都能取得比自已以等量劳动所能生产的更多的产品，从而实现社会劳动的节约，给贸易双方都带来利益。

3. 理论简评

理论简评如下：

（1）所揭示的贸易各国获得的利益是静态的短期利益，忽视广义的经济利益；

（2）没触及引起各国劳动成本差异的原因、互利贸易利益的范围以及贸易利得的分配等问题。

（三）要素比例学说

1. 要素密集度与要素禀赋的概念

要素密集度（factor intensity）是生产各种产品所需投入的生产要素的组合或比例。

要素密集度是一个相对的概念，与生产要素的绝对投入量无关。

例如：在 X、Y 两种产品中，生产一单位 X 产品所需投入的资本是 3 单位，所需投入的劳动力是 12 单位，生产一单位 Y 产品所需投入的资本是 2 单位，所需投入的劳动力也是 2 单位。从绝对投入量上看，1 单位 X 产品所需的资本和劳动投入量均大于 Y 产品，但不能据此就判断 X 的密集度，因为 Y 的资本与劳动的比率（$K/L=2/2=1$）大于 X 产品的这一比率（$K/L=3/12=1/4$）。故 Y 是资本密集型产品，X 是劳动密集型产品（labor-intensive goods）。

要素禀赋（factor endowment）是一国所拥有的两种生产要素的相对比例。要素禀赋是一个相对的概念，与其所拥有的生产要素的绝对数量无关。

2. 主要观点

劳动充裕的国家拥有生产劳动密集型产品的比较优势，资本充裕的国家拥有生产资本密集型产品的比较优势。如果两国发生贸易，劳动充裕的国家应该生产并出口劳动密集型商品，进口资本密集型商品；资本充裕的国家应该生产并出口资本密集型商品，进口劳动密集型商品。

推论：

（1）价格的绝对差异是国际贸易产生的直接原因。

（2）价格的差异是由生产同种产品时的成本差别造成的。

（3）成本的差异是由生产要素的价格不同造成的。

（4）生产要素的价格差是由各国生产要素的供给差异造成的。

（5）两国生产要素供给的差异是由两国的要素禀赋决定的。

三、保护贸易理论与政策

（一）提出幼稚工业保护论的背景

在经济方面：发展水平远远落后于工业革命已经完成的国家。到 1848 年时，工业上仍以工场手工业和分散的小手工业为主，工厂生产的比重很小。

对外贸易方面：主要出口原料和食品，进口半制成品和制成品。

（二）保护幼稚工业论（Infant-Industry Argument）的主要观点

发展中国家具有制造业的潜在比较优势，但发展中国家新建的制造工业，最初不能与发达国家已经成熟完善的制造业竞争，为了使新成长的制造业获得立足之地，政府应该暂时地给予支持，直到它们足够强壮，能够参与国际竞争为止。

1. 理论基础

生产力理论从德国工业资产阶级的利益出发，关心提高生产力，特别是关心德国的工业生产力的提高。财富本身固然重要，但发展生产力更为重要。

2. 理论依据

经济发展阶段论由原始未开化时期转入畜牧时期、农业时期，先进国家实行自由贸易是有好处的，因为通过自由贸易可为其农产品和其他原料谋得出路，并可换回更好的衣料、机器以及贵金属等以促进本国农业的发展，并培育工业基础；进入农工商业时期后，国内工业品已具备国际竞争力，自由贸易可以在国外市场上进行无所限制的竞争，并不断努力保持既得的优势地位；只有在农工业时期才需要保护，因为本国农业已取得较大成就且工业已有发展，但由于存在着其他更先进的工业国家的竞争力量，有理由实行限制以便建立并保护自己的工业。

3. 主要论点

主要论点具体如下：

（1）保护对象：只有与国家工业发展有关的幼稚工业、有发展前途但刚刚发展且有强有力的国外竞争者的工业才需要保护。

（2）保护时间：这些工业经过相当一段时间（大约30年）保护而成熟后就不再需要保护。

（3）保护措施：关税是建立和保护国内工业的重要手段。

（4）保护效果：承认实行保护政策，会使国内工业品价格提高。但这种损失是暂时的，牺牲的只是眼前利益，而得到的则是生产力的提高。

四、超保护贸易理论与政策

（一）超保护贸易理论（Super-Protective Trade Theory）的产生背景

资本主义进入垄断时期，各国国内经济危机加剧，对国外市场争夺日益激烈。资本主义国家再实行自由放任政策已难以应付局面。1929～1933年经济大危机之后，各国相继放弃了自由贸易政策，强化了国家政权对经济的干预作用。

（二）超保护贸易理论的观点

超保护贸易理论观点认为：

（1）认为重商主义合理的、科学的成分未被人们认识到。

（2）国际贸易收支顺差促进有效需求的增加：

1）一国净出口的增加本身就是本国有效需求水平的提高，进而导致国民收入的提高；

2）通过贸易收支的顺差，直接影响到国内货币的供应量，从而压低国内利息率，刺激国内的私人贷款，增加私人的消费和投资需求。

（3）政府应该干预对外贸易。

（三）对外贸易乘数论（The Theory of Foreign Trade Multiplier）的内容

一国的出口和国内投资一样，属于“注入”，对就业和国民收入有倍增作用；而一国的进口，则与国内储蓄一样属于“漏出”，对就业和国民收入有倍减效应。当商品劳务输出时，从国外获得货币收入，会使出口产业部门收入增加，消费也随之增加，从而引起其他产业部门生产增加，就业增多，收入增加……如此反复下去，收入增加将为出口增加的若干倍。当商品劳务输入时，向国外支付货币，使收入减少，消费随之下降，国内生产缩减，收入减少……因此，只有当对外贸易为顺差时，才能增加一国的就业量，提高国民收入。此时，国民收入的增加将为投资增加和贸易顺差的若干倍。

五、贸易自由化与新贸易保护主义

（一）贸易自由化（Liberalization of Trade）

1. 背景

第二次世界大战后到20世纪70年代初，世界政治经济力量重新分化组合。美国的实力空前提高，强大的经济实力和膨胀的经济使其既有需要又有能力冲破当时发达国家所流行的高关税政策。日本和西欧战后经济的恢复和发展，也愿意彼此放松贸易壁垒，扩大出口。此外，国际分工进一步深化，跨国公司迅速兴起，迫切需要一个自由环境以推动商品和资本流动。于是，发达资本主义国家的对外贸易政策先后出现了自由化的倾向。

2. 表现

贸易自由化的表现主要体现在：

（1）大幅度削减关税；

（2）降低或撤销非关税壁垒。

发达国家之间的贸易自由化超过它们对发展中国家和社会主义国家的贸易自由化；区域性经济集团内部的贸易自由化超过集团对外的贸易自由化；工业制成品的贸易自由化超过农产品的贸易自由化；机器设备贸易自由化超过了工业消费品的贸易自由化。

（二）新贸易保护主义（New Trade Protectionism）

1. 背景

20世纪70年代中期，资本主义国家经历了两次经济危机，进入滞胀的困境，就业压力增大。以国内市场为主的产业垄断资产阶级和劳工团体纷纷要求政府采取保护贸易措施。此外，由于工业国家发展不平衡，美国的贸易逆差迅速上升，其主要工业产品不仅受到日本、西欧等国家的激烈竞争，甚至面临一些新兴工业化国家以及其他出口国的竞争威胁。于是，美国一方面迫使拥有巨额贸易顺差的国家开放市场，另一方面则加强对进口的限制。

2. 特点

特点如下：

（1）限制进口的措施重点从关税壁垒转向非关税壁垒；

（2）“奖出限入”措施的重点由限制进口转向鼓励出口；

（3）西欧国家的贸易壁垒由国家壁垒转向区域性壁垒。

第二节　WTO有关纺织产品贸易的基本规则

一、多种纤维协定（MFA）

从1950年起，许多新独立国家的纺织业获得了很大的发展。由于纺织品和服装工业只需要较少的投资，许多新独立的国家把纺织和服装业作为工业化的先行部门，大量纺织品涌入国际市场。美国等发达国家大量进口纺织品，本国的纺织业抵挡不住来自中国香港、泰国、印度等低工资国家和地区的纺织品的竞争，要求政府采取数量限制措施，保护本国的纺织业。

（一）宗旨

国际纺织品贸易协定的宗旨是保证世界纺织品贸易有秩序的发展，减少贸易壁垒，逐步实现纺织品世界贸易自由化，同时避免对进口国市场的干扰。通过发达国家暂时性地限制纺织品进口，或由发展中国家自动限制纺织品出口，为发达国家竞争力遭受到削弱的纺织业的结构性调整提供一个机会。参加国有美国、原欧共体成员国、日本、加拿大、韩国、巴西、印度等41个国家。中国是纺织品出口大国，并于1984年加入了国际纺织品贸易协定。

国际纺织品贸易协定的限制性措施（包括歧视性措施）主要是紧急措施（第3条）和双边协定（第4条）。

（二）限制措施

进口参加国认为它受到市场扰乱时，应先与有关出口参加国或有关国家进行磋商，以消除这种扰乱，如60天内在限制出口要求或其他可选择的解决办法方面未能达成协议，进口国可单方面实施进口数量限制措施。所有的措施都是临时性的，期限不超过1年。作为限制措施主要依据的市场扰乱最初是由美国提出的，它主要包括以下内容：（1）特定供应者的某项产品进口急剧而大量增长，或紧急增长；（2）这些产品在进口国市场上的销售价格大大低于质量相当的同类产品的现行价格；（3）进口国生产者因此受到严重损害或严重威胁。

从市场扰乱的定义可以看出，所谓的市场扰乱并非针对出口国行为不当而造成的出口剧增，而是针对国对国贸易的比较优势原则的。因此它背离了关贸总协定的基本原则和精神。

（三）双边协定

为了消除进口国家的市场扰乱威胁，在符合本协议基本目标和原则的情况下，进口国可以要求同出口国协商，双方在以彼此都可以接受的条件缔结两国间的进出口数量限制的双边协定。双边协定措施，一方面是为了避免纺织品进口国市场扰乱和它对出口国纺织品贸易秩序造成的混乱；另一方面是为了保障纺织品贸易的扩大和有秩序的发展，包括对各参加国的公正待遇。

到1992年7月，美国同28个国家缔结了进口数量限制协定，欧共体同19个国家缔结进口数量限制协定。

（四）协定的问题

《多种纤维协定》的实施使纺织品和服装贸易长期游离于关贸总协定之外，其关税水平高于整个工业品水平的2～3倍。该协定所建立和维持的进口配额制度严重违背关贸总协定取消数量限制的原则，带有强烈的保护主义色彩，为发达国家推行贸易保护主义政策提供了合法的依据。由于纺织品贸易的大力发展是工业现代化的一个必要阶段，所以多种纤维协定制约了发展中国家通过纺织品出口实现经济起飞，它给发展中国家每年造成的损失超过10亿美元，直接影响到发展中国家国内经济的发展和就业增加。

1989年4月贸易谈判委员会（中间评审）对本领域的关贸总协定适用的统一（废除根据多种纤维协定的规则，适用关贸总协定的规定）方式进行了谈判，并取得了一致。

对多种纤维协定纳入关贸总协定的具体方式，美国和加拿大提出，把限定国家的输入数量限制变更为不限定国家的，采用世界统一标准的输入数量限制和关税配额制度，而发展中国家则提出，在维持限定国家的输入数量限制的同时，分阶段废除多种纤维协定，实现纺织品贸易的自由化。最终，美国和加拿大向发展中国家作了让步，同意在10年内废除多种纤维协定规定。

（五）WTO中协定的发展

自1995年起，WTO《纺织品与服装协议（ATC）》取代了《多种纤维协定》。到2005年1月1日，该领域将完全纳入正常的GATT规则之中。特别是配额将最终被取消，进口国将再也不能对出口国实施歧视性待遇。《纺织品与服装协议》本身也将不复存在，它是《WTO协议》中唯一规定了自行废止内容的协议。

协议规定了每一阶段纳入GATT规则的产品比例。如果这些产品中的任何一项是配额管理的，那么配额必须同时被取消。比例适用于进口国1990年纺织品和服装的贸易水平。协议还规定，配额下允许进口的数量应逐年增长，增长率在每一个阶段都应提高。增长速度的快慢，是根据以原《多种纤维协定》中规定的增长率为基础建立的公式确定的。

二、纺织品与服装协议（ATC）

Agreement on Textiles and Clothing（ATC）是世界贸易组织管辖的一项多边贸易协议。它由序言和9条及1个附件组成。主要包含以下内容。

（一）适用的产品范围

《ATC协议》中逐步取消纺织品服装贸易限制的方案适用于协议附件所列的产品，这些产品的范围包括毛条和纱、机织物、纺织制品和服装四个组，涉及协调商品名称及编码制度（HS）第50～63章的全部产品和第30～49章、第64～96章的部分产品，按海关HS六位数编码共约800个税号。它囊括了世界贸易组织成员根据MFA已实行进口数量限制的全部产品，同时也包括少量的非MFA数量限制产品。

（二）十年内分阶段取消纺织品服装贸易限制

《ATC协议》中最主要的规定是，在不得设立新的限制的前提下逐步取消已有的纺织品服装贸易限制，这一规定通常称为“经济条款”，它具体规定了现有纺织品服装贸易限制的取消方式，包括把《ATC协议》附件中的产品逐步从配额限制体制中取消；对仍然保留限制的产品进口配额逐步扩大数量。

（1）第一阶段：1995年1月1日至1997年12月31日计3年，其解除比率以1990年的总进口数量（以下同）为16%；

（2）第二阶段：1998年1月1日至2001年12月31日计4年，其解除比率为17%；

（3）第三阶段：2002年1月1日至2004年12月31日计3年，其解除比率为18%。

自2005年1月1日当转型期（transition period）终止，即自WTO生效日起第121个月首日起，全部回归GATT。

此外，协议还规定，如果有成员实行不符合关税与贸易总协定规定的其他纺织品服装贸易限制（例如针对非MFA产品的限制），则由进口国自己决定在《建立世界贸易组织协定》生效一年内将其与关税与贸易总协定规则一致起来，或是在十年过渡期内将其逐步取消。

1. 逐步取消受配额限制的产品

《ATC协议》第2条规定，附件中所列产品必须在十年时间内逐步取消数量限制。取消的进程分四个阶段：第一阶段为3年，第二阶段为4年，第三阶段为3年，第四阶段于十年过渡期结束之后立即开始。第一阶段于1995年1月1日，取消的产品比例应不低于成员国1990年在附件所列产品范围内进口产品总量的16%。第二阶段于1998年1月1日，取消的产品比例为17%。第三阶段于2002年1月1日，取消的产品的比例为18%。最后到2005年1月1日，所有剩余产品（占1990年成员进口产品总量的49%）全部取消，届时《ATC协议》将自行终止。在符合上述规定比例的条件下，每个进口国可自主决定各阶段取消的具体产品，但取消产品目录必须包括以下四组产品：毛条及纱、机织物、纺织制品及服装。对于每一个阶段的取消产品清单，都要提前一年通知世界贸易组织。

2. 逐步放宽配额的数量

放宽配额限制的安排是与取消配额限制产品的进程并行实施的一项计划。其具体做法是以1995年1月1日为起点，通过提高配额年增长率的方式，逐年增加从原MFA延续下来的现行双边协议的配额数量，达到渐进地放宽限制的目的。原MFA项下的配额，自1995年1月1日转至《ATC协议》后，即标志着协议规定的自动的自由化进程的开始。提高年增率的具体步骤是：从1995年1月1日起，将现行配额所适用的原MFA的年增长率再增加16%，作为协议第一阶段的年增长率。从1998年1月1日起，第一阶段的年增长率再增加25%，作为协议第二阶段的年增长率。从2002年1月1日起，第二阶段的年增长率再增加27%，作为协议的第三阶段年增长率。第四阶段于2005年1月1日完全取消配额。对于结转（本年度剩余配额转入下年度）、类转（各个配额类别之间进行数量转移）和预借（下年度配额提前到本年度）等灵活条款的混合使用，不再实行最高比例的限制。

《ATC协议》要求世界贸易组织成员，在经乌拉圭回合谈判而得到加强的世界贸易组织规则和纪律基础上，将纺织品服装贸易纳入GATT1994规则之下。《ATC协议》将逐步取消纺织品服装贸易限制的进程，与各成员在乌拉圭回合其他领域做出的影响纺织品服装贸易的承诺挂起钩来。所有成员必须在纺织品服装贸易方面采取行动，遵守世界贸易组织的规则，改进市场准入，保证有关公平贸易规则得以执行，并在采取贸易政策措施时避免产生歧视。关于年增长率的调整条款，每一阶段末由世界贸易组织货物贸易理事会对协议运行情况进行重大审议，若协议项下的权利和义务的平衡受到破坏，世界贸易组织争端解决机构可以授权对未遵守协议的成员原本自动享受的下一阶段配额的年增长率水平进行调整。

（三）过渡性保障措施

在一产品被纳入GATT1994规则之前，若进口国证明某一产品的总进口数量剧增，对有关国内工业造成严重损害或实际威胁，并且自有关单个国家的进口出现急剧和实质性增加，则可针对该单个出口国家采取保护行动。这种保护行动被称为“过渡性保障措施”。但过渡性保障措施只允许针对未纳入GATT1994规则的产品使用，而已纳入GATT1994的产品应采用世界贸易组织的保障措施。过渡性保障措施可以在双方磋商后相互同意采取，或单方面采取，但须接受纺织品服装监督机构的审议。限制水平应不低于提出磋商那个月之前14个月中前12个月的实际进口或出口水平。保障措施可以保持3年，不得延长，或直至该产品纳入GATT为止，以早者为准。如果保障措施的实施时间超过一年，则随后各年的限制水平应在第一年所确定水平基础上每年至少增长 6%，除非向纺织品监督机构提出其他正当理由。在使用保障措施的规定时，应该给予最不发达国家、小供应国、新进入市场的国家等以更优惠的待遇。

任何欲引用过渡性保障措施的成员，必须在规定的时间内，通知纺织品监督机构其保留使用过渡性保障措施的权利。绝大多数世界贸易组织成员保留了使用该保障措施的权利，并同时提交了各自在纺织服装产品方面逐步取消限制的方案。只有少数几个成员放弃使用该过渡性保障措施的权利。这些成员被认定已将附件所列产品 100% 纳入了关贸总协议规则，提前实现了自由化。

（四）处理非法转口的规则

非法转口（在 ATC 协议中称为舞弊（circumvention））是指通过转运、改道、谎报原产地或原产国、伪造文件来规避协议的规定和逃脱配额管理的做法。只要有纺织品服装贸易的配额制度存在，就有可能产生非法转口问题。不仅进口国关注打击非法转口问题，出口国以及中转国和地区也都必须重视和防止出现非法转口问题。引用此条款时需要有关各方进行磋商并充分合作进行调查。如果经过调查，有足够的证据说明进口产品是非法转口产品，则进口国在同被指控为非法转口的出口国以及其他有关参与方进行磋商之后，可以采取适当行动。这种行动包括对进口产品拒绝清关；若在产品已经入境的情况下，则可以扣除有关出口国相应数量的配额。《ATC 协议》还规定所有成员应在符合其国内法律和程序的情况下，制定必要的法律规定和行政措施来处理并打击非法转口行为。

（五）纺织品监督机构

世界贸易组织专门设立纺织品监督机构（TMB）。TMB 是一个常设机构，发挥调解和准司法的作用，它由一名独立主席和 10 名成员组成。成员的组成要求平衡并具有广泛代表性，还应按适当的间隔期进行成员的轮换。TMB 成员由货物贸易理事会指定的世界贸易组织成员来任命，以个人身份履行他们的职责。TMB 以一致意见方式做出决定。

TMB 负责监督《ATC 协议》的实施，审查根据该协议采取的全部措施是否符合协议的规定，包括各成员逐步取消纺织品服装贸易限制的自由化方案，以及根据过渡性保障条款所采取的限制措施。TMB 就这些问题提出建议并做出裁决，各成员应尽量全面接受这些建议和裁决；如果他们不能接受，而且 TMB 进一步审议之后认为这些问题仍未获解决，那么就可以将其提交世界贸易组织争端解决机构处理。TMB 还需要在过渡期的每一个阶段结束时，编写一份全面报告，提交给货物贸易理事会。

三、特保措施

最早的特别保障措施适用于日本。1953 年日本申请加入关税与贸易总协定（GATT）时，一些 GATT 缔约国担心日本的纺织品进口可能对本国相关产业造成损害，决定在日本加入 GATT 之后其他成员国可以对日本适用特别保障条款，即 GATT 缔约国在发现原产于日本的纺织品进口数量增加从而对本国构成市场扰乱时，可以单方面针对日本的纺织品采取保障措施，以抵消或减少对国内产业的冲击。此后，在波兰、匈牙利、罗马尼亚等东欧社会主义国家加入 GATT 时，也适用特别保障措施条款。本文主要探讨针对中国的特别保障措施。

（一）简介与背景

特别保障措施是世界贸易组织（WTO）成员利用特定产品过渡性保障机制（transitional product-specific safeguard mechanism）针对来自特定成员的进口产品采取的措施，即在WTO体制下，在特定的过渡期内，进口国政府为防止来源于特定成员国的进口产品对本国相关产业造成损害而实施的限制性保障措施。

最早的特别保障措施适用于日本。1953年日本申请加入关税与贸易总协定（GATT）时，一些GATT缔约国担心日本的纺织品进口可能对本国相关产业造成损害，决定在日本加入GATT之后其他成员国可以对日本适用特别保障条款，即GATT缔约国在发现原产于日本的纺织品进口数量增加从而对本国构成市场扰乱时，可以单方面针对日本的纺织品采取保障措施，以抵消或减少对国内产业的冲击。此后，在波兰、匈牙利、罗马尼亚等东欧社会主义国家加入GATT时，也适用特别保障措施条款。本文主要探讨针对中国的特别保障措施。

针对中国的特别保障措施实际上是“发达国家把中国当做非市场经济国家对待的产物”。我国是GATT1947创始缔约国，但由于历史的原因，长期游离于GATT之外。1986年，我国正式提出恢复GATT席位的申请，但是因为种种原因未能在1994年底前结束谈判，1995年WTO成立后，又开始漫长的加入谈判。以美国为代表的一些西方国家对中国要价太高，“一致要求中国接受特别保障措施条款”，谈判十分艰难。经过多次反复，我国政府权衡利弊，采取务实和灵活的态度，最终于1999年与美国达成包含了特别保障措施条款的关于中国“入世”的双边协议，2001年我“入世”时被确定为《中华人民共和国加入议定书》的正式条款。因此，在某种程度上，特别保障措施是美国贸易利益的直接体现，是中美双方利益均衡和政治妥协的结果。

（二）特别保障措施的内容

针对中国的特别保障措施主要包含在《中华人民共和国加入议定书》（以下简称《议定书》）第16条和《中国加入工作组报告书》（以下简称《报告书》）第242、245～250段中。根据《议定书》第16条规定，在中国加入WTO之日起的12年内，如果原产于中国的产品在进口至任何WTO成员领土时，其增长的数量或所依据的条件对生产同类产品或直接竞争产品的国内生产者造成或威胁造成市场扰乱，该WTO成员可请求与中国进行磋商，包括该成员是否应根据《保障措施协议》采取措施。如果磋商未能使中国与有关WTO成员在收到磋商请求后60天内达成协议，该WTO成员有权在防止或补救此种市场扰乱所必需的限度内，对此类产品撤销减让或限制进口。根据《报告书》第242段规定，在2008年12月31日前，WTO成员可以对来自中国的纺织品采取特别保障措施；第245～250段中则规定实施特别保障措施的基本程序。附件7还列举了部分WTO成员可以采取特别保障措施的中国产品名称和具体措施。

（三）特别保障措施的性质

特别保障措施违反了WTO非歧视原则，是中国“在处于弱势地位，是在紧迫、意志受限的情况下做出的承诺，在意思真实性上存在瑕疵”。因此，特别保障措施是中国加入WTO时被迫接受的不公平条款，是WTO成员国针对中国产品实施的歧视性措施；但如前文所述，它也是中国在谈判中为换取WTO成员国的其他让步所作出的战略选择，也是中国为平衡和其他WTO成员国贸易利益冲突的战略推进与战术妥协的结果。

（四）特别保障措施的特征

1. 适用对象的选择性和歧视性

如果说保障措施是WTO自由贸易原则的例外制度，特别保障措施则是保障措施的例外，具有严重的歧视性。保障措施是条约法“情势变更原则”（principle of change of circumstances）的具体体现，适用于所有 WTO 成员，意在平衡贸易利益，其合理运用“是保证各国国内经济安全和实现贸易自由化的‘安全阀’”，具有合法性和非歧视性；特别保障措施仅针对来源于中国的产品，对什么产品适用和何时适用完全取决于进口国，因而具有强烈的选择性和针对性。

2. 适用条件的模糊性和随意性

根据《议定书》第 16 条的规定，实施特别保障措施的条件是来源于中国的产品数量增加（包括绝对增加和相对增加）给进口国造成或威胁造成市场扰乱或造成重大贸易转移。只要一项产品的进口快速增长，无论是绝对增长还是相对增长，从而构成对生产同类产品或直接竞争产品的国内产业造成实质损害或实质损害威胁的一个重要原因，即可认定为市场扰乱。但是，《议定书》对实质损害和实质损害威胁并无明确的定义和说明；对国内产业造成实质损害或实质损害威胁的标准也远低于实施保障措施条件的“严重损害或严重损害威胁”的标准；同时，只要实质损害或实质损害威胁是“重要原因”而不需要是“主要原因”即可认定，这实际上也放宽了适用特别保障措施的条件，因为进口国只要证明来源于中国的产品进口大量增加，就可以提起特别保障措施调查，有很大的随意性。

3. 适用报复措施救济的有限性

《议定书》第 16. 6 条规定了中国有权针对实施特别保障措施的 WTO 成员的贸易暂停实施 GATT1994 项下实质相当的减让或义务的两种情形：一是因中国产品的进口水平的相对增长而采取的特别保障措施持续有效的期限超过 2 年；二是特别保障措施是由于进口的绝对增长而采取的，且持续有效的期限超过 3 年。而根据《保障措施协议》，对于因进口相对增长采取的保障措施，被诉 WTO 成员有权在保障措施实施生效后的任何时间采取报复措施。由此可见，特别保障措施条款实质上限制了中国采取报复措施的权利。

4. 适用期限具有过渡性

与保障措施没有实施期限的规定不同，特别保障措施实施期限为中国“入世”12 年后终止。

（五）特别保障措施的适用程序

根据《议定书》第 16 条和《报告书》第 246 段的规定，适用特别保障措施应当遵循下列程序。

1. 调查

调查是发现事实的根本途径。特别保障措施调查内容包括对来自中国的进口产品数量、市场份额及其对进口国同类产品的价格和国内产业的影响以及市场扰乱与中国的进口产品增长是否存在因果关系等。

2. 公告和通知

进口成员国应及时公告有关信息，包括调查的启动、调查的结果、拟采取的措施、采取措施的决定及采取措施的气象等。同时，对中国适用特别保障措施的 WTO 成员采取的任何措施和中国采取任何报复行动都应该立即通知保障措施委员会。

3. 磋商

磋商的程序包括：

（1）磋商的启动。启动磋商的触发器就是原产于中国的产品进口的数量或所依据的条件对生产同类产品或直接竞争产品的国内生产者造成或威胁造成市场扰乱，则受此影响的WTO 成员可请求与中国进行磋商。

（2）磋商达成一致，中国主动采取节制出口的行动。如在这些双边磋商过程中，双方同意原产于中国的进口产品是造成市场扰乱的原因并有必要采取行动，则中国应采取行动以防止或补救此种市场扰乱。

（3）磋商没有达成一致。如磋商未能使中国与有关 WTO 成员在收到磋商请求后60 天内达成协议，则有关 WTO 成员有权在防止或补救此种市场扰乱所必需的限度内，对此类产品撤销减让或限制进口。

4. 临时保障措施

根据《议定书》第 16. 7 条规定，在迟延会造成难以补救的损害的紧急情况下，受影响的 WTO 成员可根据一项有关进口产品已经造成或威胁造成市场扰乱的初步认定，采取临时保障措施，并在立即向保障措施委员会作出有关所采取措施的通知，同时提出进行双边磋商的请求。临时措施的期限不得超过 200 天。临时措施的期限均应计入将来采取保障措施的期限。

5. 报复

WTO 成员只能在防止和补救市场扰乱所必需的时限内根据《议定书》第 16 条采取措施。如果基于进口水平的相对增长而采取的特别保障措施期限超过 2 年，或基于进口的绝对增长而采取的特别保障措施超过 3 年，中国有权采取报复措施，即针对实施该措施的WTO 成员的贸易暂停实施 GATT1994 项下实质相当的减让或义务。

（六）特别保障措施与一般保障措施的区别

区别具体如下：

（1）原则依据不同。《保障措施协议》第 2. 2 条规定，保障措施应针对一正在进口的产品实施，而不考虑其来源。而据《中国加入议定书》第 16 条的规定，某一 WTO 成员可只对中国的进口产品提起特别保障调查。显然，这一原则构成了《关贸总协定》第 19 条和《保障措施协议》所遵循的非歧视性原则的一个例外。

（2）实施条件不同。根据《中国加入议定书》第 16 条的规定，一 WTO 成员只需在我国产品对其生产同类产品或直接竞争产品的国内产业造成“市场扰乱”的情况下，即可针对中国进口产品提起特别保障调查。此处的“市场扰乱”应在下列情况下存在：一项产品的进口快速增长（无论是绝对增长还是相对增长），构成进口国国内生产同类产品或直接竞争产品的产业遭受实质损害或实质损害威胁的一个重要原因。

从美国轴承传动器特保措施案来看，美国调查机关即围绕中国轴承传动器的进口是否对美国相关产业造成实质损害展开调查。与一般保障措施的损害判定标准———严重损害相比，显然特别保障措施的门槛低了许多。

（3）实施期限不同。通常情况下，一般保障措施的实施期限不得超过 4 年，特殊情况下可以延期，但最长不得超过 8 年，发展中国家的实施期限则最长可为 10 年。《中国加入议定书》第 16 条对特别保障措施的实施期限则没有明确的限制性规定，唯一可以作为参考的是“一 WTO 成员只能在防止和补救市场扰乱所必需的时限内根据本条采取措施”这一弹性条款。在此需要注意的是，无论是特别保障措施，还是一般保障措施，其临时措施的期限均为“不得超过 200 天”。

（4）措施的后果不同。在进口相对增长的情况下，对一般保障措施而言，受影响成员方可以及时针对实施该措施的 WTO 成员的贸易中止实施 GATT1994 项下实质相当的减让或义务；对特别保障措施而言，只有在该措施实施满 2 年以后，中国才有权针对实施该措施的 WTO 成员的贸易中止实施 GATT1994 项下实质相当的减让或义务。在进口绝对增长的情况下，一般保障措施与特别保障措施的措施后果则是一致的，即在该措施实施的前 3 年内不得针对实施该措施的 WTO 成员的贸易中止实施 GATT1994 项下实质相当的减让或义务。

（七）特别保障措施存在的问题

1. 采取特别保障措施的标准降低

将“严重损害”改为“实质损害”。在 GATT 实践中，针对非市场经济国家的加入问题，如波兰、匈牙利、罗马尼亚等国家采用的“选择性保障措施”，也是以“市场扰乱”为缘由，根据 1960 年缔约方全体大会，这一“市场扰乱”被定义为“严重损害”（serious injury）。《保障措施协定》第 4 条第 1 款规定：严重损害应理解为指对一国内产业的状况的重大全面减损。但特别保障措施中的“市场扰乱”在内涵上，则被定义为造成“实质性损害”（material injury）。所谓的“实质损害”，是指对进口方同类产品的销售产生了重大影响，严重损害了进口方同类产品生产者的利益及其产业发展。由定义可知，“严重损害”比“实质性损害”标准受损程度更大。根据《维也纳条约法公约》第三十一条规定：“条约应按照其用语按上下文所具有的通常意义并参照该条约的目的和宗旨善意的予以解释，但如经确定各当事方有意给予条约某一用语以特殊意义，应认为其具有该意义”。

从“市场扰乱”这一用语来看，“严重损害或严重损害威胁”是它的通常意义，但议定书明确援用了反倾销中的标准——“实质性损害或实质性损害威胁”，这也是特别保障措施与选择性保障措施最大的不同之处。在损害确定上，特别保障条款要求“受影响方应考虑客观因素，包括进口量、进口产品对同类产品或直接竞争产品价格的影响以及此类产品对生产同类产品或直接竞争产品的国内产业的影响”。这在标准上和反倾销上一样的。这实际上有悖于保障措施设立的一般原则，因为保障措施是针对公平贸易下的产品进口而采取的贸易限制措施，因此保障措施的实施条件比较严格且实行非歧视性适用；反倾销措施是因市场不公平竞争而由进口国针对有倾销行为的出口方采取的贸易限制措施。中国加入 WTO 议定书中所规定的特别保障措施在适用标准上采取的是反倾销的标准，针对的是中国的产品，是明显违反最惠国待遇原则的体现。而特别保障措施实质上是一种被更名的反倾销措施，只不过这种“反倾销”是针对公平贸易进行的。由此可见，议定书第 16 条违反了《保障措施协定》基本规定。这从法理上来看，是不合理、缺乏公平性的。同时，只要实质损害或实质损害威胁是“重要原因”而不需要是“主要原因”即可认定，这实际上也放宽了适用特别保障措施的条件，因为进口国只要证明来源于中国的产品进口大量增加，就可以提起特别保障措施调查，具有很大的随意性。

2. 增加“贸易转移”条款

增加“贸易转移”条款使针对中国的保障措施条件进一步降低。《议定书》第 16 条第 8 款规定重大贸易转移是援用特保措施的又一情形。SG 未规定此种情况下可实施保障措施。根据《工作组报告》第 247 节，贸易转移指由于依《议定书》第 16 条，中国采取了“防止或补救市场扰乱”的行动或其他 WTO 成员采取了保障措施（含临时保障措施）

而使中国的一产品进入一 WTO 成员的“重大”数量增加。据此，只要证明进口产品数量增加是“重大”的且与上述行动具有因果关系，无须证明对国内产业造成的损害就可采取特保措施，这无疑大大降低了第三方针对同类产品实施保障措施的门槛。《工作组报告》第 245 条规定了 WTO 成员确定重大贸易转移的客观标准：（1）自中国的进口产品的市场份额或进口额的实际或迫近的增加。（2）中国或该另一成员所采取行动的性质或程度以及其他类似标准。第 248 条规定还应审查有关产品在该 WTO 进口成员市场中的供求关系以及中国产品对先前依市场扰乱采取特保措施的成员和该进口成员的出口程度。

3. 中国的报复的能力被严重削弱

适用报复措施救济受到一定的限制。《议定书》第 16 条规定了中国有权针对实施特别保障措施的 WTO 成员的贸易暂停实施 GATT1994 项下相当的减让或义务的两种情形：一是因中国产品的进口水平的相对增长而采取的特别保障措施持续有效的期限超过 2 年；二是特别保障措施是由于进口的绝对增长而采取的，且持续有效的期限超过 3 年。而根据《保障措施协议》，对于因为相对增长采取的保障措施，被诉 WTO 成员有权在保障措施实施生效后的任何时间采取报复措施。换言之，中国要采取报复措施至少要等到特保措施适用 2 年后，且没有规定贸易补偿。而根据《保障措施协议》，被实施保障措施的进口成员在一定条件下有权实行或“立即”实行实质水平对等的报复，且有权要求实施方提供相应的贸易补偿。

4. 临时保障措施的实行过于主观

议定书规定，在迟延会造成难以补救的损害的紧急情况下，进口方可根据对产品造成市场扰乱的初步认定，采取临时保障措施。可以比照《保障措施协定》所规定的临时保障措施实施条件“在迟延会造成难以弥补的损害的紧急情况下，一成员可根据关于存在明确证据表明增加的进口已经或正在威胁造成严重损害的初步裁定”。由此可见，第 16 条中的临时性保障措施在实行上较之于《保障措施协定》在条件上更为放松，不以进口方提供明确的证据为先决条件，这就使临时保障措施的施行带有较大的主观性、任意性。

5. 剥夺了我国享受发展中国家特殊待遇

按照《保障措施协议》规定，对发展中国家成员方实施保障措施的前提条件是，其出口产品在进口国进口产品中的比例超过了 3%。而按照《议定书》第 16 条第 1 款的规定，WTO 成员可以针对中国产品采取特保措施，而无论其出口产品是否在该成员国进口产品中占 3% 以上。这一歧视性的做法实际上使中国不可享有作为发展中国家应有的特殊待遇。

第三节　中国纺织品国际贸易

自 20 世纪 90 年代后，我国的纺织行业在世界市场上占据举足轻重的地位，生产能力和产量均排在前三位，成为最大的纺织品贸易出口国。纺织业作为我国国民经济重要的产业部门，在满足国内需求，解决国内农民、农村、农业问题，积累建设资金等方面发挥着不可替代的作用。中国被称为世界第一纺织大国。2005 年 1 月 1 日配额取消后，我国纺织业可以说是内忧外患。从国内看，我国纺织业技术工艺落后，缺乏世界知名品牌，盲目扩大产量，还面临人民币升值的压力；从国外看，美国、欧盟、日本等主要出口市场采取特保条款、反倾销措施、技术贸易壁垒等或明或暗的贸易保护手段保护国内市场。我国纺织业存在着不少发展隐患，在金融危机席卷全球的背景下，这些问题成为引爆纺织企业生存危机的导火索。目前，纺织外贸企业的竞争力仍然存在明显劣势。要全面提升企业竞争力才能促进纺织服装产业长远的、健康的发展。所谓产业竞争力也称为产业国际竞争力，是一国的某一产业能够比其他国家的同类产业更有效地向市场提供产品或服务的综合素质。产业竞争力的实质就是国际间生产效率的比较。一国竞争力强的产业的产品在国际市场占有的份额较大；反之，一国竞争力较弱的产业的产品在国际市场上占有的份额较小。归根到底，国际竞争力就是同产业或同类企业之间相互比较的生产力。在现实经济中，一国的产业竞争力受到许多因素的影响。纺织品配额的取消意味着物美价廉的纺织品可以自由地进入任何国家，纺织品将在一个更加公平、合理的环境中贸易。这对于中国纺织业来说是一个好消息，然而在新的国际贸易环境中也产生了许多新的问题，发达国家在他们具有竞争力的产业上极力倡导自由贸易，在不具有竞争力产业上想办法设限。在纺织行业，目前欧盟、美国和日本原来纺织业行业发展迅速的国家失去了竞争优势，因此对具有竞争优势的我国纺织行业加强设限，在取消配额、降低关税的前提下，技术性贸易壁垒（TBR）呈上升趋势。从全球范围看，我国纺织外贸企业的国际竞争力有走高的趋势，可是相对于欧盟、美国和日本这些我国主要纺织品出口国家和地区，由于贸易壁垒的影响，我国纺织企业受限，纺织品出口受阻，经济受损，问题比较严重。从总体上讲，改革开放后我国纺织品服装出口贸易发展大致经历了4个阶段，即：以国内市场供给为主，出口为辅；出口快速增长，服装出口超过了纺织品；成为全球第一大纺织品服装出口国；从贸易大国向贸易强国的转变阶段。

一、改革开放初期（1978～1985年）：以国内市场供给为主

在计划经济体制下，人们凭“票”购买布，每人按计划分得的布票数量少，国内衣着消费市场长期处于供给不足的状况。

改革开放后，我国大力发展纺织业，各类纺织原料如“两纱两布”等产量成倍增长，出口量也在不断提高。全国人民使用了30年的布票，于1983年12月1日宣布取消，各种纺织品向全国10亿人民敞开供应，人们可以自由购买面料和服装，国内市场需求十分旺盛。

这一时期纺织业以满足国内市场需求为主，出口规模较小。1978年我国纺织品服装出口额仅为24.31亿美元，1985年达到64.40亿美元，7年间增长了1.65倍，出口增长缓慢，出口能力有限。

这一阶段我国纺织品服装出口贸易的主要特征如下：

（1）国家大力推动作为先导产业的纺织业的发展。1978年1月1日，国务院决定将原轻工部分为纺织工业部和轻工部两个部门，标志着纺织工业作为一个独立的产业，成为我国国民经济的重要工业部门，特别是改革开放初期，为满足百姓衣着类消费需求，国家大力推动纺织业的发展。

（2）以满足国内市场需求为主，出口规模小。1983年底布票取消后，由于国内百姓衣着类消费需求长期未能得到满足，在此阶段，纺织服装商品以满足国内市场供给为主，出口规模小。

1978年我国社会消费品零售额中，衣着类商品零售额为278.5亿元，取消布票后，衣

着类商品零售额在 1983 年为 491.5 亿元，1985 年达到 717.4 亿元，较 1983 年增长了 45.96%。

1984 年梭织服装产量为 11.06 亿件，出口量为 3.5 亿件，占总产量的 31.65%，1985 年产量上升到 12.67 亿件，出口量 3.63 亿件，占总产量比重下降为 28.65%。

（3）以纺织原料和纤维出口为主。由于改革开放初期我国纺织业生产能力有限，基础薄弱，主要以纺织原料和纤维出口为主，占 60% 以上，服装出口占纺织品服装出口总额比重较低，不足 40%。

二、纺织品服装出口快速增长（1986～1993 年）：服装出口超过了纺织品

从国际环境变化看，当时正逢发达国家与地区的产业结构向高新技术和资金密集升级，亚洲四小龙劳动力成本优势逐渐削弱，中国香港、中国台湾的服装企业纷纷向内地转移。随着国内的纺织服装市场逐渐饱和，纺织服装生产能力出现过剩，通过“三来一补”方式提供出口加工业务，纺织品服装出口势头良好。

从国内环境变化看，1986 年底，国务院决定将服装和丝绸两个行业归口纺织工业部管理，形成“大纺织”的格局，以利于发挥纺织工业综合优势。此举极大地推动了中国服装业的发展，服装业作为独立产业最终建立，标志着我国纺织业向成衣工业化延伸，从而促进了纺织工业从纺织纤维原料到织物，再到最终成品服装的一条龙生产体系的建立，也为目前我国纺织服装产业上、中、下游配套，品种门类齐全的产业链体系奠定了良好的基础。

1986 年 8 月国务院召开的 116 次常务会议上，国家领导人明确提出：我国的对外贸易在一定时期内要靠纺织。根据这一指示精神，纺织工业部制订了“以扩大纺织品出口为重点”的战略转移，在北京、天津、大连等沿海 12 个重点出口城市设立出口基地。1986 年底国家计委等 6 部门在《关于扩大沿海地区纺织品出口有关政策措施的意见》中提出了一系列鼓励出口措施和优惠政策。在国务院的积极支持下，提出了“以扩大出口为突破口，带动纺织工业全面振兴”的战略决策。

1987 年我国纺织工业进行战略调整，即从以国内市场为主转为保证国内市场供给的同时，着重抓出口创汇。我国抓住了国际纺织服装产业转移的机遇，大力发展纺织服装加工业，为日后世界纺织品服装出口大国地位的确立创造了条件。此后，以出口创汇为目标，纺织品服装出口贸易得到快速的发展。

1986 年我国纺织品服装出口额不足 100 亿美元，1987 年出口额突破了 100 亿美元，1991 年出口额又超过 200 亿美元，1993 年我国纺织品服装出口额较 1986 年增长了 2.17 倍，表明我国纺织品服装生产能力和出口能力不断增强，并成为我国第一大类出口创汇产品，为我国国民经济建设提供了大量的外汇资金。

这一阶段我国纺织品服装出口贸易的主要特征如下：

（1）生产能力大大提高。大纺织格局的形成，促进了国内纺织服装产业配套体系和产业链体系的建立，使我国纺织服装生产能力和出口能力大大提高。从总产值看，1986 年我国纺织工业总产值为 933.5 亿元，1993 年达 2600.2 亿元，增长了 1.8 倍。其中，1986 年我国服装工业总产值为 97.6 亿元，1993 年达 163.1 亿元，增长了 67.1%。纺织品服装生产能力均得到大大提高。

（2）服装出口超过了纺织品。随着我国服装生产能力的提高，服装出口得到快速增长。1990 年我国纺织品出口额为 69. 99 亿美元，服装出口额为 68. 48 亿美元，分别占纺织品服装出口总额的 50. 5% 和 49. 5% 。

1991 年纺织品出口额为 77. 43 亿美元，1990 年增长 10. 6% ，而服装出口额达到 89. 98 亿美元，比 1990 年增长了 31. 4% 。服装出口占我国纺织品服装出口比重上升到 53. 98% ，并首次超过纺织品出口规模，打破了长期以来我国以纺织品出口为主的格局。

三、全球第一大出口国（1994 ~ 2004 年）：纺织品和服装出口均快速增长

1994 年我国纺织品服装出口额达到 355. 5 亿美元，占全球纺织品服装比重的 13. 2% ，成为世界纺织品服装第一大出口国。

1995 年 1 月 1 日伴随着世界贸易组织（WTO）的成立，WTO 项下的《纺织品与服装协定》（ATC）也随即生效，长达 30 多年的进口配额制在 10 年内逐步取消，全球纺织品服装贸易进入一体化发展阶段。

1995 ~ 2004 年，我国抓住全球纺织品服装贸易逐渐自由化的发展机遇，加快纺织品服装出口，虽受亚洲金融危机的影响，1998 年和 1999 年出口额有所下降，但其他年份均有所增长，特别是 2002 ~ 2004 年期间每年以超过 100 亿美元的规模增加，分别达到 600 亿、800 亿和 900 亿美元，2004 年与 1994 年相比增长了 1. 74 倍，年均增长率达到 15. 8% 。

2004 年中国纺织品服装出口额达到 973. 85 亿美元，占全球纺织品服装比重提高到 21% ，并继续保持全球第一大出口国地位。

1994 ~ 2004 年，我国纺织品和服装出口均得到快速增长，服装出口 1994 年为 237. 32 亿美元，1997 年超过 300 亿美元，2002 ~ 2004 年三年间，分别超过 400 亿、500 亿和 600 亿美元，2004 年服装出口较 1994 年相比，增长 1. 6 倍。同期，纺织品出口从 1994 年的 118. 18 亿美元，2002 年超过 200 亿美元，2004 年超过 300 亿美元，2004 年服装出口较 1994 年相比，增长 1. 4 倍。表明我国纺织品和服装的出口能力均得到极大的增强。

这一阶段我国纺织品服装出口贸易的主要特征如下：

（1）国际市场环境对出口影响较为显著。从国际市场环境看，1994 ~ 2004 年，我国纺织品服装出口主要受到两方面的影响：

一是 WTO《ATC》的实施，1995 ~ 2004 年全球纺织品服装进口配额将分 4 个阶段逐渐取消，为中国纺织品服装出口提供了前所未有的发展机遇，特别是美欧发达国家市场的逐渐开放，有利于我国纺织品服装的出口；

二是受到 1997 年亚洲金融危机的影响，亚洲许多国家货币相继贬值，1998 年和 1999 年我国纺织品服装的出口出现了下滑和负增长。

（2）经济调节手段的作用不断增强。为深化外贸管理体制改革，1994 年我国建立起以法律管理手段为基础，经济调节手段为主，辅之以必要行政管理手段的外贸宏观管理体制。

从国内宏观经济调节手段看，1994 ~ 2004 年，我国纺织品服装出口主要受到两方面的影响：

一是受人民币汇率制度改革的影响，1994 年我国对汇率制度进行了重大改革，进行汇率并轨，实行以市场供求为基础的、单一的、有管理的浮动汇率制度，使汇率形成机制发

生了重大变化，汇率杠杆调节作用明显加大。例如，美元兑人民币汇率，从1993年的5.76元/1美元，1994年的贬值为8.62元/1美元，2002年又升值为8.28元/1美元。

二是受出口退税率调整的影响，1994年1月1日我国实行了新的出口退税管理办法，建立以新的增值税、消费税制度为基础的出口商品退税制度。在此期间，我国出口退税率经历了1994～1997年的两次下调，1998～2003年的3次上调，2004年1月至今的多次下调的变化。

因此，人民币汇率和出口退税率变化，对纺织品服装出口影响越来越大，国家宏观经济调节手段的作用不断增强。

四、贸易大国向贸易强国转变阶段（2005年后）：出口额过千亿美元

2005年1月1日WTO《ATC》的终止，全球纺织品服装贸易进入一体化发展阶段，配额取消给中国纺织品服装出口带来了前所未有的发展机遇，产能得到充分的释放。

2005年，中国纺织品服装出口额突破1000亿美元，2005～2007年三年间，中国纺织品服装出口额每年以200亿美元以上的规模递增。2009年因为受全球经济危机影响，中国纺织品服装出口额略有下降，2010年又反弹至2120.01亿美元（表5-1）。同期，中国纺织品服装出口增长率保持较高水平，2005年为20.69%，2010年达23.74%。

表5-1　中国纺织品服装出口贸易值

年　份	2004	2005	2006	2007	2008	2009	2010
出口额/亿美元	973.85	1175.35	1470.85	1756.16	1896.24	1713.32	2120.01
增长率/%	21.00	20.69	25.14	19.40	7.98	-9.65	23.74

数据来源：中国纺织工业发展报告2010～2011。

2007年世界贸易组织最新一期研究报告显示，2005年全球纺织品服装配额取消之后，中国为最大受益者。2005年中国纺织品服装出口额占全球纺织品服装出口总额的23.85%，2010年上升到36.94%，表明中国纺织服装出口贸易大国地位进一步增强。

第六章　纺织工业政策

第一节　产业政策基本理论

产业政策是国家公共政策的一种。绝大多数国家都会通过相应的产业政策加强对相关产业的扶持力度，促使该产业形成较强的竞争能力，促进产业升级。

一、产业政策的概念

产业政策是一个广泛使用的概念，不同的学者对于产业政策的研究具有不同的视角。比较典型的产业政策含义的理解有以下几种主要的观点：

（1）产业政策是对在资源分配方面出现的市场失灵而采取的干预活动的政策集合。日本学者小宫隆太郎等将产业政策归纳为政府针对资源配置过程中出现的“市场失败”采取的政策手段的干预，是“对产业部门之间的资源配置进行调控和对产业内部的产业组织、私营企业的经营活动的指导和管理”；日本最具影响力经济学者之一伊藤元重指出：“产业政策是国家通过对产业之间的资源重新分配或者弥补个别产业组织间的组织缺陷，从而在竞争的市场中提高整体经济发展水平的手段。”

（2）产业政策是国家提高产业国际竞争力的政策制度体系。美国学者查默斯·约翰逊指出产业政策是以发展或限制某些产业活动为手段而提高本国产业国际竞争力的政策综合；韩国学者李景台将产业政策定义为“为实现经济增长和加强国际竞争力，政府对整个产业或者特定的产业进行支援、调整和管制采取的经济政策”；江小涓教授定义产业政策为“政府为了取得在全球的竞争能力，在其国内推行的发展或限制各种产业行为的总称”。

（3）产业政策是所有政府针对产业制定的一切政策的集合。经济合作与发展组织将产业政策归纳为产业可持续发展和加强产业运作效率的制度体系；英国经济学家阿格拉在《欧洲共同体经济学》中提出产业政策实际上就是与产业相关的一切国家的法令和政策；下河边淳在《现代日本经济事典》指出：“为了达到某种经济和社会目的，国家或政府通过对所有产业的保护、支持、调整和完善，积极或消极干预某个产业或企业的生产经营所使用的方法和措施的总称就是产业政策”。并木信义在《产业经济通说》中将产业政策归纳为“为了改善一国的产业落后于其他国家的状态或者预防落后于其他国家的可能，各国采取的各种措施”。阿密塔伊·艾特伊奥利认为产业政策归根到底就是国家干预或参与经济的一种计划，是着眼于产业发展全局的政策设计。周叔莲教授将产业政策定义为“从整个国家产业发展的全局出发而制定的比较完整的政策体系”。

虽然以上观点存在一定的差别，但都基本上是从政策目的、政策调整对象、政策的实施方式等方面对产业政策进行了描述。本文综合以上观点，将产业政策的定义归纳为“以提升或限制产业的竞争能力为目的，在分析产业的发展现状和发展趋势的基础上，以市场机制为基础，通过规划、干预和引导等方式辅助产业发展的政策体系总和”。

二、产业政策的相关理论

虽然产业政策存在已久，但产业政策的理论还没有形成较为完整的体系，仅仅作为应用经济理论的分支存在，因此产业政策的理论依据经常在与经济或产业相关学科的研究中出现。

（一）市场失灵理论

市场失灵理论是产业政策存在的前提基础和主要依据。市场失灵理论的观点认为：资源配置的最佳方式是完全竞争的市场结构。但是现实社会中完全竞争的市场结构只是理论的假设，由于存在垄断、外部性、公共物品供给、资源消耗等问题，仅仅依靠价格机制在配置资源的过程中就无法达到效率-帕累托最优，必须借助政府职能，运用产业政策干预市场机制留下的缺陷。

传统的自由市场经济理论以马歇尔的观点为代表，他认为整个经济活动要取得最高的效率，就必须以市场作为资源配置的基本工具。不管在生产要素还是产品市场领域，商品的稀缺和资源的价值都会通过价格和市场竞争准确地反映出来，从而影响生产、投资和消费等领域，实现经济资源的有效配置。如果政府发挥其作用，将会使得价格信号扭曲，从而造成社会资源的配置无法有效完成。

市场失灵理论是建立在自由市场经济理论的基础上的。如李斯特在《政治经济学的国民体系》一书中提出了政府应该对经济生活进行直接干预的思想；英国经济学家庇古在《福利经济学》中从福利经济学的角度系统地研究了外部性问题；巴托认为国家对市场进行干预可以有效克服市场失灵带来的混乱。这些西方学者逐渐发现市场经济并不是万能的。一方面，由于人类社会的活动不仅仅表现在市场经济活动这一个方面，经济社会中的各种问题不能仅仅靠市场来解决；另一方面，市场机制由于受到某些因素的干扰，造成资源配置失误或浪费性使用，影响社会发展目标的实现。

西方学者认为市场失灵的表现主要体现在以下四个方面：（1）存在非完全竞争。市场经济完全发挥作用的前提是存在完全竞争的市场条件，但是垄断等一些因素的存在使得市场秩序经常会被破坏，市场结构也会发生改变，从而妨碍市场机制的有效运行，阻碍经济效率的提高。（2）存在社会平等目标。一个完善的社会形态，除了生产效率的提高和经济持续增长，还要将效率与平等相结合。在较为完善的市场条件下，更应当注重强调收入公平等社会目标的实现。（3）存在公共产品。公共产品是私人产品的对称，是指具有消费或使用上的非竞争性和受益上的非排他性的产品。公共产品的特殊性使得生产公共产品的利润较小，为追求利润最大化的私人企业缺乏生产的动力，市场对公共产品生产的资源配置无法起到相应的作用，市场就会出现失灵。（4）存在经济外在性。外在性是指当事者的生产活动或消费活动对没有参加（即外在于）这个活动的当事者所产生的好的或坏的影响。它可以发生在企业与企业、企业与个人或个人与个人之间。外在性是生态经济学中衡量经济效益的一个重要依据。市场本身不具有自发机制要求经济活动者考虑这种外在的利益或者损失，因此市场出现了失灵。

当市场失灵时，需要政府采取包括产业政策、价格管制政策、消费政策、分配政策等在内的微观或者宏观手段来进行治理。产业政策可以有效地维护市场秩序，帮助提供更多的公共产品，改善企业布局等产生的外部不经济等，实现社会持续的发展。

（二）比较优势理论

比较优势理论对于各国特别是后发国家如何利用产业政策促进经济发展具有指导意义。

18 世纪末，亚当·斯密发现各国商品之间存在劳动生产率和生产成本的绝对差异是国际贸易的基本条件，因此在生产分工理论的基础上发展出绝对优势理论。他指出每个国家应该专门负责生产具有绝对优势的产品，并与其他国家换取其具有绝对劣势的产品，更有效率地使用各国的资源，扩大各国国家的收益。

由于绝对优势理论存在一定的局限性，大卫·李嘉图对其进行了改进。他指出不仅存在绝对成本差异进行国际贸易分工，即使所有产品的生产成本都处于优势或劣势的地位，只要程度不同，也可以进行国际贸易。其基本原则就是“两优取其重，两劣取其轻”。

19 世纪末 20 世纪初，瑞典学者赫克歇尔和俄林在其著作《地区间贸易和国际贸易》中在新古典经济学框架下发展了大卫·李嘉图的比较优势理论，提出了要素禀赋理论，这一理论又称为 H-O 理论。这一理论认为在技术水平相等的条件下，不同的要素充裕度和不同的生产要素密集度会造成比较成本的差异。因此各国应当生产和出口要素充裕的产品，进口稀缺要素生产的产品，从而改善各国的经济利益。

尽管以上理论具有重要的理论价值，但是这些理论中“产品市场是完全竞争的”假设与现实环境存在一定差距，因此第二次世界大战后出现了一批新贸易理论，而动态比较优势理论就是其中具有代表性的理论。

动态比较优势理论的代表性人物是林毅夫教授，这一理论的观点认为：(1) 一个国家的要素禀赋是决定这个国家产业结构的最主要原因。(2) 对一个国家要素禀赋影响最大的因素是资本存量。(3) 储蓄倾向和经济剩余的规模决定了社会积累，社会积累保证了资本存量的增加。(4) 制度性决定的储蓄倾向是固定的，因而经济剩余的规模是影响资本存量的关键。(5) 如果一国产业结构建立在充分利用其资源禀赋的基础上，该国的生产成本优势就较强，进而创造更多的经济剩余。因此，产业结构的升级可以通过发挥比较优势来实现。

日本经济学家筱原三代平也通过日本经济发展的实际说明日本当时由于产业结构的不合理而在经济发展过程中落后于发达国家。只有政府借助产业政策才能改变完全依靠市场机制所带来的消极影响。

动态比较优势理论将每个国家的经济发展看做是动态的行为，各种经济因素都会随着时间而变化，生产要素禀赋作为最重要的经济因素之一，其变化的程度和速度的差异性使得每个国家在世界经济中相对地位发生变化。动态比较优势理论认为社会的主观行为在国家比较优势演进过程中发挥着越来越重要的作用，而纯自然因素在此过程中的地位逐步降低。国家产业政策的制定对于引导资源合理配置，充分发挥比较优势，实现社会经济可持续发展具有重要的意义。

（三）国家竞争优势理论

美国经济学家麦克尔·波特在 20 世纪 80 年代提出了钻石理论（图 6-1）。波特认为，决定一个国家的某种产业竞争力的因素有四个：生产要素、需求条件、相关产业和支持产业的表现和企业的战略、结构、竞争对手的表现。同时政府和机会是这一体系中的两大可变因素。四个因素通过相关作用构成一个钻石体系。体系中的任何一个方面都可以由于政府政策而变化，从而影响产业的竞争能力；新的机会因素（特别是新需求、新技术等出现）也为落后企业提供最好的时机去追赶先进企业。

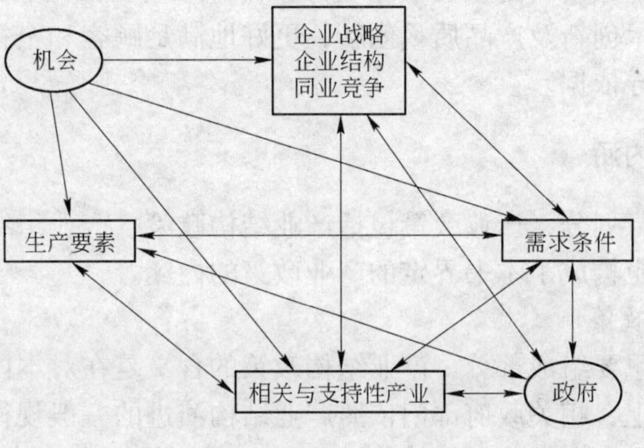

图 6-1　波特钻石理论模型

1. 生产要素

波特将生产要素归纳为初级生产要素和高级生产要素，初级生产要素主要包括自然资源、气候、区位、普通工人、资金等，高级生产要素由通讯交通设施、高技术人才等组成。波特认为，农业和以天然产品为主的产业中对初级生产要素的需求仍然存在，但在其他产业中初级生产要素的需求在减少，转而寻求高级生产要素获得产业竞争优势。

2. 国内需求市场

国内市场与国际市场的不同之处在于企业可以及时发现国内市场的客户需求，这是国外竞争对手所不及的，因此波特认为全球性的竞争并没有减少国内市场的重要性，因此国内需求市场依然是产业发展的主要动力。波特指出，本地客户的本质非常重要，特别是内行而挑剔的客户。假如本地客户对产品、服务的要求或挑剔程度在国际间数一数二，就会激发出该国企业的竞争优势。

3. 相关和支持产业

在国内拥有具备国际竞争力的供应商和关联辅助性行业，是一个行业能够取得国家竞争优势的第三个条件。关联行业和辅助行业在高级生产要素方面投资的好处将逐步扩溢到本行业中来，从而有助于该行业取得国际竞争的有利地位。

4. 企业战略、结构和同业竞争

波特认为存在发展动力才是企业持续经营的主要原因。除了来自国际需求的拉力，本地竞争者的压力也会起到积极的促进作用。通过研究发现国内市场强有力的竞争对手是创造与持续产业竞争优势的关键因素。经过激烈的国内市场竞争，不断改进和创新生产技术，才能在国际市场的竞争中占据优势。

5. 机会和政府

机会是可遇而不可求的，机会可以影响四大要素发生变化。譬如，包括重大技术革新在内的一些机遇事件会产生某种进程中断或突变效果，从而导致原有行业结构解体与重构，给一国的企业提供排挤和取代另一国企业的机会。

对于政府，只有扮演好自己的角色，才能成为扩大钻石体系的力量。波特理论对于政府制定政策指导意义深刻之处在于：(1) 政府不仅要承担一些基本、公用事业的职责，同时还应特别注重对国内专门要素的培育。(2) 政府要致力于营造一个市场化的宏观环境，要让生产要素市场和金融市场健康有序地运行。(3) 政府要强制实施产品质量、安全与环境标准，促使企业技术创新及产品质量创新，更好地满足顾客和全社会的需要。这些都成为产业政策制定的指导依据。

三、产业政策的内涵

按照政策目标进行划分，产业政策包括产业结构政策、产业组织政策、产业技术政策和产业布局政策，这也构成了本书界定的产业政策的内涵。

（一）产业结构政策

作为产业政策的重要组成部分，产业结构政策的含义是在对本国或者本地区产业结构发展现状分析的基础上，相关政府部门依照产业结构演进的一般规律，确定产业结构调整的目标，并确定特定时期重点扶持的战略产业，求得经济增长和资源配置效率的改善，实现经济可持续发展的政策。

产业结构政策按照政策目标的不同划分为以下类型：

(1) 主导产业选择政策。主导产业是指在经济发展的某一时期，代表了产业结构的演变方向或趋势的产业。这些产业市场前景广阔，拥有较强的科技创新能力，能起到带动社会经济发展的作用。主导产业选择政策就是政府运用经济政策、经济法规、经济杠杆以及必要的行政手段、法律手段来影响主导产业发展的政策措施。

(2) 战略产业扶植政策。战略产业是指有可能在未来某一时期成为优势产业的新兴产业。一个国家或者地区在对产业本身技术特点、市场前景、成长潜力评估的基础上，通过相关政策措施予以扶持。

(3) 衰退产业退出政策。衰退产业是指在整个产业体系中陷入停滞甚至萎缩的那部分产业。这类产业单一依靠市场机制的自动调节无法实现产业的收缩和资本移动，并不能取得较好效果。因此衰退产业的调整是一项复杂的系统工程，需要包括法律支持、体制改革、直接补贴、人力资源开发等多方面的支持援助，需要政府的直接干预。

(4) 幼稚产业保护政策。经济学界对于幼稚产业是否应当保护存在一定的争论。政府应当选择那些目前处于次要地位，但拥有潜在需求和生产能力后劲充足的产业，通过相应的政策为其创造良好的发展环境。

产业结构政策的实施对于一个国家或地区可以达到促进产业协调发展，促进产业结构转换、引导资源配置结构合理化的作用，具体如下：

(1) 促进产业协调发展。不同国家在不同的经济发展时期，其各个产业处于不同的发展层次，形成了不同的产业地位和有序的产业结构。各个国家在产业结构政策的制定过程中就需要根据产业所处的不同发展层次和自身发展的现状，保持主导产业的发展趋势，对战略产业进行培育，对薄弱的基础产业进行弥补，引导衰退产业逐步退出，进行促使不同层次的产业保持协调发展。

(2) 促进产业结构转换。各国的产业结构并不是一成不变的。从市场角度考虑，当对某种产品的市场需求改变时，价格传导作用会引起各种社会资源在不同产业间进行重新分配，从而导致新兴产业的壮大，传统产业的衰退。但是市场的力量存在有限性，需要通过产业结构政策的调控使得产业结构的转换不断适应市场需求的变化，并带来最佳效益的产业结构。

（3）引导资源配置结构合理化。产业结构的层次化使得资本、劳动力、技术等资源在不同产业间的配置存在差异。由于存在市场失灵作用，市场配置资源效率较低。特别是当一个国家或地区希望加速本地区经济发展，促进产业结构跨越式发展时，产业结构政策在引导资源合理配置和加快产业结构优化进程中的作用越发明显。

（二）产业组织政策

产业组织指产业内企业间的市场关系和组织形态。产业组织一方面表明产业内企业间的垄断、竞争等市场关系，另一方面表明相关联的产业中企业合作、分包、专业化协作等不同结合形态。产业组织政策就是政府根据产业及企业间不同的联系机制，采取的鼓励或限制性的政策措施，改善产业组织，实现产业组织的合理化，并借此达到资源有效利用。

产业组织政策的目的主要体现在充分利用规模经济和促进有效竞争方面。规模经济是指在特定时期内，企业产品绝对量增加时，其单位成本下降，即扩大经营规模可以降低平均成本，从而提高利润水平。规模经济是生产的社会化和专业化的结果。仅仅依靠市场促进规模经济的形成需要较长的时间，需要政府制定相关政策完善生产组织体系、促进企业生产的专业化发展。有效竞争是指在产业发展过程中充分发挥竞争效力的市场竞争态势。产业组织政策的实施就是要促进有效竞争，消除垄断现象，使生产集中在效率高、规模适当的企业中，从组织上保证资源的充分利用。

产业组织政策的实施手段有以下几种途径：（1）控制市场结构。具体措施包括：降低市场集中度，依法分割处于垄断地位的企业，降低进入壁垒，减少不合理的产品差异化；建立企业合并预审制度，对中小企业实行必要的扶植；在某些产业实行规制政策，防止过度竞争。（2）调整市场行为。具体措施包括：禁止和限制竞争者的共谋、卡特尔及不正当的价格歧视；对卖方价格、质量实行广泛监督，增强市场信息透明度；对非法商业行为进行控制和处置。（3）直接控制市场绩效。具体措施包括：对资源分配方面存在市场缺陷的产业，通过政府的干预弥补市场机制缺陷；对赢利不多和风险较大的重大技术开发项目提供资金援助；增加教育、科研和技术推广的公共投资；禁止滥用稀缺资源。

（三）产业技术政策

用高新技术武装和改造传统产业，大力发展高新技术产业，是产业技术政策的重要内容。产业技术政策是指国家制定的用以引导、促进和干预产业技术进步的政策的总和。它以产业技术进步为直接的政策目标，是保障产业技术适度和有效发展的重要手段。传统产业的改造和高新技术产业的发展，不仅能够提高产业的技术集约化程度，促使以劳动密集型产业为主的产业结构向以技术密集型、集约型产业为主的产业结构转变，实现产业结构的升级；而且可以推动产业技术的进步、高新技术的普及和运用，提高各种产业的技术水平。

产业技术政策具体包括：（1）产业技术进步的指导性政策。即政府确定产业技术的发展目标、具体规划和指导各技术进步主体的行为的相关政策。（2）产业技术进步的组织政策。即政府主持或参与旨在加速推进产业技术进步的各种组织制度与组织形式的安排。

（3）产业技术进步的奖惩政策。为了建立起切实有效的技术进步激励机制，使企业成为技术创新主体，政府通过制定直接或间接的经济刺激和制裁政策，对民间科研机构、企业的研究开发以及技术引进、扩散工作进行劝诱和鼓励，对技术进步迟缓者或缺乏技术进步具体规划和措施者实施经济惩罚。

产业技术政策在社会经济和产业发展中具有重要的作用：（1）促进技术进步是政府本身的职能要求。由于技术、知识具有公共产品的属性，政府应当是公共产品的重要提供者，因此政府有责任积极参与经济发展过程中的技术进步活动，保证和促进这种公共产品的供给。（2）单纯依靠市场机制分配资源难以满足技术发展的需要。政府有必要为满足技术发展的要求而干预资源分配，进行必要的投入。（3）基础科学技术的研究和开发是技术进步不可缺少的前提，而基础科学技术研究和开发投资多、周期长、见效慢，需要国家制定相关的支持政策。（4）鼓励技术创新、支持技术研究和开发，保护本国的技术，是取得和维护本国技术处于领先地位的重要途径，需要政府制定正确的技术政策，采取相应的措施。

（四）产业布局政策

产业布局是指产业在一国或一地区范围内的空间分布和组合的经济现象。产业布局政策是产业结构政策体系中不可或缺的重要内容，即政府通过相关政策对产业的空间分布进行科学引导和合理调整。

四、产业政策在产业不同发展阶段的作用分析

如前文所述，一个产业的增长一般都会经历产业幼稚期、成长期、成熟期和衰退期这四个阶段。在产业发展的不同阶段，政府给予的关注程度会有所不同，同时在每个发展阶段，政府产业政策制定和执行的手段以及所要达到的目标也存在差别。

（一）产业幼稚期阶段的产业政策

在产业发展初期，产业基础薄弱，产业认知度较低，发展前景具有较强的不确定性，符合产业发展的行业秩序和管理规范也未形成。对于这类产业，如果仅仅依靠市场行为，对产业未来的发展可能会起到减缓甚至抑制作用。在这一阶段，需要政府在产业选择、体制建设、扶持政策等方面进行干预，确保处于幼稚期的产业能够尽快成熟发展。

政府对于处于幼稚期产业首先要进行战略性的判断，即该产业的发展是否符合经济发展规律，是否值得政府进行扶持。一般而言，各国政府都会考察一个新兴产业的要素需要、组织结构、市场潜力，结合本国总体社会经济发展思路、此产业在国际环境中的发展趋势和其他国家对该产业的态度等因素对新兴的幼稚产业进行判别。

如果确定为支持发展的产业，由于幼稚期产业技术还不完善，生产尚未达到经济规模，配套设施和服务体系还跟不上，商业模式不成熟，市场认同程度低，那么政府就要制定相关政策，为这些处于幼稚期的产业提供及时甚至适度超前的引导和服务，针对不同产业应制定明确的发展战略和目标，使企业看到政府的决心和明确的投资信号。同时政府在此阶段，一般情况下会采取直接投资、税收优惠、补贴等财政类工具解决产业发展的资金问题；也会通过相应关税、进出口政策等手段的调整，引入相关先进技术，培育产业发展能力。

（二）产业成长期阶段的产业政策

由于处于成长期的产业总体特征与处于幼稚期的产业具有较明显的差异，在这一阶段

产业产品具有较高的销售率，产业的产值和收入在国民经济中的相对比重不断增加，资产总规模和就业人数份额增长迅速。相应地，国家政策的介入手段与程度也呈现出相应的变化。

在此阶段，产业的发展前景已经明确，产业进入的风险降低，产业利润大幅度的提升会使得产业的吸引力上升，新进入者增多。因此，此阶段政府的政策职能之一就是要不断完善标准体系和市场准入制度，加快建立有利于产业发展的行业标准和重要产品技术标准体系，优化市场准入的审批管理程序，营造和维护公平的市场竞争秩序。

同时，政府在此阶段也会加大对产业发展方向的引导，从当地实际出发，突出发展重点，避免盲目发展和重复建设，优化区域布局，发挥比较优势，形成各具特色、优势互补、结构合理的产业协调发展格局。

（三）产业成熟期阶段的产业政策

在此阶段，产业具有适用的，较为先进、稳定的技术；产品的基本性能、式样、功能、结构将趋向成熟，且已被消费者习惯使用；产业内企业间建立了良好的分工协作关系，市场竞争是有效的，市场运作规则合理，运作水平较高，市场绩效较高，产业内市场结构合理。

为了延长产业发展的成熟期，政府政策导向转向为支持技术创新和产业升级转移。政府政策要鼓励完善以企业为主体、市场为导向、产学研相结合的技术创新体系，发挥国家科技重大专项的核心引领作用，结合实施产业发展规划，突破关键核心技术，加强创新成果产业化，继续提升产业核心竞争力。同时，以贸易的手段促进产业向境外的转移通常是这一时期产业政策的主导方向。通过此种方式，处于成熟期的产业能够进一步拓展市场份额，进而为企业创造更多的利润，为本国增加外汇收入；另外还可以延长产业的成熟期，抑制其他国家同类产业的发展空间和潜力，进而增强产业的国际竞争力，提高本国的国际综合影响力。

（四）产业衰退期阶段的产业政策

由于消费需求发生变化、技术创新乏力、国际比较优势减弱等原因，一国产业在成熟期之后可能会陷入衰退阶段。为了避免产业的过早衰退，政府无疑会延续产业成熟期的政策导向，消化国内的过剩生产能力和加快转移已经成熟的技术，从而带动产业再一次进入更高层次的发展阶段。

五、产业政策调控与市场自动调节

三十多年来，我们的纺织工业发展取得了辉煌的成就。这些变化是改革开放带来的，是市场化改革带来的，是让市场发挥配置资源的基础性作用带来的。但在推进社会主义市场经济的过程中，我们也逐步认识到了市场不是万能的，要将市场经济与政府监管有机结合。

市场经济作为一种基本的资源配置方式，始终处在不断发展变化的过程之中，人们对市场经济的认识也在不断发展和深化。古典政治经济学的创始人亚当·斯密认为资本主义的发展“受着一只看不见的手的指导”。他指出，在市场的自发作用下，每个人为追求自己的目标而努力的时候，他就像被一只看不见的手指引着去实现公共利益。政府应放任经济自由发展，依靠市场自发调节。亚当·斯密在主张由“看不见的手”充当社会经济主要调节器的同时，认为政府的经济职能是有限的，无非是充当一个经济上的"守夜人"的角色。市场机制广泛地发挥作用，给资本主义经济带来了空前的繁荣与社会进步。但随着资本主义向其高级阶段的发展，种种难题也随之出现，而且是市场本身无法克服的问题，这就是所谓的"市场失灵"。

所以，虽然市场机制可以有效地配置资源，但它不是万能的，市场机制最佳功能发挥所依赖的市场条件在现实经济生活中无法实现。而且即使是在完善的市场信息和完全的市场竞争条件下，能够使资源配置实现帕累托效率最优化，也不能保证这种符合帕累托效率原则的资源配置同时符合整个社会的公共利益。资本主义市场经济发展过程中的大量事实证明了这一点。市场竞争必然会导致垄断产生，宏观经济的波动也使完全竞争的条件难以实现，在社会公众收入分配等领域，即使完全的市场竞争也不能解决收入分配不公正的问题，仅仅依靠"看不见的手"来调节市场，必然导致市场失灵。为弥补市场失灵，政府这只看得见的手必须要在经济调节中发挥作用。正如美国著名经济学家斯蒂格利茨一针见血指出的："市场之所以出现失灵现象，是因为没有人对市场负责。资源配置的决定是由成千上万不同的企业做出的，从而造成了重复生产和无效率。"因此，"一般而言，如果没有政府干预，就不能实现有效的市场配置"。

第二节 我国纺织工业政策沿革及政策制定面临的新形势

纺织工业的升级与发展都离不开相关产业政策的影响和支持，而产业政策的制定又会与当时特定的经济体制、自然资源状况、科技文化水平、劳动力素质等因素紧密相关。本部分论文采用历史的观点，以国家"五年计划"为研究对象，对我国纺织工业升级转化过程中的总体政策导向进行系统、科学、定性的梳理，分析不同阶段我国纺织工业升级政策的目标及政策的运行情况，并提出了我国纺织工业升级面临的新形势，探讨了我国目前纺织工业政策调整需主要解决的问题。

一、改革开放以前我国纺织工业政策演变

（一）第一个"五年计划"时期（1952～1957）

第一个"五年计划"是在新中国成立后三年制定的，当时我国刚刚开始经济恢复。由于考虑到"工业落后就要挨打"，第一个"五年计划"中对于实现国家工业化进行了较为详尽的论述。纺织工业作为国民经济的主要支柱行业，在第一个"五年计划"中也制定了相应的发展目标和支持政策。

"一五"期间我国纺织工业发展的主要政策有：

（1）利用和调整棉纺织工业的现有设备，充分地发挥其生产能力。

（2）逐步地将使用机器生产的私营纺织厂变为公私合营企业，全部纳入国家计划的轨道。

（3）适应棉花生产发展的进度和人民物质生活增长的需要，在有条件建厂的棉产区有计划地建设新厂，扩大内地棉纺织工业的基础。

（4）在恢复和发展丝、毛、麻生产的基础上，积极地恢复和发展丝、毛、麻的纺织工业，并建立人造纤维工业，为今后多方面发展纺织工业准备必要的基础。

(5) 鼓励增加纺织品特别是棉布的新的品种花色，提高质量，扩大和改进丝、毛、麻等织品的生产，并积极地准备发展人造纤维的生产，从多方面来适当地满足人民的需要，应该注意原材料的节约，特别是进行棉花的节约。

通过政策支持，北京、石家庄、邯郸、郑州、西安、呼和浩特等新兴棉毛纺织工业基地在这一阶段初步形成，改善了从前纺织工业集中在沿海少数城市的畸形格局。

（二）第二个“五年计划”时期（1958~1962）

“二五”计划大起大落，历程曲折。“二五”计划作为党中央的建议，在1956年中国共产党第八次代表大会上通过。虽然由于当时大跃进的思想，各年度的计划数字不断大幅调整变化，纺织工业发展指标的制定脱离了当时的社会经济发展实际，但是其中提出的相关促进产业发展的政策建议对于后续中国纺织工业的发展起到了铺垫的作用。如在发挥企业生产潜力方面鼓励纺织企业根据具体条件，分别地采取不同的措施，对一部分企业有计划地进行改建或者进行技术改造，对另一部分企业进行调整和增添某些设备，对其余的企业继续改善经营管理，以进一步发挥原有企业的生产潜力；在生产过程中推进生产的专业化和协作以提高劳动生产率，降低生产成本和促进技术的发展；积极地组织产品设计的力量和加强对新产品设计和试制工作的领导，加强企业的技术管理工作，改善原材料的供应工作，实行产品质量奖励制度，提高产品质量和增加产品品种问题。

（三）第三、第四、第五个“五年计划”时期（1963~1980）

1962~1965年进行了三年的经济调整之后，于1966年开始了第三个“五年计划”。尽管由于当时特定的历史时期，存在着计划编制不合理，国民经济结构失调，经济效益低下等重大问题，但纺织工业作为保障全国居民基本生活物资的基础工业部门，还是得到国家的高度重视。特别是在“轻工业重点抓纺织，纺织重点抓化纤”政策目标的指引下，四大化纤生产基地后来成为我国化纤行业发展的重要基础。

在改革开放以前，通过产业政策支持，我国建立了纺织工业体系，基本满足了社会的温饱需要。

二、改革开放初期我国纺织工业政策演变

（一）第六个“五年计划”时期（1981~1985）

第六个“五年计划”时期正值中国工业管理体制改革启动和局部试验的阶段。纺织工业开始实施“转轨变型”。国家逐步改变高度集中的传统计划经济模式，“以计划经济为主，市场调节为辅”，逐步增强市场机制的作用。缩小指令性计划的范围，而扩大指导性计划的范围。到1984年只保留化纤、化纤聚合体、纺织机械中的部分设备等3种为指令性计划产品；推行经济承包责任制，扩大企业自主权；发展横向经济联合，打破地区界线、行业界线，提高工业的组织程度，探索纺织品出口管理体制的改革；改革基本建设管理体制。通过实施“六五”计划，我国取消了布票这一明显的计划经济标志，私营经济得到了发展，纺织品出口规模逐步扩大。

（二）第七个“五年计划”时期（1986~1990）

这一阶段国家在公有制基础上，实行有计划的商品经济，而纺织工业的发展也继续加快。1986年11月国务院办公厅以电报形式向国家经贸委下发《关于服装行业划归纺织部门实行行业管理的通知》，1997年3月国家经贸委144号文件向纺织工业部和轻工业部转

发了此文件，这标志着服装行业正式划归纺织工业部管理。这是服装行业第一次的战略性结构调整和战略决策，开始了以服装为龙头带动整个纺织工业发展的“大纺织战略”。

七五期间，乡镇企业异军突起，民营经济不断扩大；以扩大出口为突破口，纺织工业初步实现外向型发展的战略转移，同时通过政策支持改进技术结构及提高纺织机械制造水平，使我国跨入举世公认的纺织大国行列。

（三）第八个“五年计划”时期（1991～1995）

此阶段纺织工业的发展重点被国家定位在加快技术进步，提高产品质量，开发新品种，因此国家也制定了相应的政策措施。一是大力发展轻工纺织原料的生产，特别是增加合成纤维、合成洗涤剂、造纸等原料的产量，有计划地建设一批原料生产基地。二是积极推广新技术，抓住一批基础产品和出口拳头产品，进行开发和改造。要使一批骨干企业和重点出口企业的设备尽快得到更新，一批先进的生产工艺和技术尽快得到推广，一批引进的新技术新设备尽快得到普及，以促使我国轻纺产品在质量和档次上达到新的水平，提高在国际市场上的竞争能力。三是有步骤地进行轻纺工业生产能力和布局的调整。东部沿海地区和大城市一般不再增加初加工能力，集中力量发展深加工产品、技术密集型产品和出口制成品。初加工和内销的劳动密集型产品要有步骤地转向内地和原料产地，以形成新的生产力合理布局。

通过八五期间的发展，纺织工业市场化改革取得了明显的发展，同时我国成为了世界上纺织服装第一出口大国。

（四）第九个“五年计划”时期（1996～2000）

“九五”时期是中国经济与社会全面发展的阶段，在体制改革方面，非公有制经济进一步发展壮大，国有企业改革取得进展；市场在资源配置中的基础性作用明显增强，在宏观调控政策上，政府适时根据经济形势的变化，调整宏观经济政策取向和力度，并注意把扩大内需和调整经济结构紧密结合起来，加强了宏观调控的预测性和指导性。

这一时期纺织工业政策的重点是：调整产品结构，以创名牌和出口创汇为重点，大力开发适销对路的新产品和优质产品。提高出口产品附加值。调整布局结构，有步骤地在原料产地培育生产初加工能力，在西部发展劳动密集型的产品加工能力。通过企业的联合、改组、兼并来调整企业组织结构，提高生产集中度，形成一大批在国际市场上有竞争力的出口企业。

“九五”期间，纺织工业完成了国有企业战略调整，计划退出微观主体，市场成为产业运行的基础，出口方面由加工为主转向贴牌生产（OEM）为主，自身的出口竞争力也在不断增强。

以上可以看出，“五年计划”的发展演变过程实质上反映了国家计划经济体制向市场经济体制转型过程中政府角色和作用形式的转换。从1953～2000年，在不同的经济社会发展时期，发展纺织工业的指导思想不同，发展的重点任务也不尽相同。

三、进入新世纪我国纺织工业政策分析

进入新世纪以后，中国开始从最大的生产国、出口国、消费国到建设纺织强国的转变，产业政策在其中也起到了积极的促进作用。

（一）第十、第十一个纺织工业发展“五年计划”

伴随着经济全球化的深入发展、新科技革命深入发展、我国经济社会持续又快又好发

展的机遇，第十个“五年计划”（2001～2005）和第十一个“五年规划”（2006～2010）时期，国家不断调整纺织工业的发展规划，在总量增长的同时，将节能、降耗、环保等指标进一步细化，通过技术创新和技术进步推动经济增长方式转变，从而实现纺织工业的结构调整和产业升级，表6-1和表6-2分别列明了“十五”与“十一五”期间我国纺织工业发展的重点。

表6-1　“十五”期间我国纺织工业政策重点

政策重点	主要措施
加强宏观调控	充分发挥市场配置资源的基础性作用，综合运用计划、财政、金融等手段，调控经济运行。进一步转变政府职能，实现政企分开，减少对经济事务的行政性审批。搞好总量控制
	引导投资方向。拓宽融资渠道，改善投资环境，积极吸引民间资本，形成投资多元化格局
	实行公平待遇，鼓励非国有经济的发展
抓好纺织原料发展	继续坚持天然纤维与化学纤维发展并举的方针
	纺织年用棉量在 450×10^4t 以上
	鼓励对羊毛、蚕茧、苎麻、亚麻、山羊绒、牦牛绒等我国特有的优质原料的种植、养殖、开发和利用
	对于化纤原料及化纤产品，在行业管理上要加强引导，加快发展
建立企业技术创新体系	鼓励纺织企业与相关行业合作，鼓励企业与科研院所结合
	建立支持中小企业发展的多种形式的中介机构
	突破纤维技术、纺纱技术、织造技术、染整技术和设计与开发创新技术中的关键技术
提高国际化经营	进一步优化出口商品结构，努力扩大出口规模
	充分利用国内外两个市场、两种资源，实施“走出去”的开放战略
坚持可持续发展	鼓励企业采用新原料、新工艺，降低物耗、能耗，节约用水，改善环境

表6-2　“十一五”期间我国纺织工业政策重点

政策重点	主要措施
创造产业发展的良好环境	认真贯彻科学发展观，促进行业的产业升级、结构调整和可持续发展
	引导产业走集约化发展道路，防止产业盲目发展和低水平重复建设
加大技术进步投入，推动产业升级和结构调整	鼓励企业和社会资金对技术创新投入
	通过税收等手段支持企业加大研发投入
	加速培育有自主知识产权的主导产品、自主品牌和核心技术
	鼓励先进技术和设备的应用，提高产品质量和档次
	支持为广大中小企业产业升级创新平台建设，加强公共服务
	加快信息化建设，提高企业和行业的快速反应能力
积极推进新型纺织装备国产化，增强核心技术自主创新能力	支持建立以企业为主体、市场为导向、产学研相结合的技术创新体系
	加快以自主开发创新为主、具有高技术含量、适应产业信息化要求的国产新型纺织、印染、化纤生产技术设备发展，提高装备的先进性、可靠性和稳定性
强化知识产权保护，优化创新环境	要加大知识产权保护力度，切实保护企业技术、产品创新和品牌培育的利益、积极性，强化产业知识产权保护意识
	促进我国纺织品原产地自主知识产权品种的开发和注册，塑造和提升我国纺织品原产地形象

续表 6-2

政策重点	主要措施
全面提高行业人力资源素质	建立健全科学合理的人才资源管理和开发体制，完善人才评价体系和激励机制
	高度重视技术创新人才的培养，特别是复合型人才的培养
	充分利用社会办学机构和企业内部培训，保证行业整体人力资源素质的提高
发挥中介组织作用，加强纺织行业发展自律	强行业组织的服务与自律，规范企业行为
	要支持行业组织积极开展民间外交，建立与各国同行间的合作伙伴关系及民间对话机制

“十一五”与“十五”期间相比较，纺织工业发展升级要求产业结构进一步优化，整体技术装备水平进一步提高；并通过相关途径使得低效率、高能耗、高污染的低水平初加工能力得到有效限制和淘汰，节能降耗、环境保护取得实质性进展；同时在更高层次上形成以质量、创新和快速反应为主体的产业竞争优势。因此，在产业政策制定过程中，“十一五”与“十五”相比，一方面“十一五”期间国家纺织工业政策的出发点有了新的变化，对纺织工业从具体、微观、指标性的产业发展计划向宏观的政策调控转化；另一方面纺织政策重点也在不断地调整。

（二）纺织工业调整和振兴规划

作为纺织工业综合性行动方案，《纺织工业调整和振兴规划》回顾了纺织工业取得的成就，包括出口，就业，在“三农”方面的贡献，同时指出了包括自主创新能力弱、产能盲目扩张以及节能减排、结构调整任务紧迫等问题和矛盾。形势部分分析了金融危机对纺织工业冲击的影响，主要是国际市场萎缩、内需市场失衡、企业效益下滑、就业形势严峻等。在分析纺织工业现状和面临形势的基础上，提出了规划的指导思想、基本原则和目标。其规划期为 2009 ~ 2011 年。

第三节　我国纺织工业政策调整面临的新形势

一、新科技革命浪潮对纺织工业发展提出新要求

全球应对金融危机冲击已成新科技革命的催生剂，寄托于新的科技革命解决人类社会面临的气候、资源、能源、粮食、人口等突出问题，特别是走出金融危机的阴影，对于依靠新科技革命和随之而来的产业革命，改变经济社会面貌的需求更加迫切。

科学技术是第一生产力，是纺织强国建设的基石。要切实将科技新优势置于优先发展的战略地位，提升科技对于产业升级的贡献率。正在深化和发生广泛影响的新科技革命对于纺织工业由大变强既是难得的机遇，又有难以预料的风险。机遇在于一旦掌握了高新技术，就会大幅提高产业创造力和竞争力，把握住全球经济分工新定位的主动权；风险在于技术的革命性突破往往对传统技术带来破坏性效应，而目前我国纺织行业的创新能力还不够强，技术进步的路径基本处于技术追赶型、技术引进型发展方式，有相当多企业虽然采用了世界一流的装备技术，但产品创新价值并不高。面对新科技革命的形势，纺织工业发展机遇与挑战并存。

二、人民群众需求变化对纺织工业升级提出新要求

新形势下如何顺应新的经济形势、转变产业发展模式，从要素驱动转向需求驱动，从而促进我国纺织工业结构的合理化和高端化，是我国纺织工业的一个重大议题，因此分析我国国内需求变化对纺织工业提出的新要求就具有十分重要的理论意义和现实价值。

（一）人均收入的增加使得纺织服装产品的消费不断升级

当前，中国经济正在由外需拉动向主要依靠内需拉动的方向转变。根据国家统计局抽样调查，近十年城镇居民人均衣着支出从2000年的500.46元上升到2010年的1444.34元，占人均生活消费的比重从10.01%上升到10.72%；农村居民人均衣着支出从2000年的95.95元上升到2010年的264.03元，占人均生活消费支出的比重从5.75%上升到6.03%。考虑这十年人口总增长8%和城镇化率从33.62%提到49.95%这两大因素，城乡居民加权人均衣着消费支出从2000年的242.46元上升到2010年的853.59元，占总生活消费的比重从2000年的8.43%上升到2010年的9.57%。由此推算全国城乡居民衣着消费总支出在这十年增长了2.72倍，年均增长14.05%，按可比价年均增长15.84%。从人民群众对衣着消费的内在结构分析，衣着消费增长有两大内涵：一是伴随生活水平日益提高而对纤维制品使用数量的不断增长；二是适应生活方式的改变，满足衣着功能品质细分和对日常生活更高审美化追求。可以判断，随着我国社会经济的不断发展和人均收入的不断增加，纺织服装产品的消费将向发展型、享受型升级，纺织服装消费将不断增强。

（二）城镇化、消费者结构将促进我国纺织产品消费升级和品牌建设

统计显示，未来15年中青年人群将占纺织服装需求的主导地位，而这部分群体消费活跃的指数相当高，恰恰是承载消费升级的中坚力量，将给中国纺织服装产业的发展带来难得的机遇。有效需求的激发不仅需要消费意愿，同时需要消费能力的支撑，而强大的中产阶级消费能力将支撑新一轮的消费升级。随着工资收入水平的不断增长，中国大众消费能力的不断提升已无悬念。而麦肯锡的研究也表明，迅速成长的中产阶级消费者大军分布在包括中国在内的10多个新兴市场国家。不同的收入阶层存在着不同的消费偏好，收入的上涨将同时有效提升中国大众品牌的消费，从中长期来看，消费升级将是一个持续进行中的大趋势。

此外，城镇化将是推动我国纺织产品（尤其是纺织服装品）消费升级和品牌建设的另一主要动力。波士顿咨询公司最新统计的报告显示，2009年初起，男装等奢侈品牌开始不断渗透进小型城市，超过1/3的男士服装配饰等奢侈品销售点位于中国的二线城市甚至更小型的城市。随着城镇化机遇的到来，这种蕴藏在小型区域经济中的消费潜力将得到更大程度的激发，同时将为中国纺织服装内销市场的发展增加很多发展空间。

三、现代产业体系的构建对纺织工业的升级提出新要求

纺织工业在满足人民群众需要的同时，也深入到产业体系的各个方面，不仅拉动着整个制造业的提升，也拉动着战略性新兴产业的加快培育和发展。纺织工业升级不仅为这些相关产业带来巨大的市场，而且也为这些产业提供重要的生产要素。新世纪以来，纺织工业顺应我国工业化中后期建设现代产业体系的要求，产业用纺织品的生产力高速发展。

目前，产业用纺织品应用的领域越来越广泛，已有逐步成为金属、塑料、纸张和石棉

等材料替代品的趋势。随着工业用材轻量化、高性能化、多样化以及美观化的发展趋势，产业用纺织品的用途日益扩大，市场需求量不断攀升，未来10年间，产业用纺织品将以超过10%以上的增速快速发展。可以预言，21世纪的纺织纤维材料中，产业用纺织纤维将占很大的比重。近年来，传统产业用纺织品持续迅猛发展，新兴领域如医用纺织品、阻燃、防护、特殊复合材料等纺织品也呈现了新颖的发展态势，有望在未来产业用纺织工业中展现繁荣的发展景象。

四、节约资源、环境友好的社会要求对纺织工业升级提出新要求

纺织工业是一个资源依赖型产业。从中国纺织经济研究中心2011年研究报告中可以看到，在“十一五”期间，纺织工业每出口1亿美元纱线、面料和服装，加工数量分别下降了7.7%、20.1%和26.0%；纺织工业规模以上企业在“十一五”期间单位增加值综合能耗累计下降约32%，百米印染布新鲜水取水量下降幅度达37.5%；印染行业中水回用率大幅提高；纺织行业单位增加值污水排放量下降40%；在2010年纤维加工总量中已有400万吨为再利用纤维。但是总体来看，多数纺织企业节能减排投入不足，先进工艺装备采用率较低。

目前我国资源和生态环境透支严重，特别是土地、水、能源、环境容量等已成为纺织工业发展的系列瓶颈。因此纺织工业升级要把可持续发展理念作为产业发展的动力，在节约资源能源和环境友好领域做出新的突破，促进构建可持续发展的生产方式和消费方式。

五、国际市场变化对纺织工业发展提出新要求

（一）机遇

2008年以来，受国际金融危机的影响，世界经济增速减缓，全球纺织市场和产业分工结构调整加快，围绕市场、资源、人才、技术、标准等的竞争更加激烈，气候变化及能源、粮食等全球性问题的影响更加突出，各种形式的保护主义抬头，我国纺织工业由大变强的外部环境更趋复杂。发达国家纺织工业受金融危机的冲击正在经历较大幅度的结构调整，形成较大的资本需求空间和较大的技术、品牌、人才资源溢出效应，这为中国纺织工业扩大“走出去”空间、整合国际资源、促进产业升级带来难得机遇。

（二）挑战

我国纺织工业首先面对主要发达国家市场低速的挑战，同时又面对发达国家以高新技术创新体系和国际知名品牌垄断优势的挤压，发达国家调整产业政策、寻求实体经济回归与我国纺织工业高端领域的竞争将更为激烈；一批新兴市场经济体以其劳动力成本优势与我国在国际价值链低端的竞争日趋激烈，我国纺织工业在当代国际市场的“在位优势”面临严峻挑战。

六、当前我国纺织工业政策调整需主要解决的问题

通过以上分析可以看出，在纺织工业政策指引下，我国纺织工业取得了快速的发展。但面对新的国内外形势，为了保持纺织工业的竞争优势，加快转变发展方式，促进纺织工业升级，就必须调整和完善现有的产业政策，在未来一段时间内着重解决纺织工业发展中存在的以下问题。

（一）纺织工业生产要素结构调整问题

我国纺织工业升级是纺织业由低附加值、低技术含量向高附加值、高技术含量的转变过程，也是从劳动密集型向资本、技术、知识密集型的产业升级的过程。在经济全球化背景下，运用代表先进生产力的新生产要素是提升我国纺织业竞争力的关键。传统的纺织业通过注入新生产要素，能够提高产品的科技含量和附加值，特别是新生产要素与传统三要素结合，可以提高传统三要素的效率并节约其投入的数量，改变产品的要素构成比例，最终实现我国纺织工业升级的目标。

（二）纺织工业发展层次问题

产品结构方面，随着社会消费品零售总额的稳步提高，整个消费品行业都经历了良好的增长趋势。随着人均 GDP 的不断增加，国内纺织品消费需求的增长速度会逐渐加快，消费结构将会进一步升级。大中型城市和发达地区城市居民的纺织服装消费向品牌化发展，其他地区消费量也将持续增长。同时随着我国人民居住条件的改善，以及农业、水利、交通、建筑等行业对产业用纺织品需求的增加，家用纺织品、产业用纺织品的消费将呈现快速增长的发展趋势。

市场结构方面，近年来的纺织品出口增速的加速是伴随着我们对相关市场占有率的增加与相关市场的自然高速增长为前提的。随着美国、欧盟等国家的经济增速将明显回落，进口商品的数量的自然增长率随之下滑，我国纺织出口增速将放缓。而国内需求将成为纺织工业增长的主要支撑点，这就需要纺织工业政策制定时更加注重考虑国内市场的发展状况。

区域结构方面，一方面，要充分发挥东部沿海地区人才、技术、市场和信息等优势，突破土地资源匮乏、环境压力加大和人力成本上升等制约因素，提高技术创新、品牌建设和供应链管理能力，加速产业升级的步伐。另一方面，发挥中西部和东北地区土地、劳动力、原料、能源等比较优势，通过承接纺织和服装制造业转移，发展经济并扩大就业；有利于充分利用我国地缘广阔、区域经济互补性强的综合优势，进一步增强纺织工业的国际竞争力。

（三）纺织工业组织结构调整问题

之所以把调整产业组织结构作为纺织工业发展的关键，是因为纺织科技进步和技术创新在调整纺织工业升级中居于核心地位，而科技进步和技术创新又在很大程度上取决于产业组织的合理化程度，调整产业组织结构是产业结构优化升级的主要推动力。产业组织结构的合理化对于纺织工业增强经济发展后劲具有举足轻重的作用。

（四）纺织工业品牌建设的问题

我国《纺织工业调整和振兴规划》提出要实施自主品牌建设工程，培育形成若干个具有国际影响力的自主知名品牌。以服装、家用等终端产品自主品牌建设为突破口，选择100家左右具有自主知识产权的优势品牌企业，加强技术进步，提高质量水平，建设和完善设计创意中心、技术研发中心、品牌推广中心，提高信息化管理水平和市场快速反应能力。

这些政策虽然在较短期限内促进了优势品牌的发展，但是从长期的发展趋势来看，促进纺织自主品牌的发展更主要的应该是从营建品牌生态环境入手，依靠市场为主来促进品牌的健康成长。因此，在纺织品牌建设过程中，相关政策更应注重其经济调节、市场监管、社会管理和公共服务等方面的职责，大力营造有利于纺织品牌创立和发展的市场环境。

（五）适应国际新地位，创造竞争新优势问题

中国纺织工业正在面临国际新定位的严峻考验，无论外部环境的新变化，还是内部发展的新约束，都要求中国纺织工业加快由大变强。纺织工业必须科学判断和准确把握发展趋势，充分利用各种有利条件，坚持以更广阔的视野积极创造参与国际经济合作和竞争的新优势。

（六）纺织工业低碳、绿色、可持续发展问题

国际贸易环境的不确定性增加，国内宏观调控政策实施，人民币持续升值，节能减排压力增大，国内石油、电力等能源和棉花等原材料的价格上浮，使纺织工业困难有增无减，挑战持续存在。另外，由于纺织工业正在逐步从劳动密集型向技术、资本密集型转变，由产品的创新向产业链集成创新转变，由价格因素竞争向非价格因素等转变，质量、环境保护、知识产权、企业社会责任、国际劳工标准（SA8000）等因素对行业发展将起到越来越大的作用。因此，纺织工业要实现健康持续的发展，就需要建立低碳、绿色和循环经济的产业发展模式，大幅度提高资源、能源的利用效率，加快纺织制品纤维的回收和循环利用效率，将绿色发展作为行业的主导。

（七）纺织高素质人才队伍构建问题

在过去30多年间，充足而廉价的劳动力资源为中国纺织工业的快速发展提供了必要条件。然而，随着经济的发展、新生代劳工就业观的改变，结构性劳动力失衡的问题日益突出，“人口红利”对纺织行业发展的效应逐步减弱，随之而来的纺织工业高素质人才的短缺使企业在技术开发、产品创新方面面临着一定的挑战。

人才建设是建设纺织强国的第一资源，新形势下加快纺织人才体制机制改革创新，按照“服务发展、人才优先、以用为本、创新机制、高端引领、整体开发”的思路，努力建设一支规模适度、结构合理、素质优良、开拓创新的高水平纺织人才队伍也是我国纺织工业政策调整需要解决的主要问题之一。

第四节 促进我国纺织工业的政策

一、典型国家和经济体纺织工业政策借鉴

（一）适时规划，实施全方位的引导、保护及发展措施

纺织工业发展是一项庞大而复杂的工程，涉及的环节与因素较多，因此实施全方位的引导、保护及发展措施是必要的基础条件。从典型国家和经济体纺织工业调整升级的经验来看，每个国家纺织工业的发展都需要政府相关部门加强宏观调控、引导与监督，从政策层面上把握好产业发展的规划，为纺织工业成功升级创造良好的政策环境。政府不仅需要制定有利于竞争，提高效率，促进发展的政策措施，更需要采取系统的互促互利的财税政策、自主创新政策、环境约束政策、中小企业政策等，引导、保护、支持各类纺织企业积极主动参与和实施促进和推进升级的各种措施，从而推进整个行业的发展。通过积极进行技术研发、技术改造、技术融合的科技型纺织企业予以政策支持和鼓励，促进纺织企业、

纺织技术、纺织产品向绿色化发展；通过对中小企业发展政策的调整和完善，鼓励支持其发展适合的少量多样化或多规格生产需求的高科技纺织品产业，并鼓励支持其开拓国际市场，补贴企业走出去，围绕产业提升，出资组建公共服务平台，扶持企业创新培训、开发、检测等。

（二）采取多元化的升级路径

相对于技术密集型的新型纺织工业，资源消耗型、劳动密集型的纺织工业在目前的国际国内形势下，如果不做出相应的升级，就没有出路。从典型国家和经济体纺织工业发展的状况分析，一般都采取以下路径以尽快实现产业转型和升级：

一是改造原有产业，运用高新技术、新工艺改造传统纺织工业，促进原有产品更新换代，并提高产品质量、档次，形成新的核心业务和主导产业。

二是以原有产业为依托，整治污染，实现生产清洁化的绿色升级。随着发达国家绿色壁垒的推行和国家节能减排力度的加大以及环保门槛的提高，已到了“不是企业消灭污染，就是污染消灭企业”的地步，所以实现生产清洁化的绿色升级，企业朝着绿色生产、清洁技术方向发展迫在眉睫。

三是以原有产业为依托，大力延伸原有产业的研发、设计、品牌、销售、服务等高附加值环节，将制造中心拓展为“智造中心”，提高纺织工业的国际竞争力。

（三）着力进行结构调整

其他国家的纺织工业发展实践证明，在纺织工业发展中技术结构、产品结构、企业组织结构的调整至为关键（图6-2）。

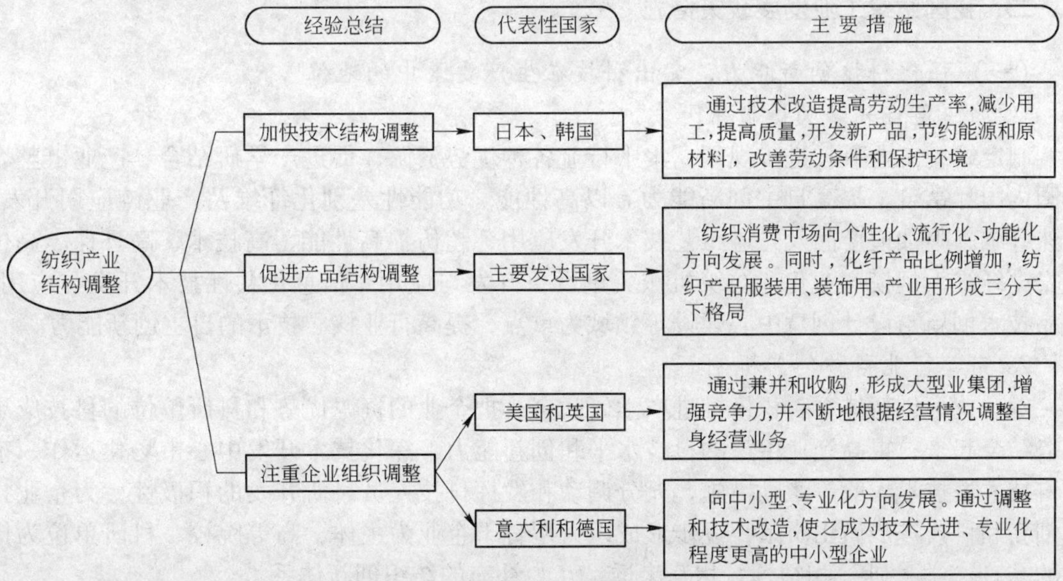

图6-2　典型国家和经济体纺织工业结构调整主要经验

（四）加强信息化建设和行业自主创新能力

西方国家运用高新技术特别是微电子计算机等技术导入和改造纺织工业的经验，一方面使得纺织工业能更快地更新技术设备，提升技术水平，实现纺织向深加工和精加工方向发展；另一方面使得全球供应商的生产调整能力、快速下单交货能力、物流配送能力都有较大提升，使大零售商、品牌商在整个生产销售链条上能够占有支配地位。

增强自主创新能力是各个典型国家和经济体纺织工业解决发展中必须破解的资源问题、环境问题，降低或控制成本问题等的关键，是纺织工业成功升级的核心所在。新功能、高品质、个性化已成为纺织品消费的主体需求，尤其是在发达市场。科学把握需求动向并投入资源进行研发，可以使企业获取领先地位与技术溢价，摆脱价格战困扰。因此，在产业发展的过程中各国纺织企业都不仅加大了研发投入和新产品开发力度，推进以节能降耗为核心的高新技术改造，坚持节材、节能、节水、降耗和充分利用资源的方针，开展技术创新。而且都在积极推动重点科技攻关、研发成果转化和推广，通过产学研结合和产业集成创新，加强先进工艺和产品功能、性能创新，提高技术和产品档次，把产品做优、做特、做新，以缩小在高端技术纺织品领域与国际先进水平的差距。

（五）加快自主品牌的培育和扩展

培育知名品牌有利于提升纺织工业在国际产业价值链中的地位，对纺织工业发展有重要的促进作用。自主品牌的培育和扩展的核心和重点应提倡技术生产力和文化生产力的有机结合，促进质量、创新、快速反应与社会责任四位一体的品牌文化建设，构建品牌设计、生产和营销网络，开拓国际国内品牌供应链和价值链。同时要鼓励纺织各行业、重点区域通过建立并发挥产业创新公共服务平台的作用，创建行业性、区域性公共品牌；重点扶持一批在品牌设计、技术研发、市场营销网络建设方面的优势企业，从而增强自主品牌的国际竞争力。

二、我国纺织工业发展政策措施

（一）强化科技创新能力，突出科技在生产要素中的地位

1. 加快重点领域关键技术开发

制定纺织工业科技进步规划，集中行业各种优势资源，促进产学研结合、产业链整合和国内国际结合，提高自主创新能力。以高性能、功能性差别化纤维及产业链应用开发，天然纤维高附加值产品及先进工艺技术开发应用，超仿棉高性能、高技术、高环保、高生态安全纤维大规模产业化，纺织机械关键设备开发与应用、信息化共性技术开发与应用，产品技术创新与设计创意中心建设等领域为重点，提高行业核心技术的自主创新能力。

2. 完善行业科技创新机制

健全技术创新体系，积极推进产学研联合，把企业的资源优势和科研单位的科技成果优势结合起来，提高企业生产的科技水平和创新能力，深化技术开发中心市场化运作，推行科技人员技术入股等激励措施，充分调动和发挥科技人员科研开发的积极性，为企业技术创新和科技进步做出贡献，逐步形成以大型骨干企业为主体，高等院校、科研单位为依托的“产、学、研”相结合，相互渗透，互为补充的纺织创新体系。

3. 加强标准体系建设

国家牵头加快重要技术标准的研究、制定和修订，特别是纺织新材料、生态纺织品、功能性纺织品、高新性能纺织品、功能服装等重点领域相关检测和评价标准，纺织品服装以及机械安全标准，纤维再生利用方面的工艺、技术标准、检测方法等，通过加强标准建设，增强对行业技术创新的要求，为转变纺织工业增长方式、促进产业升级和结构优化提

供技术支撑。

4. 构建行业科技创新环境

构建行业科技创新环境：一是提升企业技术人才、开发人才的创造力，着力培养适应现代纺织经济发展需要的高素质技术应用型人才和技能型人才；二是发挥纺织行业和相关行业专家、学者、重点实验室的作用，鼓励企业加强与广大纺织院校、相关院校学科和重点实验室的联系，建立网络与人才资源库，积极推广各项纺织科研技术成果的转化；三是在全行业倡导保护知识产权的良好风尚，依法维护发明权、商标权等，改变以往重硬件投入轻视软件开发，企业缺少知识性无形资产的局面，推动纺织工业创新能力的不断提高，促进行业技术进步和产业发展。

（二）优化产业结构

1. 产品结构方面，改善产品品种质量

优化纺织产品结构。通过财政、税收等政策重点支持技术性纺织品、个性化纺织品、功能性纺织品、绿色环保纺织品、智能化纺织品等高附加值的纺织产品，结合国内外市场需求，加强产业技术创新成果的应用转化和新产品的设计开发，进一步提高我国纺织产品的市场竞争力。

提高产品质量，通过新工艺、新技术、新设备的应用和加工制造水平的升级，促进纺织产品质量的提升。加强产品质量体系的建设，推进先进的质量管理技术与方法，加快技术标准、产品标准、检验检测标准的制定和完善，优化检验检测手段，加强市场监督与管理，为产品质量提供技术保障。

2. 市场结构方面，向扩大内需转变

将内需市场作为行业市场开拓的主攻方向，进一步提高内需对纺织工业的拉动作用。结合内需市场多层次、多元化、多领域的需求特点，加快产品结构优化调整，在充分发挥国内市场消费需求的同时，加大生产企业引导消费潮流、促进消费扩大的能力。同时结合自主品牌的发展，优化和创新商业模式，加强国内营销网络的建设，丰富供给的渠道和规模。加强产业用纺织品与相关部门之间的沟通与对接，加快产品技术标准与应用领域的对接，促进建筑、交通、医卫、环保等应用领域中产业用纺织品的使用比例。

3. 区域结构方面，加快纺织工业提升和梯度转移步伐

推进纺织工业转移，有利于充分利用我国地缘广阔、区域经济互补性强的综合优势，进一步增强纺织工业的国际竞争力。工业和信息化部于2010年公布了《关于推进纺织工业转移的指导意见》，对于发挥区域比较优势，加快纺织工业梯度转移步伐，优化区域协调发展具有重要的意义。

加快以东部为主的产业提升　继续保持东部先发优势。从行业整体发展来看，虽然东部地区的整体科技水平要高于中西部地区，但从国际环境和纺织工业自身发展实际分析，东部纺织工业的可持续发展的出路在于继续保持其竞争优势，提高资源利用率。因此应当积极鼓励东部地区加快技术改造，支持产业基础研究和技术创新，保持其市场体系主导地位。

构建东中西部地区产业转移联动模式　纺织工业的转移可以增强跨地区产业链的完善发展，通过转移，纺织工业比较发达的东部地区可以集中更多的创新资源，提升技术与品牌的价值，向世界纺织工业链的高端迈进；西部地区则可以利用较为低廉的成本、较为丰

富的土地资源通过资源整合直接进入现代产业链体系。但是值得注意的是产业转移并非将东部即成的、落后的加工能力转移到西部，而是应当通过各种联动模式实现跨地区现代产业体系的构建。

资源型联动。资源是中西部地区发展纺织工业的主要优势之一。通过纺织工业东西部间的转移，可以增加中西部地区产品的附加值，改变单纯输出原材料和初级产品的现状，同时可以缓解东部地区的资源紧张，促进共同发展。

产业联动。中西部可根据自己的产业优势，有选择地接受东部地区纺织工业的转移和扩散，发展自己的主导产业，从而与东部地区形成合理的区域分工。产业联动转移不是现有生产能力的搬迁，而是行业中某一类产品或某一加工环节竞争优势的转移，带动对这类生产投资中心的转移，实现后发优势地区替代先发优势地区的转移。

加快政府在产业转移中的职能转变 充分发挥政府在承接产业转移中的推动和引导作用，适应市场一体化的要求，将政府职能从市场准入规则的制定者和审批者转变到为市场主体服务和创造良好发展环境上来。一方面转变政府管理职能，大幅度削减行政审批项目，简化和合并审批手续；另一方面实施税收优惠，对向中西部地区纺织工业的优势项目转移中的各类规费、手续费等，在符合国家现行政策规定的前提下实行减免。

完善产业转移中政策法规 一方面要健全准入法规体系，遏制低水平重复建设。根据纺织工业发展环境的改变、市场供需情况的变化和结构调整的需要，不断修订《产业结构调整指导目录》，制定和完善相关行业准入条件和产能过剩界定标准，提高过剩产业的准入门槛。加强政府投资项目审核管理，修订《政府核准的投资项目目录》，遏制低水平重复建设，特别是不考虑地方产业特色的区域同质性政府投资。另一方面纺织工业转移在实际操作中存在着产权交易程序、资产处理、国家股转让、土地使用权等问题，需要建立相对完善的财政扶持、要素支持等政策以充分发挥产业转移效果。

（三）加快产业组织调整

1. 创新企业组织管理方式

鼓励企业搭建面向市场的内部组织框架，形成产品开发活力、行为激励体系及高效运作的机制；鼓励企业加强管理，提高产品的质量，增加产品的科技含量，加强目标市场研究和营销，提高服装设计、生产和服务、品牌策划和管理的能力。

2. 加快公共服务平台建设

一是重点发展一批在全国乃至国际上知名的纺织产品专业市场，并构建相关卫星市场，使得企业的销售渠道得以保障，同时通过建设使得地方批发市场向专业市场转变，发挥专业市场的综合服务功能，形成高效便捷的交易平台。二是集合产业发展的规划布局建立起区域性物流园区和物流配送中心。推动海关、检验检疫、货代、港务等口岸系统与物流配送系统提供高效优质服务，在集群内形成高效的物流通道。三是针对中小企业建立法律服务机构，积极维护企业合法权益，为企业生产经营做好法律服务，为地方产业集群的发展创造良好的法律环境。

3. 提升产业集群竞争优势

面对国际国内新形势以及我国纺织工业发展的更高要求，当前我国纺织工业集群还存在许多不平衡、不规范、不适应的问题，粗放发展方式尚未根本转变，有些集群初级阶段的特点还比较明显。要想稳步实现纺织工业的可持续发展，就必须采取相应的政策措施，进一步提高纺织工业集群的发展优势，增强纺织工业集群在纺织工业发展中的支撑作用。

鼓励龙头企业发挥带头作用 通过政策鼓励在纺织工业集群内部积极引进和培育关联性大、带动性强的大企业发挥其辐射、示范、信息扩散和销售网络的产业龙头作用。鼓励龙头企业不断将部分生产工艺分离出来，形成一批专业化配套企业，帮助协作配套企业做好与龙头企业相衔接的质量、标准、管理等工作。发挥龙头企业的集聚带动效应，鼓励龙头企业对其上、下游配套企业进行重组、改造，通过集聚效应降低综合成本，增强竞争优势。

推进专业化分工协作 推进产业集群专业化分工协作，有利于延伸产业链条，细化产业内部分工，提高专业化水平；有利于企业自主创新，完善生产和服务网络，降低交易成本，提升产业整体竞争力。政府应当通过制定相关政策鼓励产业集群内部多种形式的协作，促进集群竞争优势的发挥：一是生产企业之间的协作。通过纺织生产企业之间的紧密联系，使产业链条挂钩，形成专业分工。既解决了企业“同位”竞争，又形成了比较完整的产业体系。二是科研单位与骨干企业的协作。科研单位负责研发新技术、新工艺、新产品、新材料，生产企业作为试验基地承担实验、成果转化和生产任务，实现双方互惠互利，共同发展。三是原材料企业与加工企业的协作。原材料企业根据加工企业的需求，统一采购原辅材料，直接供应生产企业。既减少了原材料企业采购的盲目性，又为生产企业减少了原材料供应环节，降低了采购成本，提高了双方经济效益。四是新建企业与现有企业的协作。根据产业发展需要，通过定向招商，新上项目，完善补充产业链条，形成新老企业的利益共同体，提高产业整体配套能力。

支持和引导集群企业社会责任体系建设 企业社会责任体系的实施在纺织工业集群刚刚开始，在全国范围内也是新生事物。产业集群内的企业中以中小企业为主，企业数量又超过了常规的比例。因此如何引导集群企业的良性竞争，引导纺织集群内的企业在社会责任方面得到改善，是一个艰巨的任务。因此需要政府正确引导和依法监督，引导企业逐步将社会责任管理工作纳入日常管理工作中，并上升到企业文化建设的高度，从而将社会责任理念融入到企业发展中，从而保证产业集群的可持续发展。

（四）加强纺织品牌建设

1. 营造良性品牌生态

充分发挥政府产业政策的有力推动作用，调动行政、联合会、企业和各类服务机构的积极性，共同营造品牌发展的良好生态环境。除了政治、经济、社会、科学、文化、自然、生态这些大环境的宏观影响外，在技术进步、文化创意、生产组织、企业管理、质量体系、信息化、物流网环境、培训体系、市场开拓、国内外交流、节能减排和工业园区公共规划建设等方面提供脚踏实地的公共服务，一心一意地营造一个好的品牌环境。

2. 推进产品品牌成长

立足内需市场，拓展国际市场，积极打造自主“知名品牌”。积极制定自主品牌发展政策，继续加强对具有自主知识产权优势品牌企业的培育，建立自主品牌数据库，加强针对重点企业的跟踪和服务；实施自主品牌建设工程，对服装和家纺行业中的重点、具有发展潜力的品牌企业给予一定的资金和政策支持，进行培育和示范推广。

3. 培育区域品牌成长

依托特色产业、集群和专业市场，组织行业协会提供相关服务，鼓励区域性品牌集群的建设，国家通过税收优惠、创新鼓励、国际合作支持等手段进行干预，地方政府给予土地和资金的配套支持，通过集群化的发展方式培育一批创新能力强、市场占有率和美誉度高、效益好的优势品牌企业群。

（五）适应国际新地位，创造竞争新优势

实施出口市场多元化战略，积极开拓新兴市场，培育新的增长点；鼓励有实力的纺织企业“走出去”，在具有相对优势的国家和地区投资设厂，实施原产地多元化；力争打造国际知名品牌，在全球范围内实现销售、研发、生产各个环节的优化配置，提高我国纺织工业在全球价值链中的地位。以往欧美等发达国家和地区是我国纺织服装产品出口的最主要的市场，这种出口模式使得我国纺织工业面临市场过度集中的风险。由于存在进口国经济发展下滑和贸易壁垒等不确定因素，我国纺织服装产品出口形势异常严峻。在这种形势下，中国与其他国家加强合作，无疑将为中国纺织出口多元化发展以及企业“走出去”创造了极其有利的条件。由此应适时调整出口目标国，目前有两类市场企业可以视为重点进行开拓：一是转向东盟、印度、阿联酋、澳大利亚、巴西等新兴市场；二是主要和中国企业做贸易、结算资金周转率都很高的国家，如韩国、马来西亚、俄罗斯等。

（六）推动纺织工业低碳、绿色、可持续发展

要实现纺织工业可持续发展的目标，需要通过政策引导，鼓励企业大幅提高纺织工业附加值，把可持续发展的理念作为价值观和产业动力；同时积极推进有利于可持续发展的科研、工艺技术、新型装备、产品开发和现代管理，大力营造有利于可持续发展的产业链、供应链、产业集群和区域布局体系，大力提倡以可持续发展为导向的消费方式。

（七）加快纺织高素质人才队伍建设

纺织工业的升级需要拥有一支规模适度、结构合理、素质优良、开拓创新的高水平纺织人才队伍，在新时期，要注重强化纺织人才结构，改善人才成长体制机制，加快人才服务体系建设，促进纺织高素质人才队伍的建设。因此，今后应当加大对纺织行业人才发展的投入力度，引导企业加大对创新型科技人才和企业管理营销类人才的培养引进。同时发挥行业联合会的中介组织纽带作用，面向纺织工业的技术研发、质量检测、文化创意、管理咨询、专业市场、展会和交流、信息化管理系统应用与传媒、现代物流、营销渠道建设、培训、融资、社会建设等生产性服务业，搭建行业人才服务战略联盟平台。

第七章　纺织工业发展与技术创新

第一节　技术创新概述

技术创新是科学技术介入经济和社会的基本方式，是包括科技、组织、商业和金融等一系列活动的综合过程，也是科技促进经济和社会发展的基本途径。从经营观念来看，技术创新作为管理科学与技术的灵魂，是现代管理的主旋律。

一、技术创新的定义

对于技术创新的含义存在多种解释，不同的学者从不同的角度界定，至今还没有一个统一的、公认的定义，比较有代表性的定义如下。

（一）国外学者的观点

1. 熊彼特的创新定义

著名的美籍奥地利经济学家约瑟夫·熊彼特于1912年在其出版的著名著作《经济发展理论》一书中首次界定创新为“执行新的组合”，认为创新是将创新性的元素转变为在一个系统中具有被广泛接受的商业价值的元素的活动。创新的目的在于获取利润，创新能导致经济增长。但熊彼特当时没有明确界定“技术创新”的含义。

2. 曼斯菲尔德的技术创新定义

美国学者爱德温·曼斯菲尔德认为：“一项发明，当它被首次应用时，可以称之为技术创新”。按其观点，技术创新就是一种新的产品或工艺被首次引入市场或被社会使用。

3. 弗里曼的技术创新定义

英国科技政策研究专家弗里曼将技术创新定义为与新产品（或改良产品）的销售或新工艺（或改良工艺）、新设备的第一次商业性应用有关的技术、设计、制造、管理以及商业活动。强调技术创新成功有两个标志：一是实现商业盈利；二是市场的建立和渗透效应。

4. 斯通曼的技术创新定义

英国经济学家斯通曼认为，技术创新是首次将科学发明输入生产系统，并通过研究开发，努力形成商业交易的完整过程。

5. 瓦茨的技术创新定义

澳大利亚学者唐纳德·瓦茨认为，技术创新是企业对发明或研究成果进行开发，并最后通过销售而创造利润的过程。

6. 缪塞尔的技术创新定义

缪塞尔在20世纪80年代总结了前人的研究成果，重新定义技术创新为：技术创新是以其构思新颖性和成功实现为特征的有意义的非连续事件。突出强调两方面的特殊含义：

一是活动的非常规性（包括新颖性和非连续性）；二是活动必须取得最终的成功实现。

（二）国内学者的观点

我国对技术创新方面的研究近些年才得到重视，学者们也形成了一些对技术创新概念的不同界定，以下是有代表性的几种解释。

1. 国务院的技术创新定义

在《中共中央、国务院关于加强技术创新，发展高科技，实现产业化的决定》中，对技术创新的定义为："企业应用创新的知识和新技术、新工艺，采用新的生产方式和经营管理模式，提高产品质量，开发生产新的产品，提供新的服务，占据市场并实现市场价值。"

2. 许庆瑞的技术创新定义

浙江大学许庆瑞教授认为，技术创新泛指一种新思想的形成，得到利用并生产出满足市场用户需要的整个过程，它不仅包括一项技术创新成果本身，而且还包括成果的推广、扩散和应用过程。

3. 俞忠钰的技术创新定义

电子专家俞忠钰认为，技术创新是科技与经济的结合，是以技术为手段，满足市场需求和促进经济发展为目标，科技与经济相互促进的过程。它既包含技术的获取与掌握，又包含技术的扩散、转移和渗透，还包含市场开拓、售后服务及改进翻新。

4. 傅家骥等人的技术创新定义

傅家骥等人认为，技术创新概念有广义和狭义之分，狭义的技术创新是指企业家抓住市场的潜在赢利机会，重新组织生产条件、要素和组织，从而建立起效能更强、效率更高和费用更低的生产经营系统的活动过程。而广义的技术创新则是指"研究开发（狭义技术创新）创新扩散"的全过程。

5. 贾蔚文的技术创新定义

贾蔚文认为，技术创新包括某种新设想的提出，经过研究开发或技术引进、中间实验、产品试制和商业化生产，直到市场销售的全过程。

二、技术创新分类

技术创新的外延十分丰富，按不同标准可以分为不同的类型。通过整理归纳，认为目前学术界对技术创新的分类主要有以下几种（表7-1）。

表7-1 技术创新的分类

分类依据	类 别	含 义
按技术创新对象	产品创新	企业为满足不断变化的市场需求，提高经济和社会效益，不断进行市场研究、开发、推出新产品的过程
	工艺创新	指技术活动或生产过程中的操作程序、方式方法和规则体系的变革，又称过程创新
	服务创新	指新的设想、新的技术手段转变成新的或者改进的服务
	组织创新	涉及生产组织形式和相应的生产关系的变动，是制度安排上的一种变革

续表 7-1

分类依据	类　别	含　义
按技术创新重要性	渐进性创新	主要依靠需求压力和技术机会持续不断地推动技术发展的创新活动，存在于所有工业和服务活动之中
	根本性创新	指企业、大学和政府的研究机构经过深思熟虑的研究和开发活动的结果
	技术体系创新	指技术体系发生的重大变革，是由众多技术上有关联的创新组成的创新群
	技术经济模式变革	指意义深远的重大技术创新，是相互关联的产品和工艺创新、组织和管理创新的结合，是技术优势和经济优势的一种新的组合
按技术创新规模	企业技术创新	以企业的产品开发、工艺革新、市场开拓、组织和管理变革为内容的创新活动，直接为企业的生产经营活动服务
	产业技术创新	是某一类技术创新的产业化，分两种情况。一是由高新技术创新的组合化、群体化、规模化，进而形成高新技术产业；二是以高新技术改造传统产业，使传统产业整体上高效化
按创新来源	自主创新	指企业依靠自己的力量，致力于率先使重要的新技术商品化的过程
	引进创新	指企业通过逆向工程等手段，对引进的技术和产品消化、吸收、再创新的过程
按技术创新效益	劳动节约型创新	指创新后劳动支出在产品价值中所占比重增大
	资本节约型创新	指创新后资本支出在产品价值中所占比重增大
	综合型创新	指创新后劳动支出和资本支出在产品价值中所占比重不变
按创新所属的技术群体	新材料技术创新	将与新材料技术有关的创新都归为新材料技术创新
	信息技术创新	将与信息技术有关的创新都归为信息技术创新
	纺织技术创新	将与纺织技术有关的创新都归为纺织技术创新
	……	……

从以上分类不难看出分类标准不同，所得的结果不同。同时也必须注意，由于技术创新是一项繁杂的系统工程，各过程常常紧密联系且你中有我，我中有你，有时是难于精确地界定的，如产品创新与工艺创新在实际运作中常相伴出现，很难清晰划分。因此，目前的分类方法仍是简单笼统的。

三、技术创新主要理论

（一）熊彼特的创新理论

1912 年约瑟夫·熊彼特在其出版的著名著作《经济发展理论》中首次提出了“创新理论”，指出创新是“建立一种新的生产函数”，经济体系中的创新是指“生产手段的新组合”，即把一种从未有过的关于生产要素和生产条件的新组合引入生产过程，包括五种情况：（1）采用一种新的产品或建立一种产品的新的特性；（2）引用一种新的生产方法和工艺，此方法不需要建立在新的科学发现的基础之上，而可以是存在于商业上处理一种产品的新的方式之中；（3）开辟一个新的市场；（4）掠夺或控制原材料或半制成品的一种新的供给来源；（5）实现任何一种新的组织形式。

熊彼特认为经济均衡是暂时的，以创新形式出现的知识是经济增长的发动机，经济增长是一个“创新—扩散—再创新”的过程。

熊彼特的创新理论，强调了生产技术的革新，生产方式的变革在资本主义经济发展中的作用，它揭示了大生产的技术基础始终处于革命性的发展变化过程中的客观事实。

（二）技术创新理论

技术创新理论是由熊彼特的主要追随者爱德温·曼斯菲尔德、莫尔顿·卡曼、南赛·施瓦茨、维尔金斯等在20世纪50年代将熊彼特的创新理论和研究方法同新古典学派的经济理论（微观经济理论）结合起来用于技术创新研究的产物。它界定了技术创新的概念、内容和主要类型，初步描述了技术创新理论的研究对象、主要任务和理论命题。20世纪50年代下半期到70年代初，技术创新理论开始走向系统化、科学化，初步搭起了技术创新的理论框架。20世纪70年代初到80年代初，技术创新理论研究无论在研究范围、研究方法，还是研究手段上都有了较大的突破，并出现了一些分解研究成果，使技术创新理论体系初步深化，形成了技术创新理论迅速发展的局面。20世纪80年代初起，技术创新理论的研究不仅向系统化、理论化快速发展，而且加速了技术创新理论对创新实践的指导，进入了技术创新理论研究的综合、重点、实用、回归性探索时期。

目前，对技术创新理论的理解可从以下几个方面入手：

（1）技术创新是一种通过技术变革培育新的经济增长点，从而有效促进经济增长的可行思路。

（2）技术创新是一种经济技术活动，是市场经济的产物、知识经济的核心，其本质特征是技术与经济的结合，企业是创新主体，市场是检验创新成功与否的最终标准。

（3）技术创新是一种能力，正确把握市场机会和技术机会做出创新决策并有效加以实施和成功引入市场的能力。

（4）技术创新是一种新的经济发展战略，它强调：1）技术创新是始于市场、终于市场的活动；2）技术创新强调系统性，技术创新不仅是企业的事，还需要科研机构、金融机构、大学、政府和社会中介组织等紧密协调；3）技术创新强调开发有独创性的新产品、新技术，强调要拥有自己的知识产权。

第二节　我国纺织工业实施技术创新的必要性

在合作竞争理念的指导下，大多数企业转变为围绕核心能力的开放式专业化经营，着重发挥其核心能力，致力于成为某一领域的世界领先者，借助日益发达的信息技术同外部企业建立开放合作的生产体系，从外部企业获取所有其他资源，这就是所谓的“新木桶原理”。企业不再仅仅考虑自己的一个“木桶”，而是将自己水桶中最长的一块或几块拿去和别人合作，共同去做一个更大的水桶，然后从新的大水桶中分得自己的一部分。这种基于合作构建的新水桶的每一块木板都可能是最长的，从而使水桶的容积达到最大。任何企业都只能在某些价值环节上拥有优势，在其他环节上其他企业可能拥有优势。为达到“双赢”或“多赢”的协同效应，彼此在各自的关键成功因素——优势环节上展开合作，以取得整体收益的最大化。木桶理论，强调填平补齐，把薄弱环节搞上去，打缺点，打多点；新木桶理论，强调经营优势，把劣势环节包出去，打优点，打一点。因此，根据竞争合作理论，中国纺织工业应更多地走向“以核心专长为基础”的技术创新道路。

众所周知，以物质资源为基础形成的产品，卖得越多，利润越低，薄利多销；而以知识资源为基础形成的产品，则是卖得越多，利润越高，厚利多销。

以物质资源为基础形成的经济，边际成本递增，边际收益递减；而以知识资源为基础形成的经济，边际成本递减，边际收益递增。

随着全球经济一体化趋势的加速，我国纺织工业开始步入以技术改造和产业升级来提高竞争力的新阶段，这是在经济全球化背景下传统产业参与国际竞争的需要，也是早日把我国建成世界纺织强国的战略选择。我国纺织工业由于整体技术装备相对落后，导致产品质量、品种还不能完全适应市场需求，无法与先进国家竞争。为此，根据资源外取理论，加快我国纺织企业技术创新步伐，提高我国纺织工业的国际竞争力，建成纺织强国，显得十分迫切。全面融入全球化中，这是中国纺织工业技术创新的新视角；承接国际产业转移，是我国纺织工业技术创新的新突破；寻求与跨国公司嫁接，是我国纺织工业技术创新的新平台；加大高级智力引进，是我国纺织工业技术创新的新模式。

（1）纺织工业实施技术创新是国家的政策取向。随着经济全球化的发展，研究开发和技术创新的全球化也大大加快，技术创新政策如何适应这种变化，成为各国政府关注的重心，国家创新体系方法在创新政策研究中越来越受到重视。国家创新体系对企业技术创新具有重要影响力，国家创新体系是由政府、企业、高校和科研机构组成的制度网络，它们开展创造、改进和扩散新知识、新技术等活动，即资助或从事研发，将研发成果商品化，并推动和影响新技术扩散。因此，我国政府也非常重视技术创新，建立了国家技术创新体系，并不断完善相关的政策和法规，对这一体系进行更新。

（2）技术创新是增强纺织工业核心竞争力的需要。目前纺织工业的竞争，早已超越了对劳动力成本和纺织品数量的单纯性依赖，而将确立竞争优势的关键，放在进一步提高纺织科技水平，依靠技术创新来增加产品的技术含量和附加值上。当今的纺织工业已成为一个系统工程，融汇了纤维、产品、管理、贸易、艺术、计算机等多方面的科学要素，就衣着用纺织品而言，其在服用性、功能性、环保性和艺术性上，都得到了日新月异的发展，同时也提出了前所未有的挑战。从某种意义上说，纺织企业在新材料、新技术及信息技术上的应用水平，决定着它们在市场竞争中的成败。因此，几十年低水平重复建设，几十年技术装备落后、产品结构单一，形成产品结构性过剩与消费结构优化之间的矛盾，这一矛盾日益突出，成为难以拆解的死结，造成纺织品缺乏市场竞争力，纺织品生产与市场严重脱节。那么，怎样才能解开这个死结？办法就是科技兴纺。因此，毫无疑问技术创新是增强纺织工业核心竞争力的需要。

（3）实施技术创新是适应市场变化的需要。国际市场和国内市场的纺织品服装需求变化日新月异，消费结构的升级对企业产品的技术含量要求越来越高，而目前一些纺织企业出现的产品过剩问题主要是结构性过剩，即低附加值的产品不能满足升级的消费需求。因此，面对激烈的竞争，为适应市场需求的变化，必须不断进行产品创新和市场开发，企业必须关心如何开发特色产品或附加值更高的产品，并以此作为企业的竞争对策，实施技术创新提高产品的市场适应性已成为当务之急。

（4）实施纺织技术创新是优化工艺结构的需要。纺织工业作为我国的传统产业，技术老化是影响竞争力的最大障碍，而工艺创新的最大特点是减少工序、减少原材料使用量等。采用了这样技术创新的企业不仅扩大了自己的市场份额，提升了利润空间，而且也在客观上保护了环境。我国大多数纺织企业，特别是很多中小企业，设备陈旧，技术落后。

显而易见，如果不用先进的技术设备更替陈旧落后的设备，优化工艺结构，不断实施包括产品创新和工艺创新的技术创新工程，提高企业的生产效率和资源利用效率，那么保护环境、实现可持续发展的战略目标将很难实现。

（5）实施技术创新是实现纺织工业可持续发展的需要。可持续发展是要寻求一条兼顾当代和子孙后代利益的发展道路，就是要在工业化和城市化的进程中，实现社会、经济的发展与人口、资源、环境的协调和良性循环。只要实施可持续发展战略，必然会在资源的合理利用、产业的优化组合、生态环境保护等方面产生巨大效益，从而改善经济增长的质量，促进经济持续健康发展，为提高综合国力奠定基础。我国纺织工业面临的可持续发展的主要挑战是长期以来粗放型经济增长方式所导致的，即以消化大量资源和环境恶化为代价，只注重经济数量的增长而忽视了经济质量的提高。因此，我国的纺织经济要实现从传统计划经济向社会主义市场经济转变、从粗放型增长方式向集约型增长方式转变，就必须适应世界经济发展动向，大力调整经济结构，促进纺织工业优化升级，加快科技进步，提高技术创新能力，从而使科教兴国战略和可持续发展战略得以全面实施。

第三节 不同国家纺织工业的技术创新的比较

从国际范围来看，纺织工业发展层次存在着很大的差距，以美国、欧盟为代表的国家发展纺织工业的主要困难是过高的生产成本，而以韩国、中国台湾为代表的国家和地区正在积极努力促进自身产业的结构升级，实现由劳动密集型产品向资本密集型产品的过渡。因此，这些国家纺织技术创新体系也呈现出不同的特点。

一、美国纺织工业的技术创新状况

1970 年以来美国纺织业由于工人工资高，成本上升，国内市场逐年减少，进口年年增加，纺织工业出现萎缩及衰退，加上纺织工业生产环境差使许多纺织品生产厂商纷纷转到其他行业，造成大部分纺织品依赖进口。对此美国纺织界及政府十分重视，制定了纺织工业发展的指导政策，即进行大力度的科技与资金投入，通过技术创新，使用产量高、质量好、自动化程度高、用工少的先进纺织设备来调整纺织工业结构，彻底改变美国纺织工业的生产面貌。

美国 R&D 的投入不仅是世界上最高的，而且企业将 R&D 资金的 2/3 用于提高产品技术，即进行产品创新，1/3 的 R&D 资金用于进行过程创新。这种倾向不可避免地使美国在突发性、激进性的技术创新上更有优势，而且更加擅长产品创新。

美国的纺织技术创新主要是以小企业为主，小企业特有的灵活性，职员共同参加策划和行政管理、享有同等利润分成的股票期权，可以允许企业内部个人主义和创新精神的发展。同时以人为本、冒险精神、个人主义、强调平等、愿意接受不同的文化，使企业内充满了灵活性的创新精神。独特的文化特点使员工的社会地位更多地是由技术成就而不是由经济成功来决定的，这就使员工更多地追求技术上的突破性进展。

针对纺织工业美国政府制订了著名的 AMTEX 纺织科技开发计划。这个计划的任务是通过技术创新提高产品质量，增加销售效率，降低成本，提高美国纺织工业的竞争力，扩大美国的纺织品市场。计划的特点是：（1）政府部门参与。政府积极指导，并由能源部提供科研经费和督导计划。(2) 政府与业界合作，厂、研、校联合，美国几所大学、研究单位和工厂的有关部门进行合作。许多科研项目跨越电子、信息、化工、机械、环保等行业。(3) 起点高，充分动用高新技术。如能源部将部分高新技术转移给 AMTEX 有关单位，计划解决在纺织工业中存在的高难度技术，准备建立纺织服装业的"电子高速公路"等。技术创新计划的实施在很大程度上促进了美国纺织工业的发展，使美国纺织工业在高新技术产品方面保持着自己的优势。

二、日本纺织工业的技术创新状况

尽管日本在 R&D 投入的绝对数量上不如美国，但是 R&D 占 GDP 的比重却超过了美国。目前已达到3%的水平，基本上是目前世界上这一比率最高的国家。但是在日本的企业中，R&D 投入中 2/3 用于过程创新，而 1/3 用于产品创新。这使日本更加擅长过程创新。

政府融资比率较低，使 R&D 的研究方向偏向于商业化研究，而不是基础研究。因此，日本纺织技术创新主要是有市场导向的，以商业化为主。大部分（约大于1/3）的技术创新的目的是节约原材料和能量，节约空间，这导致了日本增量性技术创新的产生。日本的市场竞争极其激烈，导致大量差异化产品的产生。过度竞争使日本企业尽量规避风险，在很大范围内迫使公司在新产品发展而不是基础研究上投入更多的努力。这当然也就阻碍了创造性的技术创新的产生。因此；日本的纺织技术创新是渐进性的、增量性的技术创新。这一点还可以从专利的特点上得出。尽管日本企业在申请专利的绝对数量上超过美国以及其他世界各国，但是绝大部分的专利申请只是针对目前技术的一些相对很小程度上的改进。作为跟进者，日本公司往往在领导公司之后，在突破性技术创新领域几乎毫无建树。

日本纺织企业技术创新主要在大企业群体而不是小企业进行。大企业模式与美国的小企业模式相比，在技术创新上有两个优势：一是它们可以将技术融入产品中，并很快从技术创新产品的生产阶段过渡到市场营销推广阶段。二是它们建立了一个非常有效的全球技术信息系统，通过这种系统实行多年以来一直行之有效的技术模仿和快速赶进策略。

持续改进的管理思维是日本纺织技术创新方式的中心内容。日式管理的精髓是渐进的、持续的、增量的技术改善，其实现基础为团队合作精神、高级管理人员的权威性、可衡量的目标和结果以及快速反应能力等。其实现方式为问题觉察机制、问题解决机制和成果标准化机制，最终成果将扩散到企业中的每一个人、每一台机器，使其效果最大化。管理实践包括全面质量管理、适时库存管理等。

三、欧盟纺织工业的技术创新状况

面对欧亚之间存在的劳动力成本差距，欧盟纺织服装业并没有出现衰减、萎缩。欧盟纺织工业能够继续高速发展的原因就是欧盟纺织服装业针对自身劳动力生产成本价格过高的劣势，通过技术创新实行全行业内部的资源合理化配置。

在宏观政策方面，欧盟各国都制定了相关政策促进公共科研机构与纺织企业的交流与合作，加速科研成果的转化，创造有利于技术创新的政策环境。以法国为例，法国政府通过制定各种优惠政策积极扶持纺织工业技术创新体系的建立。法国政府鼓励高等学校和职业专科学校充分发挥技术优势，积极为企业提供各种有偿技术服务，加强继续创新方面的合作。同时鼓励有条件的科研机构或高等学校均可设立企业“孵化器”，为新创建的具有技术含量的纺织企业提供技术和市场咨询、场地、人才、物质等方面的服务。除此之外，法国政府还安排了支持纺织业创新的资金用于对企业技术开发成果的商品化和产业化过程。同时制定了纺织企业研究与技术开发工作中可以申请减税的八项开支：工程师和技术人员的工资；由国民教育、研究与技术部认可的机构分包的科研和技术开发费用；用于研究与技术开发工作的不动产的折旧费、专利的申报费和维持费；科研所获专利的折旧费、部分标准化方面的开支，个别企业用于新产品收集方面的开支。

在技术创新方向上，欧盟纺织、服装生产企业将生产、研发的重点放在了新型高功能纺织纤维及原料方面，在面料及服装产品方面，利用计算机辅助设计工具，实行最优化产品设计。在纺织产品方面，高科技类纺织产品是欧盟纺织生产企业的发展方向。服装产品方面，欧盟的服装生产企业特定位于中、高档服装产品生产，努力提高服装产品的技术附加值。

四、韩国纺织工业的技术创新状况

韩国作为后发国家，R&D 增长很快，其在 GDP 中的比重不断增加。韩国纺织工业 R&D 投入的大部分是用于取得和消化国外的技术，创新主要是对生产工艺和产品设计的持续性的创新，其创新形式主要是后发企业学习外国技术，并最终过渡到自身技术创造的过程，方式有外国直接投资、合资企业、许可证贸易、OEM（orignal equipment manufacture）、ODM（own-design manufacture）、海外投资、国外买方支持以及其他非正式方式（如海外法训、雇佣国外人员）等。

在韩国大企业占有绝对优势，其组织模式是造成技术创新的决定性因素。大企业所特有的规模过大、严格的等级制度都削弱了年轻工程师和研究人员的创造能力。规模密集型的经营方式限制了企业的灵活性，减慢了对市场的反应速度。

企业将技术机制和出口机制结合起来，形成了双重效应的市场和技术渠道，使他们可以利用出口市场作为刺激技术创新的一种机制，学习外国的先进技术的学习机制也同时服务于出口市场。这一过程使当地能够从符合出口市场的需要的角度来进行技术创新，促进了后发公司技术和专门技能的提高，使企业克服缺乏高标准的客户和客户—生产商的产品链所带来的不足，克服了当地市场的不足，提供了需求机制以使生产商缩小技术差距。当地的竞争刺激了创新，成功的出口商被其他的企业模仿。

政府发挥巨大作用，表现在：（1）工业发展政策：包括促成大公司的资本积累、给予其大项目和大量贷款、货币贬值以降低出口产品的价格等政策。（2）教育和研究政策：增加教育投资；成立了大型政府投资机构来进行 R&D 和制造工作的研究，以及培训工程师和研究人员，以弥补 R&D 的劣势。

为了保持韩国纺织工业在经济发展中的地位，使之居于世界纺织品竞争队伍的前列，韩国纺织工业制定了运用技术创新促进纺织工业结构调整的政策，做出了纺织工业的长期开发规划：（1）确立高水平的生产构造。（2）利用自动化、高效化来降低生产成本，提高劳动生产率。（3）借助于染色排水处理的技术开发，确立有利于生态的纤维加工。（4）要集中力量支援有高附加价值的先驱的生产领域。为此，要支援新材料的开发。高技术染色加工技术的开发，设立时新技术中心，在时新技术部门加强专家的培养教育，开发时新设计技术。(5) 要设立有关纺织研究中心，设立研究和开发集团，确立技术支持体系。(6) 政府对纺织工业改进研究方法，通过从中央到地方扩充生产据点，提高生产效率；地方则要提高技术，扩大生产基础。

五、印度、巴基斯坦纺织工业的技术创新状况

(一) 印度

印度是世界上第3大产棉国，纺织工业规模很大且实力雄厚。纺织服装业是印度的支柱产业，占全国制造业的比重为20%，就业人数1500万，纺织服装出口占出口总额的比重为25%。主要市场为欧盟和美国，在欧盟市场列第3位，印度采取措施增强本国纺织服装业的竞争力，首先是对亏损的国有企业进行整合。印度政府成立了国家纺织公司，其职能是管理政府接管的亏损的纺织企业，促进企业复苏和现代化。政府同时也给私营企业更多的权力，鼓励私营纺织服装企业增加出口。私营企业在税收和关税等方面将享有和国家纺织公司同等的待遇。

印度政府还强调，要通过提高纺织服装行业的技术来提升竞争力。为了改善纺织机械制造业设备陈旧的局面，印度重工业部设立了振兴国内纺织机械制造工业专家委员会，以帮助纺织机械制造业的现代化和提高现有企业的生产能力和产品质量。此外，印度还设立了另一个专家委员会，研究如何促进特种或高科技纺织品的生产。虽然印度纺织工业发展起步较晚，但目前印度政府已加速进行纺织工业现代化，从更新生产设备与扩大生产规模着手，期望能加快印度纺织工业发展的脚步。

(二) 巴基斯坦

巴基斯坦纺织业已经准备好或正在准备全面应对诸如质量标准、社会依从、环境标准、生态标签和贸易技术壁垒等各项挑战。因为他们知道，最讲求效率、最值得信赖、最注重产品质量、最具竞争力的出口商将最终盈利。就技术方面而言，制造业已经按要求在提高从生产到行销每一环节中各个方面的管理效率。从各方面来看，整个产业界和所有的企业家都在积极准备迎接挑战。在向新领域拓展之前，他们先进行了一项符合BMR(balancing modernization & replacement)标准的实质性投资，加强了后加工的能力，以此提升整个产业的效能。这项工作是颇具成效的，事实证明他们的努力也得到了回报。纺织工业还计划实行产品的多样化，进入高附加值产品领域。

第四节 “十一五”期间纺织工业科技发展情况及存在的问题

一、“十一五”期间纺织工业科技进步发展情况

“十一五”以来，我国纺织工业将加快科技进步作为推进产业结构调整和产业升级的重要支撑，围绕创新能力提升和技术装备升级积极开展工作。2004年底，中国纺织工业协会基于国内国际形势发展和行业自身产业提升的客观需要，制定并发布了《纺织工业科技进步发展纲要》，提出了行业中急需解决的“28项关键技术和10项新型成套关键装备”(简称“28+10”)，并于2006年、2008年两次进行了细化和修订。近年来，行业围绕“28+10”开展了大量的科技攻关和成果产业化推广工作，取得显著成效。

"十一五"期间，纺织行业自主创新能力明显提高，高性能、功能性、差别化纤维材料技术，新型纺纱、织造与非织造技术，高新染整技术，产业用纺织品加工技术，节能环保技术，新型纺织机械以及信息化技术等重点领域的关键技术攻关和产业化取得重大进步，多项高新技术在纺织工业领域取得实质性突破，一批自主研发的科技成果和先进装备在行业中得到广泛应用。先进生产技术与时尚创意的结合，明显增强了纺织服装产品开发能力和品牌创建能力。"十一五"期间，大中型纺织企业研发经费投入、规模以上企业新产品产值均增加了近 2 倍；全行业有 22 项科技成果获得国家科学技术奖，其中"年产 45000 吨粘胶短纤维工程系统集成化研究"、"高效短流程嵌入式复合纺纱技术及其产业化"两项获国家科技进步奖一等奖；中国纺织工业协会（纺织之光）科学技术奖累计奖励 622 个项目；行业发明专利和实用新型专利数量每年增加 1000 余件。

全行业整体工艺技术和装备水平快速提升，先进技术装备投资不断增加，落后工艺、技术和装备则在市场机制作用下加速退出，行业技术素质和生产效率稳步提高。"十一五"期间，全行业共引进国外先进装备近 200 亿美元，采用国产先进装备约 2800 亿元人民币；化纤行业共淘汰陈旧的小型聚酯装备约 300 万吨，淘汰落后抽丝能力约 150 万吨，印染行业 74 型染整设备基本淘汰。目前，全行业 1/3 左右的重点企业技术装备总体上达到国际先进水平，规模以上企业全员劳动生产率比 2005 年翻了一番。

二、纺织工业科技进步存在的问题和差距

虽然近年来我国纺织工业科技进步成果显著，但从整体上看，行业自主创新能力仍相对薄弱，具有自主知识产权的原创关键技术研发进展相对缓慢，新产品自主开发和设计能力仍有不足，应用电子、信息、自动化、新材料等高新技术改造提升纺织工业的研究和创新能力仍有待提高。由于行业规模大，集中度低，企业间技术装备水平差异较大，大量中小企业的技术装备与国际先进水平相比较也仍有差距。

基础研究亟待加强。行业对高性能及新型纤维材料、智能纺织品、新型环保加工技术、新型纺织机械等重点领域的基础理论及其应用研究重视不够，研究活动的开展程度和水平仍然不足。企业对技术进步缺少超前部署，产学研合作以短期项目为主，缺乏以中长期技术创新为目标的研究合作，基础研究活动缺少行政层面和应用层面的有效支持。

高性能、新型纤维材料技术研发和产业化进展相对滞后。除耐高温芳纶 1313、高强高模聚乙烯、竹浆等纤维品种已实现工业化生产外，多数重点纤维品种关键技术仍处于技术攻关或中试研发阶段；国产化的配套材料、关键设备尚需进一步加强联合攻关；天然纤维资源的高效提取技术、再生纤维素纤维清洁生产技术等生物质纤维开发相关核心技术仍有待加强研究；超仿真纤维的品种及仿真效果尚待改进。

先进工艺技术在全行业的推广力度不足，覆盖面仍然偏小。行业技术升级主要集中在具有较好资金条件的骨干企业，由于缺少行业性的技术推广机制和平台，先进工艺技术在广大小企业中的推广应用面仍急需继续扩大。如已经推广多年的无梭织机、自动络筒机等先进装备在棉纺行业中占有率仍不足 60%；具有突出节能减排效果的冷轧堆染色、小浴比间歇式染色、数码印花、冷转移印花等印染新技术的推广应用面仅有 5% ~10%。

装备制造研发与生产工艺创新结合不够紧密，产品先进性与制造水平仍有差距。我国高端装备自主研发仍需加快突破，碳纤维、芳纶等高性能纤维成套生产线在国内尚属空白，高

频高速针刺、高速热轧、湿法成网、双组分纺粘和熔喷等非织造布设备仍依赖进口，粗细联合、细络联合系统尚未进入大规模产业化阶段。自主研发和生产的纺机在自动化、连续化、信息化和智能化水平以及整机可靠性方面仍有不足，无梭织机运转速度低于进口装备约10%，电脑自动化针织设备在运转速度、织物品质、编织控制系统等方面仍需提高。

纺织信息化技术的普及应用水平仍然不高。CAD/CAM、MES、REID、ERP 等信息技术在行业中的推广面多限于具有一定规模的大中型企业，且多数企业仍处于局部应用阶段。企业信息化的协同与集成应用水平偏低，管控一体化应用程度不高。电子商务应用相对较少，物联网应用于纺织行业的关键技术尚待开发。

标准化建设相对滞后。标准体系结构仍需进一步完善，标准修订不及时、与国际标准尚未完全接轨等问题仍然存在，需要进一步加以解决。

人才严重缺乏。行业人才培养与实际应用结合不够紧密，产学研合作、校企合作、工学结合等人才培养机制尚未广泛形成，面向纺织企业提供人才培训服务的公共平台功能尚不健全，全行业严重缺少高素质的科研、设计、管理人才和高水平的专业工程技术人才。

科技创新体系尚不健全。纺织企业、高等院校、科研院所在科技创新活动中结合不紧的问题仍然存在，各类创新主体在行业科技创新中的地位、作用及相互间的协作关系没有完全理顺，创新资源没有得到有效整合利用，制约了行业创新水平的提升。

第五节 我国纺织工业科技进步的主要任务及保障机制

一、我国纺织工业科技进步的主要任务

“十二五”期间，我国纺织工业科技进步将重点围绕加大关键技术攻关力度，大规模推广先进适用工艺技术和装备，完善科技创新体系，以及加快纺织人才队伍建设等方面，促进行业原创技术研发能力的显著提升，全面提高行业生产效率和产品附加值。

行业科技进步的重点任务是：

（1）开展基础研究，加强纤维材料加工、纺纱织造加工、印染加工、智能纺织品、服装家纺文化及纺织机械制造等重点领域的基础理论和前沿技术研究，为行业自主创新提供理论指导及原动力。

（2）加强纺织纤维材料的研发与创新，开发一批高性能有机化学合成纤维工程材料，达到国际先进水平；大力发展超仿真及各种功能性纤维，采用动物、植物、矿物、天然等生化原料，开发生物质纤维，提高纺织循环经济水平；重点解决天然纤维原料供给不足的矛盾，为纺织面料及制品的升级换代和可持续发展创造条件。

（3）加强新型纺纱、新型织造、特种织造、宽重型织物织造等工艺技术及设备的研究开发；加快高机号及成型织造、经纬编双层和多层复合织造、提花织造等针织技术，非织造及复合技术的研究及推广应用；加大印染高效短流程前处理技术、无水少水印染技术及功能性后整理技术的研发与推广力度；大力发展技术性纺织品、个性化纺织品、功能性纺织品、绿色环保纺织品和智能化纺织品等高附加值纺织产品，进一步提高我国纺织产品在国际、国内市场上的竞争能力。

（4）在全行业范围内加快研发和推广绿色环保技术，资源循环利用技术，高性能、高

效率、节能减排的先进适用工艺、技术和装备，淘汰落后产能，全面完成国家下达的节能减排和淘汰落后任务，加快产业技术升级。

（5）大力开发自动化、数字化、智能化、信息化的纺织制造技术，从纺织品服装的设计、工艺、生产、设备、测试、评价及销售网络体系全面入手，实现电子技术产业化、信息化的对接，开发纺织物联网技术。

（6）壮大科技创新人才队伍，整合产、学、研及行业公共服务体系等多方资源，加快培养高水平的科研、工程设计、管理等领军人才和骨干队伍，加强对在岗职工的专业技能培训，全面提高纺织从业人员的整体素质，促进行业创新能力、生产效率的提升。

（7）加快完善行业科技创新体系，发挥市场配置资源的基础性作用，通过企业、政府、行业协会和中介机构、高等院校、科研院所、技术转移机构的共同参与，形成以企业为主体、产学研用紧密结合、军民结合、跨产业链、跨部门合作的创新机制，促进行业科技创新能力的大幅提升。加快建立以产业集群为基础、以行业公共服务体系为平台的适用技术公共推广体系，促进广大中小企业整体技术水平的提升。

二、适应我国纺织工业技术创新体系的运行机制

纺织工业技术创新体系用以解决“系统失效”的最重要办法是建立创新网络。通过发展创新网络，改善和加强创新体系内各种机构、各种角色之间的相互联系和合作，使创新能力能够得以有效利用并转化为竞争能力和经济绩效。因此，要进一步加强产学研合作工程的实施，采取更为有力的措施，推动产学研合作网络的发展和完善；要进一步加强高新技术开发区的建设，使它们成为联结高校、科研院所和企业的重要网络；要进一步加强技术市场、工程研究中心、生产力促进中心、创业服务中心等创新中介服务机构的建设，使它们在促进产学研合作、企业之间的战略技术联盟、生产者与用户之间的网络等发展方面，发挥更大的作用。

同时在纺织工业技术创新体系的建设与完善中，最重要的是要保证从事知识的生产、扩散与应用的许多子系统之间的紧密联系与合作，形成和谐一致的整体化系统。每个子系统都有自己的目标和功能，子系统的功能发挥得好，有助于创新体系总体目标的实现，但是子系统目标不应逾越和取代创新体系的总体目标。保持各子系统之间的协调与一致其实在很大程度上是要保持与子系统有关联的政府各有关部门之间的协调与一致。因此，建设和完善纺织工业技术创新体系，必须改变一些陈旧观念，要有新思想、新举措，需要许多政府部门的共同努力，明确的职责，高度的责任感，良好的分工，紧密的联系，主动的配合，对实现纺织工业技术创新体系的总体目标十分重要。

（一）纺织工业技术创新体系的宏观运行机制

构筑产业创新平台要靠政府、企业的互动。创新平台也是这二者的互动的纽带。两个方面的积极性缺少任何一个创新平台都建不起来。现在并非缺资源，而是缺乏有效的整合。“政府搭台，企业唱戏”，但有的则变成“政府搭台，企业出钱，明星唱戏”。企业虽然有钱但无力创新，过分看重花钱造势，实际是资源浪费。

完善的纺织工业技术创新体系的建立就要求政府和纺织工业相关管理部门、纺织企业、纺织科研机构、金融支撑机构在行业技术创新过程中充分发挥各自的作用，并相互协调，采取有效的措施促进纺织工业的可持续发展。

1. 政府相关部门

在纺织工业技术创新体系运行过程中，政府相关部门和行业管理机构主要负责健全和完善有利于纺织工业技术创新的制度和政策体系。这些制度包括与纺织技术创新直接相关的风险管理制度、知识产权制度、奖励制度、税收制度以及间接相关的分配制度、政府补贴体系、政府采购制度、金融制度等。创新制度还包括与市场机制建立有关的合同、人事、雇用制度等。相关的政策包括国家制定的直接促进创新的政策，以及收入政策、就业政策、产业政策等。虽然这些政策不是以促进纺织工业技术创新为目标，但是对创新活动有很大的影响。行业管理部门应当根据国家创新系统的总体思路，健全纺织工业技术创新的制度框架，使各种相关政策互相协调，为纺织工业创新创造良好的市场环境。

2. 公共科研机构

企业与公共科研机构的相互协作是促进科研与生产一体化，实现纺织工业技术创新的一个重要保障。企业与公共科研机构之间进一步降低妨碍有效的合作研究活动和人才流动制度壁垒，打破不利于产学研相结合的障碍，企业与研究机构之间依靠双方的利益驱动建立紧密合作的创新网络。这样既可以发挥科研院所技术力量集中，设备先进，资料、信息丰富的优势，又可利用企业资金雄厚，生产经验丰富，市场信息反馈迅速的特点。企业作为科技成果的试验基地，科研院所则根据企业需要进行技术创新活动，从而促进双方的共同发展。

3. 创新支撑机构

在纺织工业技术创新体系运行过程中，创新支撑机构为纺织企业技术创新能力的培育发挥了重要作用。如促进纺织科研成果产业化的生产力促进中心，主要面向中小企业的技术诊断和人员培训中心等。通过信息服务机构、技术交易市场的建设，纺织企业可以通过这些创新支撑机构了解国家政策法规、行业发展走势、科技成果供求等方面的最新信息，从而准确洞悉外部环境的变化，提高市场预测和快速反应能力；并通过技术交易市场协调技术供求，纺织企业还可以享受技术交易过程中的专利代理、合同登记、知识产权变更以及纠纷等配套服务，从而降低技术交易成本，提高企业的创新力度。

4. 其他纺织企业

纺织工业技术创新体系运行过程中，应当注重纺织企业之间的活动。这是因为技术创新活动存在着最小有效规模的限制，如果企业的研发投入不能达到技术开发的初始规模，则无法有效地开展技术创新活动，即必须达到一定规模的研发活动才会有更高的效率。纺织企业之间可以通过相互联合缔结技术联盟，共同投入巨额资金，以获取技术创新中的规模经济；纺织企业间的合作还会产生技术创新集群效应，可使其成员在技术创新中都受益，产生群体效应，纺织企业之间通过组建战略联盟可以有效地促使技术创新外部效应内部化，强化技术创新的激励机制；并且通过联盟可共同确立纺织工业技术标准，避免开发中的不正当竞争，提高技术创新资源的使用效率，有利于技术创新的实现。

5. 金融支持系统

金融支持系统通过建立多元化、多层次、多渠道的投融资体系为纺织工业技术创新体系运行过程提供资金支持。首先，政策性拨款、贷款要逐步向纺织技术领域倾斜，放宽对技术创新贷款的条件限制；其次，使民间和企业积极参与纺织技术创新投资，从法律、制度上赋予民间投资者相应的决策权、管理权和监督权，增加被投资企业的透明度；最后，纺织企业可以通过证券市场、设立专项基金等方式筹集技术创新资金。

（二）纺织工业创新过程中的企业组织内部运行机制

技术创新能力是纺织工业创新能力结构体系中的核心要素。只有拥有技术创新能力，通过不断创新，纺织工业才能逐渐形成自己的核心技术，并以核心技术作为手段，生产核心产品，借助于核心产品，再衍生产品系列，形成竞争优势，才能在市场竞争中战胜对手，赢得领先地位。

为规避作为纺织工业创新主体的纺织企业在创新过程中的企业组织内部面临的各种各样的风险，在进行技术创新的过程中，纺织企业应当认真分析市场需求，结合企业自身的设备状况、人员状况、资金状况、人力资源状况等因素综合决策，建立有效的企业内部创新机制。

1. 树立创新创业意识

企业的领导要转变思想，更新观念，树立创新、创业意识。在我国非短缺经济的条件下，市场需求是多元化和不断变化的；科技发展日新月异，一个产品、一个行业不可能长期被一个或少数几个企业垄断，竞争会越来越激烈。未来是多变的，企业永续经营的驱动力就是“变”。企业必须在开创、成长、成熟、危机、衰退的循环过程中，树立创新创业意识，针对外部环境和内部因素的变化，适时地制定技术战略目标，实施变革工程。

2. 采取灵活有效的创新战略

就当前我国纺织企业实际而言，可用于创新的资源有限，多数企业并不具备率先创新的技术能力。因此，在纺织企业进行技术创新的初期，企业应综合考虑纺织品市场需求、企业自身经营战略、现有的纺织技术状况形成技术创新初步构想。除少数创新能力较强的企业可以率先创新之外，多数企业可以先走模仿创新的战略，通过模仿创新，提高企业产品的技术含量和竞争力，同时也可在模仿创新中加快本企业的技术能力积累，再追逐率先创新。在现阶段，还可组织实施合作创新战略，基于共同的利益，从开拓和占领同一市场出发组织合作创新。在合作伙伴的选择上，可采取国内产学研合作的方式，亦可实行跨国产学研或企业间合作的方式。

3. 建立有效机制，使企业成为真正的创新主体

企业真正成为技术创新的主体，就是要使企业参与技术创新活动过程，并在技术创新活动中占主导地位、发挥主导作用。企业的创新能否活跃，首先取决于企业是否是真正的创新主体，即企业成为创新的决策主体、投资主体、研究开发主体和创新利益的分配主体。要从根本上提高纺织企业的技术创新能力，必须改革原有的科技投资体制，重新配置科技资源分布，使企业成为真正的技术创新主体，以市场为导向，依据市场规律求生存与发展。

4. 促进制度创新和管理创新

首先，要继续推进所有制结构改革，把坚持以公有制为主体和促进非公有制经济发展统一于社会主义现代化进程中，在竞争中发挥各自优势，相互促进，共同发展。其次，以国有企业所有权实现形式多样化为基本出发点，大力促进纺织国有企业实现形式的多模式化。加大国有经济布局的调整，使国有资产以价值形态得到流动，从而提高国有资本的投资效益。再次，要按照市场经济规律，建立完善现代企业制度，引进国际上先进企业的优秀管理方法，逐步规范企业行为，使企业管理趋向科学化、标准化和规范化。最后，以信息化推动企业内部业务流程重组，组织优化结构。技术创新倡导各企业树立专业化经营观

念，以精良、敏捷、具有创新精神的扁平化“动态网络”取代企业原有的塔型组织结构，大幅度减少中间管理层，弱化行政色彩。并要善于学习国际先进的流通理念和模式，广泛利用网上协同设计、网上采购、网上交易等现代技术，实现全球化采购及网络化销售服务等。

5. 要完善企业内部的激励机制

其核心是承认和保护创新者“创新产权”，允许创新者凭借创新的知识产权在企业占有股份，从企业分得利润，得到高于企业员工平均水平的个人收益。另外，通过补贴、奖金及工资福利等多种措施实现激励方式的多样化，形成尊重知识和人才、有利于创新的内部氛围。

从以上分析可以看出，纺织工业的技术创新体系建立是一项复杂的系统工程，也是一个包含企业、科研部门、中介机构、金融机构、政府等多主体参与的具有复杂运行方式的系统过程。因此，要解决纺织工业的技术创新问题，必须以系统的思想和观点，来研究这一系统的组成结构及运行方式，从系统运动的规律出发，对其进行全面析与评价，从而发现问题，解决问题，提高企业技术创新活动的效果。

第八章　纺织业发展与环境保护

第一节　环境经济理论

一、绿色经济

从“绿色经济”一词的首次提出，到国内外经济学界对它的关注和研究，以及在实践中应用只有短短的二十几年，但其内容丰富，影响深远。更在后金融危机时代被作为新一轮技术创新的突破口和经济复苏的引擎。

（一）绿色经济提出背景

人类与自然和谐共存是经济、社会发展永恒的主题。人类是社会、经济发展的主体，自然是人类赖以生存的基础。实现人类与自然的良性循环，为社会、经济发展提供美好的自然保障是人类共同的责任。

人类文明驶入工业化的轨道之后，对提高物质生活的贪婪追求和对大自然进行掠夺式的开发，使得人类赖以生存与发展的自然环境遭到了极其严重的威胁：气候变暖，环境受到污染，复杂的自然生态系统遭到破坏。哈佛大学杰出的生物学家威尔逊（E. O. Willson）曾有一个沉痛的警告：“环境保护……将人类视为一种紧密地存于自然界的生物物种……地球上许多重要的资源正在枯竭，大气的质量正在恶化，世界的人口正在膨胀到危险的程度。自然生态系统这一健康环境的源泉正在不可逆转地退化……”人类必须实行经济的“可持续”增长，并学会在稀缺的自然资源约束下生存，否则人类将不得不吞食这种悲惨而又无可挽回的恶果。

由于认识到环境污染和生态破坏给人类生存和发展带来的潜在危险，联合国于1972年6月在瑞典斯德哥尔摩召开第一次联合国人类环境会议，通过了《人类环境宣言》，提出“只有一个地球”的口号，提醒全世界关注环境问题。20世纪80年代，环境污染从局部地区发展到区域性和全球性的生态破坏，很多国家开始认识到环境问题与人类生存休戚相关，并开始通过国际合作控制温室效应、酸雨、臭氧层破坏等全球性环境问题。1980年，自然和自然资源保护国际联盟在其《世界保护战略》报告中首次提出“可持续发展”思想，并认识到发展和环境相结合的挑战：发展和保护环境对我们的生存，对我们履行作为后代自然资源托管人的责任是同等重要的。1987年4月，由21个国际组织组成的世界环境和发展委员会（布伦特兰委员会），受联合国第38届大会委托，编写了《我们共同的未来》这篇报告，详细阐述了可持续发展概念，并把可持续发展作为21世纪经济政策中一种综合方法的基础。报告中给可持续发展下的定义是“务必使发展满足现在人们的需要，而又不牺牲后代满足自己的需求的能力”。进入20世纪90年代，人们认识到，全球环境问题的解决只靠一国的努力难以奏效，必须研究全球性对策，采取共同行动。于是，

1992年6月在巴西里约热内卢举行了联合国“环境与发展大会”，来自世界各国的元首们在一起探讨环境与可持续发展问题并通过了《里约热内卢环境与发展宣言》以及《二十一世纪议程》。至此，如何协调环境与发展的关系，以实现人类文明的可持续发展，被国际社会所广泛关注，并成为一个国家、一个地区现代化发展的基本选择。

如何实现可持续发展？1989年，伦敦环境经济中心的环境经济学家大卫·皮尔斯出版的《绿色经济蓝图》一书对可持续发展的经济基础作了回答：一方面，经济对可持续发展的含义有影响，因为经济和人们的生存环境是不可分的，他们互相依赖，人们管理经济的方式影响环境，环境质量也影响经济运行，环境和经济是相互影响的对立统一关系；另一方面，可持续发展是可行的。只是他要求在平衡追求经济发展道路方面有所改变。首先，环境问题必须从宏观经济到微观经济都与经济政策适当地结合；其次，环境必须被看做是有价值的，是对人类福利的经常性和基本的投入。可持续发展意味着消费模式要向在环境方面更有利于健康的产品转变，投资模式向环境投资转变。也正是在对上述问题作了回答以后，皮尔斯提出了从社会及其生态条件出发，建立一种“可承受的经济”——绿色经济。主张经济发展必须是自然环境和人类自身可以承受的，不能因为盲目追求生产增长而造成社会分裂和生态危机（外在自然的极大破坏），不能因为自然资源耗竭而使经济无法持续发展（内在自然的严重失落即生存危机）。

于是，绿色经济作为可持续发展经济的实现形态一经被皮尔斯提出，便引起广泛关注。各国经济学界从不同角度对绿色经济做出不同的解释，使绿色经济不仅上升为一种理论，而且成为一种深刻的实践，被广泛研究、探索和应用。

2008年国际金融危机爆发以来，绿色经济备受世界各国广泛重视，低碳、低污染和高资源效率的经济发展方式成为各国经济发展的重点考虑。联合国环境规划署（UNEP）于2009年2月召开的第25届理事会上郑重提出倡议：“实行绿色新政，应对多重危机。”2009夏季达沃斯年会也将“绿色经济”作为核心话题探讨。经济危机背景之下，全球在寻找经济复苏的“引擎”，以助推经济的复苏。显然，能够实现经济和环境双赢的“绿色经济”，被赋予了新的使命和期待。

2009年12月18日的哥本哈根“联合国气候变化大会领导人会议”上，温家宝总理发表题为《凝聚共识　加强合作　推进应对气候变化历史进程》的讲话，强调“中国政府确定减缓温室气体排放的目标是中国根据国情采取的自主行动，是对中国人民和全人类负责的，不附加任何条件，不与任何国家的减排目标挂钩。我们言必信、行必果，无论本次会议达成什么成果，都将坚定不移地为实现甚至超过这个目标而努力。”可以预见，绿色经济是未来全球经济发展的大趋势。

（二）绿色经济内涵

根据皮尔斯对绿色经济的描述，绿色经济是一种可承受经济。直观上理解，绿色就是环保的代名词。“经”即为经营，“济”则为救济、帮助，“经济”就是“经世济民”，即：经济发展，社会繁荣，百姓安居。所以从这个意义上理解绿色经济，就是在环境得到保护的前提下进行经营活动，经济发展才能持续，人民福祉也才能有保障。

英国绿色经济研究所（Green Economics Institute，GRI）作为全球最大的以绿色经济学为主题的研究机构之一，给出的绿色经济定义是，绿色经济学是一种支持人类与自然和谐互动，并尝试同时满足双方需要的经济学方法。绿色经济理论包括一系列处理人与环境的内在相互关系的思想。他们认为所有经济决定的基础均应与生态系统有某种方式的联系，绿色经济已逐渐被世界公认为是气候变化问题、贫困和生物多样性损失等的最佳替代解决办法。

从20世纪90年代开始，联合国环境规划署和其他一些国际组织（如世界银行、经济合作与发展组织简称“经合组织”、联合国统计署）就开展了绿色财富、绿色增长、绿色GDP核算等相关研究，但没有就科学合理地界定绿色经济的概念和分类，以及分析绿色经济对经济增长的贡献和潜力，形成相应的分析技术方法和建立相关的模拟和预测模型。

2009年，联合国环境规划署在“绿色新政中”给出了绿色经济的范畴，主要包括环境和生态系统的基础设施建设、清洁技术、可再生能源、废物管理、生物多样性、绿色建筑和可持续交通等8个领域。这种自下而上直接定义绿色经济的产业部门和领域的方式更接近服务于实践操作层面，不是严格意义上的绿色经济概念范式。

随着对绿色经济理论和实践认识的深入，环境保护不仅可以带来社会效益，同样能带来经济效益的观点越来越受到学者关注。美国耶鲁大学丹尼尔·埃斯蒂教授和安德鲁·温斯顿教授曾指出：之所以一些世界最大、最强硬、最追逐利润的公司现在都谈环境保护，是因为他们认识到应对环境保护挑战可以取得竞争优势，在创造利润的同时，又可以创造一个健康和可持续发展的环境。这个意义上的绿色经济俗称为“从绿掘金”，也就是说，环境保护可以带来利润，并成为一个新的经济增长点。

综合上述不同观点，虽然目前没有一个统一的绿色经济定义，但是其本质内容是一致的：把改善生态环境、节约自然资源作为必要内容，以社会、经济、自然和环境的和谐、发展、可持续为出发点和落脚点，实现经济、生态和社会效益的统一。具体到当前中国经济发展实践中，就是从狭义和广义两个范畴来理解绿色经济。所谓狭义即指环保产业，包括环保产品、服务、资源综合利用和洁净产品4项内容，而广义的环保产业还包括清洁生产以及与环境相关的服务；广义范畴的绿色经济，则在狭义范畴基础上，再包含诸如绿色消费、采购、贸易、金融、税收等除生产领域外的其他一些绿色制度和行为。

二、环境经济理论

环境问题是人类面临的重大问题。20世纪20年代，人们开始将环境与经济结合起来进行研究，随着经济社会发展过程中环境问题的日益突出和人类对经济与环境关系的认识的逐步深入，20世纪60年代，环境经济学这门新兴学科诞生了。其主要内容是用经济学和环境科学的理论，研究经济发展和环境保护的关系，以及经济、人口和自然三者再生产之间的关系，选择科学的方式，实现用最小的劳动消耗为人类创造清洁、舒适、优美的生活和工作环境的目标。

（一）环境资源价值理论

环境资源价值理论是环境经济学的主要理论基础之一。主要研究环境资源有无价值，科学的环境资源价值观的内涵，以及运用环境资源价值观指导人们的实践活动，科学地开发和保护环境资源。

对环境资源的价值认识是环境经济学最核心的问题之一。关于环境资源的价值，有两个概念不容混淆。首先，作为自然的财富，环境资源具有使用价值，这种对人类的有用性并不是由于劳动而对人有用的，而是大自然赋予的，如空气、处女地、天然草地、野生林等。同时，环境资源又是人的劳动所使用的生产要素之一，在生产过程中实现转移，即作为物质财富的一种源泉，它具有价值。正如威廉·配第所说："劳动是财富之父，土地是财富之母。"因为人在生产中只能改变物质形态，并且在这种物质形态的变动中还要经常依靠自然力的帮助。除此之外，人类为了保持自然资源生态平衡与经济发展的可持续性，投入了大量的社会必要劳动，环境资源打上了人类劳动的烙印，使它不仅具有资源财富性价值，而且具有了劳动创造的价值。

马克思早在1859年发表的"政治经济学批判"和1867年发表的《资本论》第一卷就明确地把自然条件作为劳动生产力的重要因素。书中说："生产商品所需要的劳动时间随着劳动生产力的变动而变动。劳动生产力是由多种情况决定的，其中包括工人的熟练程度，科学的发展水平和它在工艺上的应用程度，生产过程的社会结合，生产资料的规模和效能，以及自然条件。"❶ 显然，环境资源是人类劳动创造价值的重要因素，保护自然条件是人类劳动生产力可持续发展的重要条件。

我国在改革开放之前，在计划经济条件下，既不承认商品经济，也不重视对环境资源财富的珍惜，长期对环境资源无偿利用，造成了资源耗竭、环境污染和生态破坏的严重后果。不仅导致直接的财富损失，而且严重影响到子孙万代可持续发展。

虽然对环境资源价值解释有所不同（表8-1），但是承认环境资源有价值对现实却有重要指导意义。

表8-1　环境资源价值解释观点汇总

解释观点	代表人物	内　容
生态补偿理论	美国经济学家赛尼卡和陶希格	生态系统是在一定的空间和时间范围内，在各种生物之间以及生物群落与其无机环境之间，通过能量流动和物质循环而相互作用的一个整体。社会系统与生态系统之间在循环进行着物质与能量的交换：社会系统从生态环境系统取得作为原材料的自然资源产品，同时将生产和生活的废弃物返回到生态系统中。这说明，社会系统所生产和消费的产品价值，不仅凝结人类劳动，而且还取自自然环境，因此生态环境是有价值的。要使社会系统可持续发展，就必须保证生态系统可持续，这要求社会系统对生态系统做出实物量和价值量补偿。经济活动不仅有劳动和物资的投入，还要有环境资源的投入，经济产品的价格不仅有劳动和物资成本，还有资源成本。这就是环境资源的价值体现
哲学价值	戴斯·贾丁斯（美），余谋昌，刘福森	哲学上的价值，是指客体的属性和功能能够满足主体需要的一种功效或效用，即客体对主体生存和发展的意义。在人类与环境这对关系中，人类是主体，环境是客体，环境能够提供人类生存、发展和享受所需要的物质性商品和舒适性服务，因此，对人类来说，环境是有价值的，并且随着社会经济的发展，环境价值也会越来越大。因为人类对环境友好的要求越来越高
效用价值论	门格尔，卡尔，威廉斯坦利，杰文斯，维赛尔	效用价值论认为：效用是物品或劳务满足人们欲望的能力。价值以稀缺和效用为条件，价值取决于边际效用量，即满足消费者最小欲望那一单位的商品的效用。环境资源可以满足人类的需要，是有效用的，同时，环境资源又是稀缺的。根据效用价值论，环境资源是有价值的。后来，马歇尔将效用价值论总结为"均衡价值理论"体系

资料来源：(1)《环境经济学》（修订版），李克国，魏国印，张保安主编；(2)《环境伦理学—环境哲学导论》（第三版），[美] 戴斯·贾丁斯著，林官明，杨爱民译；(3)《环境经济学》（第一版），[美] 塞尼卡，陶西格著，熊必群，王炎痒，程福祜译。

❶马克思《资本论》第一卷，第一章，53页，人民出版社1975年6月第一版。

承认环境资源有价值对现实的指导意义如下：

（1）为环境资源的有偿使用提供理论依据。环境资源有偿使用为我国环境资源的合理开发、利用和进行环境保护提供了良好的条件。在我国现行的政策中，有些已体现有偿使用资源的原则，如征收排污费、征收资源税等。

（2）为合理制定环境资源的价格和健全环境资源市场奠定了基础。价格是价值的货币表现，环境资源作为生产使用价值财富的源泉并非无限供给，随着环境资源的损耗，它的价格也会提高如退耕还林、江河维护等都需要耗费财力。确定合理的环境资源的使用价格，有利于合理利用环境资源和保护环境资源。

（3）有利于充分运用经济手段管理环境资源和进行环境保护工作。环境问题是由环境资源的供求矛盾和不合理利用造成的，解决环境问题，首先必须管理好环境资源。其前提是承认环境资源有价，才可以利用各种法律约束和经济规律来调节环境资源的占有和使用、修复或保护。比如，正在试行的排污买卖许可制度，就是利用经济手段管理环境的实践。

（二）环境效益与经济效益的关系理论

所谓经济效益是指人们从事经济活动所获得的劳动成果（产出）与劳动消耗（投入）的比较；环境效益则是指人类活动所引起环境质量的变化。人类的各项活动，不能单纯追求环境效益或经济效益，而应追求环境经济效益的最大化。

根据环境经济学原理，环境经济系统包括环境和经济两个因素，它们既相互促进，又相互制约，两者之间存在对立统一的关系。

环境对经济的促进作用，主要表现在保护环境可以促进生态资源良性循环，使一些资源的再生增殖能力大于经济增长对资源的需要，而另一些不可再生的资源能得到节约使用或得到替代，从而保持经济可持续发展；环境对经济的制约作用，主要表现在环境受到污染与破坏后，不仅产生巨大的社会损失，而且环境资源枯竭后，经济发展难以为继。

经济对环境的促进作用，主要表现在通过人类对自然环境的合理开发利用，将自然生态环境建设成不断满足人类日益增长的物质文化需求的生态文明环境和生产环境。同时，经济发展了，就有了保护和改善环境的经济基础；经济对环境的制约作用，主要表现在对环境的保护和改善需要一定的投入，如果没有经济基础，环境保护便无从谈起。

由于环境效益的特殊性，使其与经济效益之间存在着固有的矛盾，见表8-2。

表8-2　环境效益与经济效益的关系

环境效益特点	**环境效益有正负之分**。如向环境排放污水会造成环境污染，降低环境质量，即所谓负效应；而种树种草则会使环境质量变好，产生正面效应。 **滞后性**。人类活动与该项活动所引起环境质量的变化不同步，人类活动在前，它所引起的环境质量变化在后，环境效益具有滞后性。 **计量的困难性**。环境质量的变化涉及许多项内容，需要利用许多项指标才能反映出环境质量的变化，加上环境效益的滞后性，使得很难准确计量

续表 8-2

环境效益和经济效益之间的矛盾	**时间上的矛盾**。由于环境效益具有滞后性，以及受利益机制的驱动，人们重视见效快的经济效益，忽视见效慢的环境效益，从而产生矛盾，表现为时间上的矛盾。 **政绩考核上的矛盾**。现行政绩考核机制倾向于短期化、非协作化和表面化，政绩考核主要考核经济效益，忽视环境效益。由此导致牺牲环境效益换取短期、局部经济效益。 **利益得失上的矛盾**。由于环境的经济外部性，经济效益与行为人的利益息息相关，而环境效益远超越行为人的利益关系。市场机制条件下，人的行为主要受利益机制的驱动，重视经济效益，忽视环境效益，因而带来环境状况的恶化。 总之，环境效益与经济效益之间的矛盾，有客观因素，比如环境效益的滞后性以及环境的经济外部性特点；也有主观意识形态方面的因素，主要是人们对环境的观念和政策上的缺陷
环境效益与经济效益的统一	充分利用自然环境的净化功能，亦即环境对污染的自净能力；加强对环境的组织管理；开展清洁生产；制定正确的技术经济政策；大力开展综合利用；设计一个合理的社会消费模式

总之，环境问题是从经济活动中产生，又需要在经济活动得到中解决，两者之间的矛盾主要方面是经济活动，所以环境问题说到底主要是经济问题，环境问题严重化了，就会阻碍经济的发展，在一定条件下，还会引起社会政治问题。因此，要发展绿色经济，来解决发展经济和保护环境的矛盾，实现环境效益与经济效益的有机统一。如何实现两者的统一，需要明确它们之间的不同特点。

（三）经济外部性理论

经济外部性理论解释了经济活动中一些低效率资源配置问题的根源，又为解决环境外部性问题提供了可供选择的思路和框架。

1. 外部性的定义

外部性概念源于马歇尔《经济学原理》中提出的“外部经济”概念。所谓外部不经济，是指由于企业外部的各种因素所导致的生产费用的增加。

后来，马歇尔弟子庇古用现代经济学的方法从福利经济学的角度系统地研究了外部性问题，在马歇尔“外部经济”概念基础上增加了“外部不经济”的概念和内容，将外部性问题的研究从外部因素对企业的影响转向企业或居民对其他企业或居民的影响。

萨缪尔森和诺德豪斯对外部性的定义：“外部性是指那些生产或消费对其他团体强征了不可补偿的成本或给予了无需补偿的收益的情形。”用函数表述就是，某经济主体的福利函数自变量中包含了他人的行为，而该经济主体没有向他人提供报酬或索取补偿，由此产生外部效应。即：

$$F_j = F_j(X_{1j}, X_{2j}, \cdots, X_{nj}, X_{mk}) \quad (j \neq k)$$

式中，j 和 k 是指不同的个人（或厂商）；F_j 表示 j 的福利函数；$X_i(i = 1, 2, \cdots, n, m)$ 是指经济活动。这函数表明，在某个经济主体 F_j 的福利中，除受到他自己的经济活动 X_i 的影响外，还受到另一个人 k 的某一经济活动 X_m 的影响，这时就存在外部效应。

简单地说，外部性就是一个经济主体对另一个经济主体产生的一种外部影响，而这种外部影响又不能通过市场价格进行买卖。

外部性分为外部经济和外部不经济。主体活动对外界造成好的影响称为外部经济

(external economy)；主体活动对外界造成坏的影响称为外部不经济。当前人类面临的环境问题（环境污染、生态破坏、气候变暖等）就是外部不经济带来的必然结果。

2. 外部不经济性分析

一般情况下，生产过程不可避免地产生污染物。污染物有两种处理方法：(1) 治理后排放；(2) 直接排放。受利润最大化动机驱动，生产者一般不对污染物进行治理，因为治理污染物会增加私人成本，导致生产者盈利下降。于是，生产者放弃治理，直接将污染物排放到环境中，造成环境污染，从而使环境内的其他人受到损害，产生社会成本。这样，生产者“节省”了治理污染的私人成本，增加了社会成本，即私人成本社会化，并且社会成本一般要大于私人成本。

为了解决环境问题的这种外部不经济性，需要使私人成本内部化。

(四) 外部不经济性内部化的分析

根据环境经济学理论，外部不经济内部化主要有 4 种途径，见表 8-3。

表 8-3　外部不经济性内部化的主要途径

主要途径	具体措施或内容
直接管制	直接对活动者行为进行控制，其环境效果具有确定性。直接管制不论在发达国家还是发展中国家都是传统的、占主导地位的环境管理手段
财产或权益损失的直接赔偿	通过法律途径补救和校正外部不经济性的一种法院仲裁的方法。目前已被大多数国家广泛用于解决环境外部不经济性和污染损失赔偿纠纷。在我国的一些法律中，也明确规定了污染损害的法律赔偿责任
庇古税	英国新古典学派的代表人物庇古，提出了通过税收或收费（即庇古税）的方式将经济外部性内部化。当存在外部经济性时，对行为人进行补贴；当存在外部不经济性时，对行为人进行征税。 我国实施的排污收费制度就是一种典型的庇古税
科斯手段	20 世纪 50 年代末，罗纳德·科斯提出用以解决经济外部性问题的科斯定理：(1) 当环境资源产权明晰时，无论初始产权如何确定，经济活动的私人成本与社会成本相等，经济外部性就被内部化了；(2) 当交易成本为零时，当事双方通过协商自行解决问题，此时，当事双方的边际收益最大；(3) 当交易成本不为零时，用政策手段来解决经济外部性问题，如自愿协商制度、排污权交易制度都是科斯定理的应用

第二节　环境保护与产业国际竞争力关系研究

国际社会关于环境与贸易，尤其是环境保护与国际竞争力问题的争论，开始于 20 世纪 70 年代早期发达国家普遍实行了比较严厉的环境保护政策。20 世纪 90 年代，人们对一系列国际贸易协定的辩论以及有关环境保护国际性公约的签订，比如北美自由贸易协定（NAFTA）、《京都议定书》的签订等又将这一争论推向高潮。

随着环境及国际贸易问题的日趋严重，环境保护与产业国际竞争力的关系问题也越来越受到广泛关注，关于环境保护是否会影响国家、产业和企业的国际竞争力议题，学者们展开了热烈的讨论，并对这一领域展开实证研究。

一、环境保护与产业国际竞争力关系的基本共识

关于环境保护与产业国际竞争力的关系，国际学术界一般有三种基本观点，并提出了三种主要的理论假设：

环境竞次理论（race to the bottom）：不同国家或地区间对待环境保护强度和实施环境标准的行为类似于“公地悲剧”的发生过程。即每个国家都担心他国采取比本国更低的环境标准而使本国的工业处于竞争劣势，为避免遭受竞争损害，会竞相采取比他国更低的环境标准，采取次优的环境政策，最终导致全球的环境恶化加剧。显然，该理论内容与现实相悖。不管是发达国家还是发展中国家，目前实施的环境标准比过去均有了不同程度的提高。

污染避难假说（hypothesis of pollution haven）：该理论与环境竞次理论有一定联系。即如果在实行不同环境保护强度或环境标准的国家间存在自由贸易，由于其外部成本内部化的差异，将导致环境保护强度低的国家（地区）企业所承受的环境成本相对较低。这种成本差异会吸引国外的企业到该国安家落户，尤其是对于环境敏感产业。

波特假说（Porter hypothesis）：有效的环境政策将刺激企业的技术创新和管理创新（部分学者认为是消除X-非效率的影响）。短期看，严厉的环境保护政策确实会使企业成本有所提高，并影响到企业的竞争力。但长期看，由于环境压力的刺激，企业在进行环境投资改造的同时，也在进行技术和管理创新等活动，这些因素的共同作用，会使企业的竞争力有所提高。同时，环境压力促使企业扩大了视野，增加在研发上的投资。

二、国外关于环境保护与产业国际竞争力关系的研究

关于环境保护与产业国际竞争力关系的认识，国际学术界分为两大派：乐观派和悲观派，对应三种基本理论假设：环境竞次理论、污染避难所假说和波特假说。

悲观派多数基于经济学的推导，认为实施环境保护在一定程度上将削弱企业或产业的国际竞争力，其主要解释见表8-4。

表8-4 环境保护与产业国际竞争力关系悲观派观点解释

结 果	原 因
提高了生产成本	环境保护迫使企业购买污染治理设备，并缴纳因弥补污染排放对环境造成损害的污染税等。这会增加企业的生产成本，成本增加使竞争力下降，进而导致产出降低。为此，企业只能增加产品价格，价格提高又降低需求，导致产出和利润等降低
工艺流程更复杂，管理费用增加	污染治理使生产流程更复杂，企业需要增加设备投入，企业的经营活动也因此变得更加复杂而难于管理。费用的增加使产品价格上升，需求下降，最终降低产出水平
降低资本比较收益	污染治理投资迫使企业把有限的资金从一些更有收益的项目中抽出来，降低了资本的比较收益
不利于企业的技术创新	强制性的污染治理迫使企业改变生产工艺和技术，在市场竞争中会阻碍企业的技术创新
分散管理者精力	执行环境保护政策会花费管理者更多的时间，使管理者没时间考虑公司的发展战略，影响公司长远发展

资料来源：根据赵细康著《环境保护与产业国际竞争力 理论与实证分析》及相关资料整理。

表8-4所述因素对产业国际竞争力的不利影响表现在：（1）受影响产业国际竞争力将逐步下降。原因是产品价格提高，竞争力就会减弱，导致企业逐步失去原有的国内和国际市场份额。（2）污染产业转移。由于环境成本增加，那些环境敏感产业就会转移到环境管制较为宽松的国家或地区。（3）影响新企业的区位选择。环境因素的影响，使生产的边际成本发生变化，进而影响企业的决策，环境标准较高的国家或地区将日益失去投资的吸引力。

假如上述影响在人们的预期之内，按照环境竞次理论的逻辑，这种国家或地区间环境标准的博弈将会抵消人们对环境保护所做的努力，最终导致全球环境的不断恶化。显然，这种假设与现实相悖。

与悲观派观点相反，乐观派学者认为：动态地看，环境保护将激发企业开展技术创新，特别是绿色技术创新活动。这将产生双赢效应，一方面是技术变迁带来的经济效应，另一方面是环境社会效应，由此带来经济体的可持续发展。同时，环境保护的倒逼机制将有利于降低企业内部的X-非效率。这种观点被欧洲委员会、美国前副总统戈尔、Porter和Vander Linde等认同。并且有学者认为，实行较为严厉的环境保护政策是发展中国家取得后发竞争优势的重要途径之一。

上述技术补偿效应可以通过以下几种途径发挥作用：

（1）环境保护有利于激发企业的技术创新活动。环境保护对生产成本的不利影响迫使企业组织更有效的生产，而技术进步是产量增长的重要因素。即使产业结构不变，各种要素投入不增加，如果技术取得进步，就能获得较高的生产效率，从而提高产出，带来经济增长。

（2）获得废物利用的额外收益。环境保护会促进企业想方设法将废物循环利用，这会带来营业外收入。这样既降低了成本又增加了收入。

（3）降低生产的X-非效率的影响或实现生产的X-效率。企业内有许多低效率现象，环境保护将迫使企业“苦练内功”来提高生产效率，从而抵消环境成本提高带来的不利影响。

（4）获得一系列竞争优势。率先采用环保技术的企业可以获得一系列竞争优势，包括：创新优势（innovation advantages）、效率优势（efficiency advantages）、先行优势（first mover advantages或front-runner advantages）和整合优势（spin-off activity advantages）。

此外，从国家整体来看，环境保护催生环保企业（产业）的发展，即刺激生产污染检测和控制设备的发展。

总体看来，乐观派认为，环境保护具有“双赢效应”（win-win effects）。

Cable和Sinclair-Desgagné（1998）认为，企业改进效率的潜力越大，承受的税赋越低，企业获得“先发优势”的成本也就越低，获得双赢效应的机会也就越大；同时，如果企业生产绿色产品，还可以抢占绿色市场，这可谓标新立异的“产品差异化战略”，企业因此会获得额外收益，这也是企业提升国际竞争力的优势之一。

同悲观派对比，乐观派的主要特点是基于动态分析，即承认环境保护在短期的不利影响，但在长期看来具有积极作用。当一种新的清洁生产工艺或技术引入时，相对于传统的治污工艺，起初企业的生产成本可能较高，但经过一段时间之后，相关成本会逐步下降，并且低于先前的治污成本。

不仅如此，既然环境问题产生的根源在于经济的外部性，如果任其发展，社会将不可持续，因此必须将外部不经济成本内部化，也就是企业必须承担环境保护成本。这种企业不得不采取实施环境保护措施的行为在一定程度上可以看成“倒逼机制”产生的效应。

本书认为，之所以悲观派认为实施环境保护将削弱企业或产业的国际竞争力，除了其静态的分析方法外，还与环境经济效益的滞后性、不确定性和经济外部性（微观效益与宏观效益的不一致性）等特点有关系。特别是环境效益和经济效益之间时间上的矛盾（环境效益的滞后性），加上受利益机制的驱动，人们往往重视见效快的经济效益而忽视见效慢的环境效益，从而得出上述结论。

通过梳理一些关于环境保护对产业国际竞争力影响的实证资料发现：（1）环境保护对企业（产业）国际竞争力具有消极影响的实证例子不多，并且具有消极影响的情况也只在少数产业中存在；（2）Van Beers 和 Van Den Bergh（2000）通过对 14 个 OECD 国家和 9 个发展中国家的相关数据用多变量回归模型进行研究得出结论：对总体贸易流量而言，环境保护强度（environmental policy stringency，ERS）对出口有积极的影响。

第三节　中国纺织工业面临严峻的环境保护压力

一、纺织工业活动对环境造成的影响

在人类的基本生活需求中，衣被列为衣食住行四大要素之首。随着社会的进步，科学技术的发展，纺织品已经从遮体御寒的基本功能延伸到美观、时尚、舒适、防护等功能。纺织品的使用范围也从衣着、家用领域拓展到产业用领域。作为最早以解决人类穿着为主的纺织工业，在过去的世纪里得到了空前的发展，人类与纺织品的关系越来越密切，人们的生活中充满了纺织品。但是纺织品生产过程造成的环境污染（噪声、纤尘、污水、废气、下脚料等）日趋严重，成为影响纺织工业可持续发展的重要因素。

纺织品生产是一个冗长复杂的过程。由于纤维来源的不同，最终产品用途的不同，纺织品的生产流程和生产工艺存在很大差别。在纺织品的整个生命周期中，从原材料初级生产、纺织品生产、使用、回收，到最后处置，在不同阶段都会对自然环境产生影响。包括消耗大量的自然资源，污染环境，对物质的全球循环、天然发生过程产生影响等。比如，消耗大量棉、麻、丝、毛等天然纺织纤维，以天然聚合物为原料经化学方法与机械加工而再生制得再生纺织纤维，以及利用煤、天然气、农副产品等制得的单体经人工合成与机械加工制成的合成纤维等。除此之外，纺织生产过程中还需要大量的浆料、染化料、水、木材、矿物质及各种金属材料等。

在所消耗的自然资源中，有的是可再生的资源，有的是不可再生的资源。其中天然纤维利用自然界中可再生资源进行循环生产，对自然环境不产生毁灭性的破坏，但天然动植物纤维中可能残留着杀虫剂等有毒物质，而对人类造成危害；化学纤维利用石油、煤炭等不可再生资源进行生产，对自然环境的破坏是巨大的、不可挽回的。同时，在化学纤维生产过程中会排放废气和废水；在纺织加工中，对纯棉纱的浆纱加工中会使用一些甲醛、苯酚等防腐剂，在退浆和煮练过程中会产生污染严重的废水；在纺织品的漂白、印染加工及后处理过程中也会产生对环境极其有害的废水和废气。据统计，纺织业废水排放中，印染

废水约占80%。

纺织工业活动带来的环境污染源问题及不可再生资源的消耗，严重制约着纺织工业的可持续发展。走绿色经济发展道路，转变纺织经济发展方式，加强节能减排成为中国纺织工业可持续发展的必由之路。

二、中国纺织工业环境保护形势严峻

正如前面所述，纺织品生产是一个冗长复杂的过程，在这个过程中，除了消耗大量的天然纤维资源、合成纤维资源以及水等能源，还会产生大量废水、一些废气和固体污染物，对环境造成很大危害。2004 年的沱江污染、2005 年的松花江污染、2007 年的太湖蓝藻暴发、滇池水污染等事件，影响程度之大、范围之广前所未有。在各工业行业废水排放量排比中，2004 年纺织业排在第 5 位，2007 年和 2008 年排在第三；相应年份的水污染物 COD 排放量均为第 4 位。2010 年 2 月，由国家环境保护部、统计局和农业部联合公布的第一次全国污染普查公告显示：2007 年，工业废水主要污染物排放中，纺织业的化学需氧量（COD）排放量排在主要工业行业的第 2 位，氨氮排放量排在第 5 位。纺织工业这种自身发展特点加上粗放的发展模式，带来的是空气质量恶化，地下水不能饮用，职工健康受损，区域百姓受害，最终导致企业被关闭，国家为污染治理埋单。

纺织工业面临严峻的环境考验。如不尽快改变传统发展模式，不仅现在难以承受，而且产业升级、实现纺织强国的目标更无法实现。因此，纺织工业要加快结构调整，转变经济发展方式，把环境保护与推动纺织工业发展方式转变、污染减排与促进纺织工业经济结构战略性调整、环境治理与保障改善民生更加有机地结合起来，充分发挥环境保护优化经济增长的综合作用，走科技含量高、经济效益好、资源消耗低、环境污染少、人力资源优势得到充分发挥的新型工业化道路。

第四节 环境保护与中国纺织工业国际竞争力的关系分析

一、环境保护投资范围及效益分析

（一）环境保护投资范围

世界各国对环境保护投资范围的划分各有特点。

美国没有区分环境保护投资和环境保护费用之间的差别，把一切用于环境保护的资金都归为环境保护费用。分为损害费用、防护费用、消除费用和预防费用。损害费用指用于环境污染和生态破坏本身的直接费用；防护费用是公民为了保护自己免受不利影响而需要采取防护措施所花费的费用；消除费用指人们为消除或减缓已经产生的环境污染和生态破坏而采取必要的治理措施所花费的费用；预防费用则是指各类企业为了避免产生可能的环境污染和生态破坏而建设和安装各种预防性设施或采取其他预防性手段所投入的费用。

日本的环境保护投资包括工厂污染治理投资和很大一部分城市公用基础设施的投资。

在瑞典，主要由企业自身投资进行污染治理，国家拿出一部分投资补助环境保护事业进行环境科研、环境管理等。

虽然各个国家环境保护投资的范围有所不同，但都把污染防治投资包括在内。

中国环境保护投资主要是环境污染治理投资，包括城市环境基础设施建设投资、工业污染源治理投资和建设项目“三同时”环保投资。其中，工业污染源治理投资和“三同时”项目环保投资两部分构成污染源治理投资。

（二）环境保护投资效益分析

众所周知，投资对经济的贡献既有供给效应，又有需求效应。供给效应主要是指通过投资实现生产规模的扩大和生产能力的增强，从而提高有效供给；投资的需求效应则体现在投资增加带动生产资料等相关产业的发展，生产资料等产业的发展又会增加就业，提高收入水平，从而拉动消费，最终带来经济的增长。

环保投资作为一种比较特殊的投资，除了具有一般固定资产投资的性质，还有其特殊性。其特殊性主要体现在环境保护投资的微观效益与宏观效益的不一致性以及环境经济效益的长期性（或滞后性）上。比如，工业废水直接排放到环境中去，对工厂（微观）而言，其效益是好的，但是，由于废水污染环境，其宏观效益（社会效益）不好；反之，如果治理废水，则宏观效益（社会效益）好，微观效益不好。

目前国内没有企业用于清洁生产方面的投资统计数据。此处环保投资主要是环境污染治理投资，包括城市环境基础设施建设投资、工业污染源治理投资和建设项目“三同时”环保投资。所以环境保护投资对国民经济的影响主要是需求效应而不是供给效应，它对国民经济的贡献主要是通过拉动需求，带动生产资料等相关产业的发展，并通过收入的增减变化，刺激消费的增长，从而促进经济的增长。

国内学者王金南、曹东等运用环境经济投入产出基本思想，构建了包括“污染治理设施投资和污染治理设施运行成本对经济的影响”的环境保护投资对经济贡献的投入产出模型，并通过实证模拟研究得出以下结论：（1）污染治理设施投资对经济增长有明显的拉动作用。一方面形成了污染治理设施内需，为改善环境质量提供了条件；另一方面，也创造了国内生产总值（GDP），增加了利税，提供了新的就业机会。（2）在我国现行国民经济核算体系中，由于污染治理设施的运行需要耗费电力、化学试剂等原料，加大了中间消耗，必然对 GDP 和利税的增长具有负面影响，并且随着治理规模的扩大其负面影响也变大，但增加了就业机会。其实，这也正是众多企业不实施污染治理的主要原因，因为增加了企业成本。

二、以清洁生产为主的环境保护投资作用机理

根据前面的论述，环境问题（环境污染、生态破坏、气候变暖等）的产生根源是外部不经济性，也就是主体活动对外界造成的负的影响。要消除这种负的影响就会产生费用（称为“外部成本”），如果这个费用由社会来承担，就变成社会成本，如果由企业承担，则称为私人成本或企业成本。而通常情况下，社会成本要大于私人成本。受利润最大化动机驱动，生产者一般不对污染物进行治理，因为治理污染物会增加成本（称为私人成本），导致生产者盈利下降。如果外部成本社会化，将会导致环境污染越来越严重，所以解决环境问题就是要解决如何将外部成本内部化（私人化）。基于此，通过环境保护的经济手段，按照环境资源有偿使用和“污染者付费原则”，通过市场机制，使开发、利用、污染、破坏环境资源的生产者承担相应的环境费用，将会促使他们从自身利益出发选择更有利于环境保护的绿色生产、经营和消费方式。其中，实施清洁生产，通过源头控制和过程控制减

少污染排放，降低外部不经济性，达到环境保护的目的，不失为一种有效途径。

所谓清洁生产是指将综合预防的环境策略持续应用于生产过程和产品中，以便减少对人类和环境的风险性。包括：选择清洁的原材料、能源、清洁工艺和设备；强化生产技术管理和综合技术改造，提高生产过程的资源和能源的综合利用率；减少污染物排放，即以最少量的投入，获得最高的产出和最少的污染，并高效率、低费用处理和处置必排的少量污染物。

根据上述涵义及前面的论述，企业实施清洁生产技术会带来“经济”和“社会”双赢效应。一方面通过清洁技术投资不仅拉动经济总量增加，更主要的是技术进步可以提高生产力，有利于高层次产业竞争优势的形成，从而提升产业国际竞争力和促进产业升级。同时，企业实施清洁生产可以减少污染排放，直接减少污染治理成本，增加企业经济效益。除此之外，污染减排可以改善生态环境，环境的改善给人民带来生活享受福利，促进社会的全面协调可持续发展，带来社会效益。所有这些都对产业国际竞争力的提升产生积极的作用。

三、清洁生产带动中国纺织工业国际竞争力的提升

中国纺织工业虽然没被国家列归为“两高一资”行业，但其面对的环境保护压力不可忽视。就纺织单个企业而言并非都是耗能、排污大户，但由于行业规模大，从总量上看，属废水排放大户，目前仍然处于污染排放工业行业前列。环境保护与中国纺织工业的健康可持续发展有着密切的关系。实践证明“边污染、边治理”的末端污染治理方式效率低下，而以清洁生产为主的从源头和过程控制污染排放能产生多重效应：清洁生产技术带来纺织工业生产力的提高，促进高层次竞争优势的形成，提升产业国际竞争力；实施清洁生产减少污染排放，降低末端治理成本，直接带来经济效益；节能减排有利于保护环境，生态环境的改善给人们带来生活享受福利，促进社会和谐、可持续发展，进而增强产业国际竞争力。我国环境统计年鉴中关于工业分行业的环境统计数据只有重点调查企业的一些指标，比如工业产值、工业废水排放总量、达标量、废水治理设施套数及运行费，没有分行业污染治理投资统计数据。所以国内学者关于环境保护与产业竞争力的研究均以环境保护强度（ERS）的大小（主要是末端治理环境保护）与产业竞争力相关指标的关系为主要研究内容。而环境保护强度又以工业废水排放总量、达标量、废水治理设施套数及运行费等数据为基础选定替代指标来衡量其大小，比如工业废水治理强度、废水治理设施套数等。

第五节　绿色经济背景下提升中国纺织工业国际竞争力的对策

从美国和日本纺织工业的转型经验中可以看出，不管他们所采取的具体措施如何，最终都是围绕技术创新和资源配置来实现产业升级或转型的。其核心是适时根据本国经济体的要素禀赋结构提升选择符合本国比较优势的纺织工业技术、产品和产业区段，并由相关政府机构提供有利于企业的持续投资和创新的环境，为创造高层次竞争优势提供支持，高层次竞争优势带来产业国际竞争力的提升，进而实现产业转型。

从传统纺织发展中国家土耳其、印度的纺织工业发展中也可以看出，虽然两国的纺织

工业各具不同的优势、劣势，但是它们在研究提升本国纺织工业国际竞争力问题时，都是围绕提升产业技术、工艺水平，提高产品质量，培育自主品牌和人才建设等方面制定相应措施。

因此，现阶段中国纺织工业要抓住“环境保护在新形势下的两个重要使命：改善民生和优化经济”带来的发展机遇，依靠绿色科技创新和清洁技术加快产业转型，建立现代纺织工业体系，完善以市场为导向、企业为主体、科研院所和高校为支撑，产学研用紧密结合的纺织工业创新机制，提升纺织工业的国际竞争力。为此，本章将从从政府、协会组织和企业三个层面提出具体的对策建议，旨在全方位推进纺织工业综合改革，提高我国纺织工业的国际竞争力。

（1）充分利用政府在中国纺织工业投资和创新环境建设中的制度作用。根据波特的竞争优势理论，为了创造高层次的产品差异性竞争优势，企业（产业）唯一的选择是进行持续的投资和创新。因而，一个有利于企业的持续投资和创新的环境对高层次竞争优势创造至关重要。波特“钻石体系”模型中的四种主要因素（生产要素、需求条件、相关产业和支持性产业的表现和需求条件）便是对这种投资和创新环境的描述。而政府对这一环境建设有着非常重要的制度作用。

中国社会科学院社会学研究所在2009年完成的《政府在企业创新中的作用》调研报告中指出：政府是决定国家创新能力的重要因素，是管理和维护技术创新的主体，也是维护技术安全的主要力量，是促进产学研合作的重要保障，在区域创新体系的构建中具有不可替代的公共性职能。

马克思政治经济学原理也告诉我们，经济基础决定上层建筑，上层建筑对经济基础具有反作用。制度（体制）作为上层建筑的一部分，对经济活动有反作用，即当制度建设适应经济发展规律时，对经济有促进作用，反之则有阻碍作用。

中国纺织工业作为传统的劳动密集型产业，改革开放后率先进入市场经济，依靠市场配置资源，解放了生产力，得到跨越式发展，取得了巨大成就。但现阶段中国纺织工业面临的一系列矛盾和问题需要政府发挥上述各职能，因此，本研究建议要尽快构建以下适合现阶段纺织工业生产力发展的体制：

1）改善市场环境。一个健全、统一、开放、有序、能公平竞争、优胜劣汰的市场环境（包括经济、文文和社会环境），是激励纺织企业技术创新的外部动力源。政府可利用现代科技资源具有更高流动性的特点，建设和优化多渠道、宽领域、全方位的对外开放环境，把引进技术与自主创新结合起来，同时建立相应的人才激励机制，营造适宜的社会文化氛围，创造有利于吸引、集聚人才的环境。

2）完善宏观调控的政策法律环境。技术创新具有明显的外部效应，市场价格机制往往难以使技术创新的全部收益内部化。建议政府进行适当的宏观调控，如建立对知识产权、风险投资、成果转化等强制性的法律保护环境，以及税收、担保、贴息等优惠性的政策扶持环境等，以提高技术进步收益的内部化程度，更好地推动经济的持续高速增长。

3）健全技术创新发展配套环境。技术创新的高投入、高风险、高效益和高回报等特点，决定了它的发展必须以良好的投资与融资环境作为前提，建立以企业为主体、市场为导向、产学研相结合的技术创新体系，引导和支持创新要素向企业集聚。在技术创新环境建设中，坚持以政府为主导，深化科技体制改革，充分发挥市场在配置资源方面的基础性作用。

具体到环境保护方面，就是如何围绕环境保护工作发挥政府上述职能，创造一个利于纺织企业（产业）积极研究、开发、应用绿色科学技术和清洁生产技术的创新环境。本文建议进一步巩固“十一五”期间，我国在构建完善的环境政策法规标准制度体系过程中形成的激励与约束并举、引导与推动同步的工作局面，结合纺织工业实际，充分发挥产业协会作为政府和企业的桥梁纽带作用，制定满足纺织工业清洁生产技术投资和创新需求的政策环境。

（2）充分利用行业协会中介、引导和规划的职能作用。政府在构建投资创新环境中所起的作用归根到底是外因，纺织工业要提升还需要企业发挥自身能动性，因为最终的竞争主体是企业。在企业发展过程中，除了要发挥企业自身的潜力，还要靠产业协会这一以企业为主体的社团组织，发挥其产业服务与自律、桥梁与纽带作用，按马克思的理论，这是一种“天然生产力”。特别是在当前加快经济发展方式转变、实现纺织强国目标关键时期，更需要产业协会在产业研究、规划和管理咨询方面，在产业先进技术推广、加强行业自律、加大社会责任管理体系推广力度方面，在引导企业落实规划和产业政策方面，在现代纺织工业体系及科技创新体系构建方面发挥重要的作用。正是这些作用的发挥，为中国纺织工业创造高层次竞争优势提供了有力的环境保证。具体体现在：

1）构建公共服务、科技普及体系，推进产业创新平台建设，向广大企业推介新技术、新工艺、新材料、新装备，特别向广大中小企业普及更多的成熟的适用技术。

2）大力推广节能降耗新技术，加大节能减排、清洁生产、环境治理技术的推广和研发，将末端污染治理方式转变为源头和过程控制。通过系统、科学和创新的服务举措提高中国纺织工业的技术和产品水平，促进产业升级，进而带来纺织工业国际竞争力的提升。

除此之外，产业协会还应积极深入推广 CSC9000T 社会责任管理体系的贯彻实施，为企业和社会创造了良好的内部文明秩序和外部环境，促进了我国生态文明社会建设。这无疑对中国纺织工业国际竞争力的提升起到了积极的作用。

（3）充分发挥科技创新体系中企业主体作用创造企业差异化竞争优势。通过前面的定性和实证分析得出结论：发展、创新和推广清洁生产等绿色技术是新时期改造提升中国纺织工业的最佳选择。中国纺织工业已经到了通过创造高层次竞争优势来提升产业国际竞争力的阶段；实施清洁生产技术，从源头和过程控制减少污染物排放可以实现企业经济和社会环境的“双赢”效益。科技是第一生产力，生产力的提高带来竞争力的提升。所以，在充分利用政府和产业协会在科技投资和创新环境建设中的职能作用前提下，必须充分发挥企业的科技创新、应用主体作用，通过绿色科技创新和应用创造企业差异化竞争优势，增强企业在国际市场上的竞争力。

具体而言，企业首先要解放思想，转变观念，具体如下：

1）从主要依靠劳动力比较优势向主要依靠创新驱动转变。通过自主研发或引进吸收，淘汰落后设备和产能，提高劳动生产率，提高科技和品牌对纺织经济增长的贡献率。

2）从资源消耗型向资源节约型转变，发展循环经济和低碳经济。资源是有价值的，也是有限的，资源有偿使用是符合市场规律的。所以要通过发展绿色技术，实现资源的有效利用和循环利用，同时，积极开发新型材料和新型纤维，替代传统纺织材料以解决企业经常面对的原材料瓶颈问题。

3）从忽视环境向环境友好型转变，发展清洁生产技术，加强环境治理。

4）从粗放型生产组织方式向集约型组织方式转变。

其次要认识到，技术创新是现代经济增长的主要原动力，在选择技术和实现技术创新上，技术创新的可行性和效率尤为重要。我国虽然是世界第一纺织大国，但在技术上同发达国家相比有很大的差距。所以，企业的技术创新可以靠发明来取得新技术，也可以利用同先进技术的差距，以引进技术的方式获得。靠引进技术和引进消化再创新为主来取得技术创新，成本远低于自己原始发明创新的成本。目前我国资本相对比较昂贵，全靠自主发明没有优势，引进技术创新与自主研发创新结合，逐步壮大自主创新实力成本低、风险小，并且创新的速度比发达国家快得多，即所谓后发优势。

这样，企业根据自己的比较优势，通过绿色技术创新就可以获得差异化竞争优势，因此带来经济效益的提高。同时，整个纺织工业的国际竞争力得到了提升。

改革开放30年我国纺织工业实践证明，单引进技术常常受到技术垄断的阻力，使引进成本高企，作为一个世界纺织大国，绝不能一味依赖引进。自主创新能力的提升是打破技术垄断的重要手段。自主创新，并非封闭创新，而是运用全球化机遇有效配置国内外创新资源，以我为主，在关键技术和公共技术上实现重点突破。

参考文献

[1] 李斯特．政治经济学的国民体系[M]．北京：商务印书馆，1983.
[2] 庇古．社会主义与资本主义的比较[M]．北京：商务印书馆，1963.
[3] 鲍莫尔．福利经济与国家理论[M]．北京：商务印书馆，1982.
[4] Bator F M. The Anatomy of Marketing Failure [J]. Quarterly Journal of Economics, 1958(8): 351 ~ 379.
[5] Beason R. Growth, Economics of Scale, and Targeting in Japan[J]. Review of Economics and Statistics, 1997(8): 286 ~ 295.
[6] Dickson. How the United States can be Number 1 Again[J]. The Columbia Journal of World Business, 1996 (9): 236 ~ 239.
[7] Chen Chiu, Lee. Industrial Policy and Structural Change in Taiwan's Textile and Garment Industry[J]. Journal of Contemporary Asia, 2009, 39(2): 512 ~ 529.
[8] Ike, Brian. The Japanese Textile Industry: Structural Adjustment and Government Policy[M]. Asian Survey, 1985.
[9] Kristine, David. Dealing with Deindustrialization: Economics, Politics, and Policy during the Decline of the New England Textile Industry, 1920-1960[J]. Journal of Economic History, 2000(6): 501 ~ 504.
[10] Goswami, Omkar. Sickness and Growth of India's Textile Industry: Analysis and Policy Options[J]. Economic and Political Weekly, 1990(11): 2429 ~ 2439.
[11] Kai-chiu Ho, Patrick Chi-leung, Xiao-ming Tao, Philip Kwok-wing Yeung. A Review of Technological Change of Hong Kong Textile and Clothing Industry in Relation to the Change of the Government's Industrial Policy from 1974 to 2003[J]. International Journal of Services Technology and Management, 2007(8): 323 ~ 326.
[12] 中国纺织工业联合会．建设纺织强国纲要(2011 ~ 2020 年)．[2012-05-04]．http://www. texindex. com. cn.
[13] 马晓国．江苏产业结构调整的计量分析与实证研究[D]．南京：南京航空航天大学，2006.
[14] 张立柱．区域产业结构动态性评价与应用研究[D]．青岛：山东科技大学，2007.
[15] 穆岩．基于区域经济发展的京津唐产业结构调整研究[D]．北京：北京交通大学，2008.
[16] 王湃．区域科技与经济协调发展评价理论与方法研究[D]．长春：吉林大学，2008.
[17] 高敬峰．中国制造业比较优势与产业结构升级研究[D]．济南：山东大学，2008.
[18] 李敏，毛婷婷．金融危机下中国纺织服装产业的升级问题[J]．纺织导报，2009(7)：35，36.
[19] 杨江帆，吴声怡，余文权，等．安溪茶业升级与跨越的发展战略研究[J]．福建农林大学学报(哲学社会科学版)，2008(3)：49 ~ 54.
[20] 姜铸，郭伟．我国新型工业化进程中纺织产业升级的途径[J]．纺织学报，2008(7)：117 ~ 121.
[21] 樊丽淑，俞心怡．提升宁波服装产业集群国际竞争力的对策研究[J]．工业技术经济，2008(4)：95 ~ 98.
[22] 欧阳玉萍．中国纺织服装国际竞争力比较研究[J]．江苏纺织，2006(12)：30 ~ 32.
[23] 吴彦艳，丁志卿．基于产业价值链视角的产业升级研究[J]．科技管理研究，2009(6)：376 ~ 378.
[24] 孙伯良，周凌．中国皮革业国际竞争力的实证分析[J]．生产力研究，2009(16)：138 ~ 140.
[25] 陈建芬．金融危机下纺织工业的困难与前景[J]．市场周刊，2009(12)：17 ~ 19.
[26] 孙雪莹．基于全球价值链角度的 FDI 与产业升级研究[J]．现代商贸工业，2009(17)：1，2.
[27] 陈靖．我国现行基本经济制度下的产业政策特征研究[D]．上海：复旦大学，2003.
[28] 李敬辉．新时期中国产业政策研究[D]．哈尔滨：哈尔滨工程大学，2005.
[29] 韩小威．经济全球化背景下中国产业政策有效性问题研究[D]．长春：吉林大学，2006.

[30] 侯锐．中国农业支持政策研究[D]．武汉：华中农业大学，2006.
[31] Rabellotti R. Is there an "Industrial District Model"? Footwear Districts in Italy and Mexico Compared [C]. World Development，1995，23.
[32] Schmitz. Local Enterprises in the Global Economy：Issues of Governance and Upgrading[C]. Edward Elgar Publishing，2004.
[33] Bair J，Gereffi. Local Clusters in Global Chains：The Cause and Consequences of Export Dynamism in Torreon's Blue Jeans Industry [C]. World Development，2001，29.
[34] Humphrey J，Schmitz H. Governance Cluster and Global Value Chain Research[C]. Brighton：Institute of Development Studies，University of Sussex，2000.
[35] Nadvi K，Halder G. Local Cluster in Global Value Chains：Exploring Dynamic Linkages between Germany and Pakistan. IDS Working Paper [M]. Brighton IDS-Sussex，2002.
[36] 王述英．现代产业经济理论与政策[M]．山西：山西经济出版社，1999.
[37] 杨治．产业政策与结构优化[M]．北京：新华出版社，1999.
[38] 江小娟．我国产业结构及其政策选择[J]．中国工业经济，1999(6)：13~15.
[39] 黎继子，刘春玲，蔡根女．全球价值链与中国地方产业集群的供应链式整合——以苏浙粤纺织服装产业集群为例[J]．中国工业经济，2005(2)：118~122.
[40] 高燕．产业升级的测定及制约因素分析[J]．统计研究，2006(4)：47~49.
[41] 林涛，谭文柱．区域产业升级理论评价和升级目标层次论建构[J]．地域研究与开发，2007(5)：16~23.
[42] 靖学青．上海产业升级测度及评析[J]．上海经济研究，2008(6)：53~59.
[43] 李江涛，孟元博．当前产业升级的困境与对策[J]．国家行政学院学报，2008(5)：81~84.
[44] 刘沁清．产品改进、产业升级和内涵经济增长——比较优势的视角[J]．复旦学报（社会科学版），2007(2)：50~56.
[45] 王齐．环境管制促进技术创新及产业升级的问题研究[D]．济南：山东大学，2005.
[46] 谢军．基于国际产业转移的中国电机产业组织创新与产业升级研究[D]．长沙：中南大学，2008.
[47] 华德亚．跨国公司产品内分工与我国的产业升级[J]．安徽大学学报，2006(11)：139~143.
[48] 梁军．全球价值链框架下发展中国家产业升级研究[J]．天津社会科学，2007(4)：86~92.
[49] 丁亚涛．全球生产网络与中国服装产业升级研究[D]．广州：暨南大学，2006.
[50] 宋锦剑．论产业结构优化升级的测度问题[J]．当代经济科学，2000(22)：92~97.
[51] 张向阳，朱有为．基于全球价值链视角的产业升级研究[J]．外国经济与管理，2005(3)：21~27.
[52] [英] 阿格拉 A M. 欧洲共同体经济学[M]．上海：上海译文出版社，1985.
[53] [美] 埃兹拉·沃格尔．日本的成功与美国的复兴[M]．台北：渤海堂，1989.
[54] [美] 克鲁格 A O. 发展中国家实施经济政策的教训[J]．经济社会体制比较，1995(6)：8~12.
[55] [英] 阿列克·凯恩克劳斯．经济学与经济政策[M]．北京：商务印书馆，1990.
[56] [日] 并木信义．日美产业比较[M]．北京：中国财政经济出版社，1990.
[57] [日] 饭田经夫，等．现代日本经济史[M]．北京：中国展望出版社，1987.
[58] [美] 帕顿 G V，沙维奇 D S. 公共政策分析和规划的初步方法[M]．北京：华夏出版社，2002.
[59] [美] 金德尔伯格 C P，赫里克 B. 经济发展[M]．上海：上海译文出版社，1986.
[60] [英] 杰拉尔德．发展经济学的先驱[M]．昆明：云南人民出版社，1995.
[61] [荷] 丁伯根 J. 经济政策：原理与设计[M]．北京：商务印书馆，1989.
[62] [美] 安德森 J E. 公共决策[M]．北京：华夏出版社，1990.
[63] [美] 科迪 J，等．发展中国家的工业发展政策[M]．北京：经济科学出版社，1990.
[64] [英] 凯恩克劳斯 A. 经济学与经济政策[M]．北京：商务印书馆，1990.

[65] [美] 凯尔曼 S. 制定公共政策：美国政府的乐观前景[M]. 北京：商务印书馆，1990.
[66] [美] 克拉克森 K W，米勒 R L. 产业组织：理论、证据和公共政策[M]. 上海：上海三联书店，1989.
[67] [美] 缪勒 . 公共选择理论[M]. 北京：中国社会科学出版社，1999.
[68] 魏守华 . 集群竞争力的动力机制以及实证分析[J]. 中国工业经济，2002(10)：27 ~ 34.
[69] 王瑛 . 地方产业集群升级的两维性分析[J]. 科技进步与对策，2009(5)：55 ~ 59.
[70] 吴传清 . 区域产业集群品牌理论研究进展——广东学者的研究文献为考察对象[J]. 学习与实践，2009(2)：53 ~ 61.
[71] 陈玉平 . 产业集群的经济学解析及政府功能的发挥[J]. 商业研究，2005(17)：23 ~ 26.
[72] 周明，吴志军 . 外部经济与产业地理集聚——基于 20 个制造行业的实证分析[J]. 商业研究，2009(1)：65 ~ 68.
[73] 阮平南，王晓琦 . 产业集群生成机理研究[J]. 商业研究，2009(7)：19 ~ 22.
[74] 吴翔阳 . 集群化产业竞争力的三维度模型及实证分析[J]. 重庆工学院学报，2005(9)：28 ~ 32.
[75] 戈平 . 经济调整时期纺织行业的新产业政策[J]. 中国科技信息，1990(5)：14.
[76] 王福葱 . 我国纺织工业面临的问题及其整治[J]. 中国工业经济，1989(6)：39 ~ 41.
[77] 毛炳森 . 有关纺织工业几项技术经济政策的探讨[J]. 北京纺织，1979(1)：16 ~ 20.
[78] 王天凯 . 纺织工业战略性结构调整的思考和政策建议[J]. 纺织导报，1991(3)：2 ~ 4.
[79] 胡汉源 . 关于纺织国有经济在行业中的定位及政策问题[J]. 中国纺织经济，1979(5)：14 ~ 16.
[80] 顾强 . 纺织工业特性与入世后宏观政策调整取向[J]. 中国纺织，2002(5)：19 ~ 21.
[81] 周维富 . 我国纺织工业自主创新的进展、问题及政策建议[J]. 中国经贸导刊，2006(20)：14，15.
[82] 李陵申，顾庆良，祝秀森 . 中国纺织业的技术创新与产业升级[J]. 纺织学报，2007(5)：125 ~ 128.
[83] 杜钰洲 . 中国纺织业如何创新[J]. 江苏纺织，2009(10)：1.
[84] 杜钰洲 . 纺织振兴需要“三个创新”[EB/OL]. [2009-04-13]. http：//news. ctei. gov. cn.
[85] 杜钰洲 . 以三个“结合”推进行业技术进步[EB/OL]. [2009-02-06]. http：//news. ctei. gov. cn.
[86] 杜钰洲 . 中国改革开放的成功与中国纺织工业的发展前景[EB/OL]. [2009-06-05]. http：//news. ctei. gov. cn/134573. htm.
[87] 杜钰洲 . 产业升级创新是核心[EB/OL]. [2007-11-07]. http：//news. ctei. gov. cn/1037. htm.
[88] 王天凯 . 转变经济发展方式是中国纺织业发展方向[EB/OL]. [2010-03-12]. http：//news. ctei. gov. cn/.
[89] 杜钰洲 . 从三个方面探索实现纺织强国捷径[EB/OL]. [2010-04-02]. http：//www. texnet. com.
[90] 杜钰洲 . 纺织工业要通过结构调整实现比较优势[EB/OL]. [2010-03-15]. http：//www. texnet. com. cn.
[91] 杜钰洲 . 品牌文化　繁荣创新文化，加快中国纺织产业升级[R]. 中国纺织工业发展报告，2008. 01.
[92] 孙瑞哲 . 问题研究　纺织产业升级与品牌战略[R]. 中国纺织工业发展报告，2007. 01.
[93] 张庆辉 . 升级——入世后中国纺织产业的发展[J]. 中国服饰，2007(1)：4 ~ 6.
[94] 戴红梅 . 提高自主创新能力，加快纺织产业升级[J]. 纺织服装周刊，2007(11)：15 ~ 18.

附录　建设纺织强国纲要（2011～2020）

进入21世纪，我国现代化建设开始步入第三步发展战略，即到本世纪中叶，建国100周年的时候达到中等发达国家水平。中共十六大作出重要判断，即“二十一世纪头二十年，对我国来说，是一个必须紧紧抓住并且可以大有作为的重要战略机遇期”，“我们要在本世纪头二十年，集中力量、全面建设惠及十几亿人口的更高水平的小康社会”。我国在“十五”、“十一五”时期经济社会发展取得巨大成就，社会生产力快速发展，综合国力大幅提升，人民生活明显改善，国际地位和影响力显著提高，社会主义经济建设、政治建设、文化建设、社会建设及生态文明建设都取得重大进展。

纺织工业在新世纪以来，适应我国全面建设小康社会的需要，坚持走新型工业化道路，生产力水平、运行质量效益大幅提高，产业结构明显改善，科技进步加快，人才队伍壮大，创新能力增强，品牌建设取得初步成效。三大最终产品和国内外市场协调发展，企业组织、产业集群、区域布局等结构有较大改善。纺织工业在国际产业结构中的规模进一步扩大，核心竞争力进一步增强。

中国纺织工业纤维加工量占世界的比重从2000年的25%上升到2010年的51%，纺织品服装出口总额占世界的比重从2000年的24%上升到2010年的35%。纺织工业以扩大内需为第一动力，规模以上企业内销产值占销售产值的比重从2000年的67%上升到2010年的82%。纺织工业为中国惠及十几亿人口更高水平的小康社会不仅创造了日益丰富和更加美好的衣着生活，还创造了2000万就业岗位。

纺织工业作为基础性消费品产业，在全面建设小康社会的事业中，始终处于支柱性地位，发挥重要的民生作用和在国际合作与竞争中的优势作用，纺织工业在规模、结构、科技与品牌、质量效益、开拓国内外市场等方面取得了巨大的发展和进步。全面建设小康社会，以“十二五”为关键阶段的新时期已经开始，对纺织工业由大变强不仅提出了更高要求，也提供了重要机遇。

根据党的十七届五中全会关于制定“十二五”规划的指导思想，纺织工业在新时期，特别强调必须加倍努力，以转变经济发展方式为主线，走新型工业化道路，加快结构调整，建设现代产业体系，实现由大变强。纺织工业要主动适应国内外形势的新变化，抢抓机遇，积极应对可以预见和难以预见的风险挑战，坚持扩大内需战略，顺应各族人民过上更好生活的新期待，适应中国工业化中后期科学发展的新要求，把握好在全球经济分工中的新定位，积极创造参与国际经济合作和竞争新优势，努力在2020年实现由世界纺织大国建成纺织强国的奋斗目标。

中国纺织工业联合会结合对当前和今后一个时期国际国内形势的综合判断，以及对2020年建成纺织强国的客观需要、发展条件、风险挑战、目标任务进行了前瞻性和战略性分析，紧紧围绕对于加快纺织工业结构调整和发展纺织工业现代产业体系，提升对产业核心竞争力具有主要支撑作用的科学技术进步、品牌建设、可持续发展和人才队伍建设这四大核心任务，立足于落实“十二五”规划，与到2020年建成纺织强国的奋斗目标紧密衔接，汇集全行业智慧，制定了《建设纺织强国纲要（2011～2020年）》。

如今“十二五”第一年已经胜利度过，2011年在国际金融危机的深远影响下，国际经济环境的复杂性和不确定性增多，国内经济通过积极宏观调控实现了平稳较快发展，“十二五”规划实施总体上进展顺利，实现了良好开局，这一年也是纺织工业实施“十二五”规划，推进新时期纺织强国建设的良好开端，增强了全行业对建设纺织强国的信心。本《纲要》旨在团结全行业，进一步将思想和行动统一到科学发展观，及中央关于全面建设小康社会的战略部署和一系列方针政策上来，以更高的积极性、主动性、创造性，抓住大有可为的战略机遇期，脚踏实地推进纺织强国建设。中国纺织工业联合会将组织全行业在不同发展阶段，针对世情、国情、行情新变化，审时度势，适时充实或调整具体工作部署，推动纺织强国建设与时俱进，为实现全面建成小康社会的宏伟目标作出积极贡献。

第一章　建设纺织强国是我国全面建设小康社会的客观需要

第一节　顺应各族人民过上更好生活的新期待

一、纺织工业要顺应人民群众对更高物质文化生活的新期待

根据“十二五”规划精神，全面建设小康社会将长期坚持扩大内需特别是消费需求的战略，把保障和改善民生作为根本出发点和落脚点，落实这一重大战略将给纺织工业带来新期待。

在全面建设小康社会第一年，2001年我国人均GDP达到8622元（当年价），按当年人民币兑美元汇率已超过1000美元，标志着人民衣着消费进入快速增长阶段。到2010年人均GDP已达29992元，按当年人民币兑美元汇率达4430美元，按可比价（1978年=100）计算这十年我国人均GDP年均增长9.84%。根据国家统计局抽样调查，这十年城镇居民人均衣着支出从2000年500.46元上升到2010年1444.34元，占人均生活消费的比重从10.01%上升到10.72%；农村居民人均衣着支出从2000年95.95元上升到2010年264.03元，占人均生活消费支出的比重从5.75%上升到6.03%。考虑这十年人口总增长5.8%和城镇化率从33.62%提到49.95%这两大因素，城乡居民加权人均衣着消费支出从2000年242.46元上升到2010年853.59元，占总生活消费的比重从2000年8.43%上升到2010年9.57%，由此推算全国城乡居民衣着消费总支出在这十年增长了2.72倍，年均增长14.05%，按可比价年均增长15.84%。从人民群众对衣着消费的内在结构分析，衣着消费增长有两大内涵：一是伴随生活水平日益提高而对纤维制品使用数量的不断增长；二是适应生活方式的改变，满足衣着功能品质细分和对日常生活更高审美化追求（如时尚化影响）。

进入到全面建设小康社会的第二个十年（2011～2020年），在新时期我国坚持扩大消费需求战略及缩小城乡差别、区域差别、个人收入分配差别的重大决策，将使我国城乡居

民衣着消费持续保持较快增长态势。2010 年，我国城镇居民人均可支配收入 19109 元，其中占 10% 的最高收入家庭人均衣着支出是占 10% 的最低收入家庭的 6. 13 倍。农村人均纯收入 5919 元，还不到 1000 美元，其中人均年纯收入低于 5000 元的家庭占农村居民的 47. 59%，约有 3. 2 亿人口。随着较低收入人群收入水平较快提高，将成为新时期衣着消费实现较快增长的重要因素。

"十二五"规划将国内生产总值的发展速度目标调整为 7%，2011 年实际增长速度为 9. 2%，2012 年确定增长目标为 7. 5%，根据国际经济将处于长期缓慢复苏态势和国内经济结构调整趋势，预计到 2020 年我国的 GDP 年均增速在 7. 5% 左右。虽然 GDP 增速低于前十年，但消费仍将保持较高增长速度，预计我国消费率将从 2010 年 47. 4% 上升到 2020 年 62. 3% 以上（世界中等收入国家的平均消费率在 67% 左右，我国在 2000 年消费率为 62. 3%）。那么在第二个十年，在支出法 GDP 以 7. 5% 的速度增长模型中，最终消费将以 10. 5% 左右的速度增长，比前十年的增速提高 3 个百分点。如果居民消费在最终消费所占比例从 2010 年 71. 3% 到 2020 年调整为 74. 5% 以上（2000 年居民消费占最终消费比重曾为 74. 5%），那么居民消费在第二个十年就将以 11% 的速度增长。

根据 2011 年国家统计局快报，2011 年我国城镇居民人均可支配收入 21809. 8 元，比 2010 年增长 14. 1%，按可比价增长 8. 4%，衣着支出 1674. 7 元，比 2010 年提高 15. 95%，按可比价增长 13. 45%。2011 年我国农村居民纯收入 6977 元，比 2010 年增长 17. 87%，按可比价增长 11. 4%，人均衣着支出 341. 1 元，比 2010 年提高 29. 50%，按可比价提高 17. 52%（农村居民在"十一五"期间衣着支出水平平均增速为 12. 38%）。城镇居民衣着支出占消费的比重从上年 10. 72% 上升到 11. 05%，乡村居民从上年 6. 83% 上升到 7. 21%。

预期在第二个十年，城镇居民人均衣着支出平均增长率按 12. 5% 左右，农村居民人均衣着消费支出平均增长率按 15% 左右。则城乡居民人均衣着支出之比将从 2010 年 5. 47 倍下降到 2020 年 4. 39 倍。城乡居民加权衣着总支出的增速为 14. 27% 左右。加上人口增长因素，城乡居民衣着支出总额年均增长将达 14. 77% 左右（2020 年我国人口预计 14 亿人，城镇化比率达 60%）。

二、纺织工业要顺应人民群众对更好就业的新期待

在我国社会主义初级阶段的历史长河中，就业始终是人民群众过上更好生活的第一需求。充分就业作为人民群众自己创造历史的必要条件，也是中国特色社会主义经济社会全面协调可持续发展的重要推动力。在中国现代化建设的不同时期，人民群众对就业的不同要求始终与各时期经济社会发展水平和生活方式的变化密切相关。全面建设小康社会有两大内生动力相辅相成，即工业化和城镇化，国家通过工业化强大起来，城乡人民通过城镇化富起来，而城镇化的核心任务是扩大城镇就业。加快从世界纺织大国向纺织强国转变，对于顺应新时期人民群众对更好就业的新期待具有重大现实意义。纺织工业在承担民生使命的历史进程中，从没停止过自身产业升级的脚步，而且正是我国各族人民寻求更好就业的新期待，成为纺织工业加快升级的巨大动力。

在 2000 年，纺织工业规模以上（年销售额 500 万元以上）企业 1. 94 万户，从业人员 738. 48 万人（占全国规模以上工业职工的 13. 28%），创造了 8894. 52 亿元的总产值，经过"十五"和"十一五"两个五年规划期的发展和提升，在 2010 年纺织工业规模以上企

业发展到5.46万户，从业人员增加到1151.89万人（占全国工业职工的12.07%），创造了47612.80亿元的总产值。与从业人员增长57%相对应的是工业总产值增长了4.35倍。这十年以规模以上企业为主力的纺织工业全行业（包括规模以下企业）国际贸易顺差从391.54亿美元（占全国贸易顺差总额的162.36%）增加到1862.79亿美元（占全国贸易顺差总额的104.69%），增长3.76倍。

实践证明，加快用高新技术改造第一生产力和提高人力第一资源素质是提高产业核心竞争力的关键；做强产业核心竞争力是产业由大变强的关键；从纺织大国变成纺织强国是开拓国内外市场和增强吸纳就业能力的关键。从2000年到2010年，纺织工业规模以上企业职工人均工资增长2.52倍，人均支配总资产增长1倍，每创造1亿元产值所吸纳的就业人数从830人减少到242人，下降71.2%，与此同时，中国纺织工业国内外市场总规模扩大了4.62倍，从中不难发现，在新时期纺织工业就业规模扩大57%，主要原因在于不断提升产业核心竞争力从而开拓了更大市场，这样人均实现利润总额增长5.46倍，纺织工业规模以上企业的总资产贡献率从2000年7.81%上升到2010年15.65%。

我国在2020年人口将达到14亿，城镇化率将达到60%，届时城镇人口要比2010年再增加1.7亿，农村人口继续比2010年减少1.1亿。人民受教育程度将在前十年基本普及九年义务教育基础上大力普及高中和职业教育，将使受过高职教育、大专以上教育的人才占行业从业人数比重大幅提升，人们对更好就业的期待更强烈，就业目的早已从解决温饱，上升到满足小康生活，预示着新时期纺织工业吸纳就业的总趋势是高工资、高创造力。

然而，当前纺织工业的生产力状况还不足以充分满足人民群众对新时期更好就业的新期待。这一矛盾在"十一五"时期已经有所显露，"十一五"期间纺织工业人均工资年均增长17.92%，增速比"十五"提高近1倍，从业人数年均增长2.98%，增速比"十五"下降51%。如果用销售收入增长与工资总额增长间的弹性系数来衡量行业创造力，那么"十五"期间该系数为131.91%，而"十一五"期间弹性系数已下降到83.62%，说明虽然在"十一五"末人均销售收入比"十五"末提高了97.57%，但销售收入的增速（18.00%）落后于工资总额的增速（21.43%）。显然，在第二个十年，纺织工业要保持全行业就业总规模在2000万人以上，就必须坚持深入贯彻落实科学发展观，走新型工业化道路，发展现代产业体系，深化体制机制改革，既扩大直接生产体系吸纳就业能力，又扩大产业内现代服务体系的吸纳就业能力，还要在调整区域布局结构、提升产业集群活力及健全跨国跨地区供应链网络体系等多方面，发挥新的比较优势，开拓更大的就业空间。

三、纺织工业要顺应人民群众对良好生态环境的新期待

在更高水平的小康社会，人们不仅对物质生活和文化生活，而且对良好的生态环境有更高的期待。要求纺织工业要对节约资源能源和环境友好有新的突破，作出新的贡献，促进构建可持续发展的生产方式和消费方式。在"十一五"期间，纺织工业每出口1亿美元纱线、面料和服装，加工数量分别下降了7.7%、20.1%和26.0%；纺织工业规模以上企业在"十一五"期间单位增加值综合能耗累计下降约32%，百米印染布新鲜水取水量下降幅度达37.5%；印染行业中水回用率大幅提高；纺织行业单位增加值污水排放量下降40%；在2010年纤维加工总量中已有400万吨为再利用纤维。

在第二个十年继续以低碳、绿色、循环经济为导向加快产业结构调整，事关我国纺织工业可持续发展的长远大计，也是建成纺织强国的重要标志。根据我国“十二五”规划目标，到2015年纺织工业单位工业增加值能源消耗、工业二氧化碳排放强度、单位工业增加值用水量、主要污染物排放比2010年分别降低20%、20%、30%、10%，循环再利用纺织纤维总量达到800万吨左右，预计在“十三五”期间上述各项重大节能减排速度将持续推进，实现全国生态环境建设的新要求。

要实现纺织工业可持续发展的目标，唯有建设成具有国际先进的生产力和生产方式，国际先进的产业结构和产业文明，大幅提高纺织工业附加值，要把可持续发展的理念作为价值观和产业动力，大力推进有利于可持续发展的科研、工艺技术、新型装备、产品开发和现代管理，淘汰落后，大力营造有利于可持续发展的产业链、供应链、产业集群和区域布局体系，大力提倡以可持续发展为导向的消费方式。

第二节　适应我国工业化中后期制造业由大变强的新要求

一、纺织工业要适应我国制造业改造提升的新要求

我国全面建设小康社会的一个重要目标是在2020年基本实现工业化，现在已经处在工业化进程的中后期。党的十七届五中全会明确指出要“坚持走中国特色新型工业化道路，必须适应市场需求变化，根据科技进步新趋势，发挥我国产业在全球经济中的比较优势，发展结构优化、技术先进、清洁安全、附加值高、吸纳就业能力强的现代产业体系”，特别是对于处在国民经济基础地位的制造业，提出“改造提升”的中心任务。纺织工业作为重要的消费品工业，推进其改造提升，不仅关系我国工业现代化全局，而且直接关系到各族人民在新技术革命时代过上更好生活的新期待。

进入新世纪以来，纺织工业在国民经济中的结构性地位并非因为新兴科技在现代经济社会广泛渗透、战略性新兴产业迅速成长及重化工产业的大规模发展而相形见绌、走向衰落，相反，纺织工业正是从新兴科技获得更大创造力，从新兴产业获得更先进的劳动资料和劳动对象，从经济社会高速发展中获得更大规模、更高附加值的消费市场（包括生活消费和产业中间消费）。在当代，无论是人们对更高生存质量的新期待，还是各相关产业向更高层次发展的新要求，都离不开纺织工业在现代工业体系中无可替代的承上启下关联作用。根据国家统计局所作我国国民经济投入产出完全消耗系数表分析，纺织服装制造业对国民经济各部门的影响力系数和感应系数始终处在大于1的重要地位，并且从2000年到2007年，影响力系数从1.17上升到1.21，感应系数从1.02上升到1.22。

中国纺织工业正以历史上从未有过的持续改造提升规模，使承上启下的关联创造力持续增强。根据我国制造业改造提升的总体要求，纺织工业要在第二个十年致力于进一步增强内生动力，适应新时期市场需求变化和国家工业化宏观需要，争夺新时期产业制高点。

二、纺织工业要适应我国建立现代产业体系的新要求

作为生产人类生活消费品的制造业，纺织工业实现由大变强在我国现代经济社会不仅与人们消费方式、交往方式的发展变化息息相关，而且始终与产业体系现代化的发展变化

融为一体。

纺织工业与消费者的相互依存关系，本质是现代产业体系与消费者现代生活方式的关系，具有鲜明的时代性。众所周知，生产在外部为消费者提供消费的对象、消费的方式、消费的动力，从而生产成为消费的手段。而消费在观念上提出生产的对象，提供作为内心的图像、创造出新的生产的需要和动力，从而消费成为生产活动的一个内在要素。

中国纺织工业满足人民群众现代化衣着消费，第一，它使用原材料的1/4是天然纤维，反映了它同现代农业的关系；它使用原材料的3/4是化学纤维，反映了它同现代石油化学工业的关系。第二，纺织工业的生产资料涉及机电装备的数字化、自动化、智能化水平及生产过程的信息化水平，它的生产工艺涉及现代高分子技术、电子技术、材料技术、现代物理和现代化学技术、生物技术、能源和环境技术、生命科学和人体工学以及文化生产力。第三，纺织工业的供应链管理和营销体系建设涉及现代服务业的发展水平。

总之，纺织工业由大变强实质上是我国整个产业体系的现代化问题，纺织工业要满足人民群众日益提高的物质文化生活的需要，要适应在国际分工新定位创造新优势，不仅拉动着整个制造业的提升，也拉动着战略性新兴产业的加快培育和发展，以及现代服务业、新型能源、新型材料和综合运输体系建设。纺织工业由大变强不仅为这些相关产业带来巨大的市场，而且也为这些产业提供重要的生产要素。新世纪以来，纺织工业顺应我国工业化中后期建设现代产业体系的要求，产业用纺织品的生产力高速发展，已成为纺织工业新的增长点。中国纺织工业为工业、农业、土木、水利、建材、各种医疗卫生、环境工程、能源工程、交通与航空航天工程、信息技术工程等生产的产品，在2000年使用纤维数量174万吨，占全部纤维加工量的12.8%，到2010年已增加到822万吨，约占全部纤维加工量的20%。预计到2020年可能发展到占纤维加工总量27%的总规模。而今后产业用纺织生产力的发展主要是满足各相关产业对更高科技含量产品的要求。纺织工业发展高功能、高性能纤维材料和高技术产业用纺织品，既是纺织工业自身由大变强的要求，又是我国相关制造业、战略性新兴产业和涉及国家安全的战略工程，打破对某些国际垄断资源的依赖，对化石资源、矿石资源的依赖，对与粮争地的天然资源的依赖，以及对我国解决气候问题、资源问题、环境问题、粮食问题都具有重大的现实意义。

总之，我国现代产业体系的建设为纺织工业由大变强提供了重要的发展机遇，纺织工业由大变强是我国建设现代产业体系的客观需要。

三、纺织工业要适应自身转变发展方式的新要求

纺织工业要满足中国工业化中后期的巨大经济社会需求，必须紧紧抓住自身转变发展方式主线和结构调整主攻方向。

第一，产业要素结构需要进行重大调整，要从以大量资源投入和低工资劳动力投入为主，转向扩大知识和技术要素的投入、依靠科技第一生产力和人才第一资源为主的发展方式。

第二，产业的功能要从在国际价值链低端的加工型制造业，向在国内国际价值链高端具有产业核心竞争力和自主品牌创造能力的创新型制造业转变。

第三，产业的价值结构要从市场供求内部性的效益驱动，向将质量效益内部性动力与资源节约、环境友好、生态和谐等市场外部性责任紧密结合的科学发展动力转变。

第四，产业的生产方式要从企业间分散重复、盲目扩张、粗放发展的生产方式，向以自主发展、战略合作，自主研发、集成创新，有序竞争、公平链接的社会化大生产方式转变。从各自为战打造品牌优势向以骨干企业为主力，以供应链为纽带打造产业同盟品牌优势或区域品牌群落的品牌集成优势转变。

第五，从我国东部产业带优势向东中西部主体功能区相协调配套的战略优势转变。

第六，整合国内外两种资源，开拓国内外两个市场，从以往产品“走出去”的发展方式，向“品牌”走出去、运用资本实力，跨国兼并，提高跨区域跨国资源配置能力，发展中国纺织工业跨国公司，发展拥有国际知名品牌和核心竞争力的大中型企业，提升小企业专业化分工协作水平，促进企业组织结构优化。

第三节　积极创造我国参与国际经济合作和竞争新优势

当今世界，和平、发展、合作仍是时代潮流，世界多极化、经济全球化深入发展，世界经济政治格局出现新变化，科技创新孕育新突破；2008年以来，受国际金融危机的影响，世界经济增速减缓，全球纺织市场和产业分工结构调整加快，围绕市场、资源、人才、技术、标准等的竞争更加激烈，气候变化及能源、粮食等全球性问题的影响更加突出，各种形式的保护主义抬头，我国纺织工业由大变强的外部环境更趋复杂。发达国家纺织工业受金融危机的冲击正在经历较大幅度的结构调整，形成较大的资本需求空间和较大的技术、品牌、人才资源溢出效应，这为中国纺织工业扩大“走出去”空间、整合国际资源、促进产业升级带来难得机遇。同时，中国纺织工业的产业升级也面临国际国内一系列新的风险挑战。我国纺织工业首先面对主要发达国家市场低迷的挑战，同时又面对发达国家以高新技术创新体系和国际知名品牌垄断优势的挤压，发达国家调整产业政策、寻求实体经济回归与我国纺织工业高端领域的竞争将更为激烈；一批新兴市场经济体以其劳动力成本优势与我国在国际价值链低端的竞争日趋激烈，我国纺织工业在当代国际市场的“在位优势”面临严峻挑战。

我国人均国民收入稳步增加，经济发展方式转变加快，消费结构升级，内需对经济增长、产业升级的动力增强，工业化推进与国际化深入相互促进，科技教育整体水平提升，劳动力素质改善，基础设施日益完善，区域布局调整推进，社会保障体系逐步健全，社会大局保持稳定，纺织工业在“十五”、“十一五”时期的发展成就为实现由大变强打下坚实基础，完全有条件推动纺织工业加快创造参与国际经济合作与竞争新优势。同时，我国在发展中存在着的不平衡、不协调、不可持续等问题依然突出，制约科学发展的体制机制障碍仍然较多，纺织工业人工成本进入持续高增长期、资源与环境约束加大，长期粗放发展积累的矛盾和问题还没有根本解决，传统的低成本制造竞争优势衰减明显，而走向价值链高端的新的竞争优势还远未到位。中国纺织工业正在面临国际新定位和创造新优势的严峻考验，无论外部环境的新变化，还是内部发展的新约束，都要求中国纺织工业加快由大变强。纺织工业必须科学判断和准确把握发展趋势，充分利用各种有利条件，坚持以更广阔的视野，统筹国内国际两个大局，抢抓机遇，以只争朝夕的精神积极创造参与国际经济合作和竞争的新优势。

我国纺织工业适应国际新定位，创造新优势已有一定的基础。“十五”期间，出口额增长121.58%，出口在世界的比重从14.71%上升到24%，其中数量增长因素占106.41个百分点，价值增长因素仅占15.17个百分点；而在“十一五”期间，在国际经济不景气环境下，出口额增长80.37%，出口额在世界出口比重继续提高到35%，其中价值提高因素已经占45.69个百分点，数量增长因素下降到34.68个百分点，表明出口正在向质量效益型转变。越来越多的中国纺织服装骨干企业以其品牌、资本、管理优势，抓住有利条件加大整合国际创新资源、品牌资源力度，加快品牌产品走出去步伐，开拓零售市场，在发达国家开办品牌连锁，建立跨国开发、经营机构等。根据国际经济走势和我国面临的新的竞争形势，中国纺织工业将创造国际经济合作和竞争新优势的重点放在科学技术、自主品牌创建、可持续发展、创新人才这四大领域，加速提升产业核心竞争力，以此达到国际分工新定位的客观需要。预计“十二五”出口额年均增长7.5%左右，在“十三五”期间出口额年均增速6%左右，到2020年纤维制品（包括第94章褥垫制品）出口总额达到4000亿美元左右，比2010年增长约1倍，其中数量增长的贡献率为25%左右，价值提高的贡献率约为75%。

一、纺织工业要创造科学技术的新优势

2000年以来是我国纺织科技进步最快的时期，纺织工业大量投资国产和引进先进技术装备，与此同时，特别是“十一五”时期全行业落实中国纺织工业协会于2004年制定的《纺织工业科技进步发展纲要》，重点组织突破“28项关键技术和10项新型成套关键装备”（简称“28+10”），带动全行业加大科技投入强度和创新队伍成长，行业关键技术、共性技术取得一系列突破，开展大批科技成果产业化推广工作，产品差异化、产业信息化、企业现代管理等取得显著成效。占行业规模以上企业1/3左右的企业技术装备总体上达到国际先进水平，产学研结合，上下游以先进技术为纽带的产业创新同盟兴起。

全球应对金融危机冲击已成新科技革命的催生剂，寄托于新的科技革命解决人类社会面临的气候、资源、能源、粮食、人口等突出问题，特别是走出金融危机的阴影，对于依靠新科技革命和随之而来的产业革命，改变经济社会面貌的需求更加迫切。

科学技术是第一生产力，是纺织强国建设的基石。要切实将科技新优势置于优先发展的战略地位，提升科技对于产业升级的贡献率。正在深化和发生广泛影响的新科技革命对于纺织工业由大变强既是难得的机遇，又有难以预料的风险。机遇在于一旦掌握了高新技术，就会大幅提高产业创造力和竞争力，把握住全球经济分工新定位的主动权；风险在于技术的革命性突破往往对传统技术带来破坏性效应，而目前我国纺织行业的创新能力还不够强，技术进步的路径基本处于技术追赶型、技术引进型发展方式，有相当多企业虽然采用了世界一流的装备技术，但产品创新价值并不高。

正是纺织工业等消费品工业将科学技术的革命性进步与人类自由的实现直接联系起来，并将人类物质生活和文化生活质量推向新高度。当前，中国纺织工业适应国际分工新定位的紧迫性正是推进产业科学技术创新的最大动力。

第一，技术作为人类的基本文化现象直接影响着生活、社会以及人与自然的关系，决定着各种经济时代的生产方式、交往方式和消费方式，一旦在技术上落后了，新竞争优势必然无从谈起。第二，高技术并非以往技术的沿袭，而是以高科学含量为主要特征的技术发展革命性新阶段，这就决定了我国纺织工业创造科学技术新优势必须特别重视基础性研

究，以基础研究的深化为纺织材料、装备、工艺技术、产品功能性能创新提供重要源泉。第三，技术创新体系是纺织现代产业体系的灵魂。技术创新以企业为主体，产学研结合，产业性基础研究以大学研究院所为主体，也要推进产学研结合，还要促进跨行业结合、军民结合，组织广泛集成创新。第四，坚持对内对外开放方针，适应知识经济时代新特点，更要善于运用知识流和网络资源，组织创新战略同盟，自主开发，共赢合作。第五，要求真务实，突破行业科技瓶颈。重点围绕突破新型纤维材料技术瓶颈，节能减排与清洁生产技术瓶颈，技术装备、工艺流程、产品质量品质与功能升级的瓶颈，大力促进产业组织结构和管理方式升级，提高全行业运行的数字化、信息化、智能化水平；加快建设行业性服务平台，加强在全行业范围内推广科研产业化成果；充分发挥市场机制作用，促进落后工艺、技术和装备及时退出。

二、纺织工业要创造自主品牌的新优势

在“十一五”期间，纺织工业初步形成了涵盖化学纤维材料生产、纱线、织造印染、针织、服装、家纺、产业用纺织品及纺织机械等产业链各环节创建自主品牌的发展势头，特别是服装、家纺、针织、面料等产品品牌发展日趋成熟，在建立市场信誉、提升品牌价值等方面取得显著进步，纺织工业从加工制造向自主品牌创建提升，是在新时期把握国际分工新定位、创造新优势的重点工程之一。作为世界纺织生产大国、消费大国、出口大国的中国纺织工业，总体说品牌培育还处于初级阶段，不仅在认识上存在许多误区，而且在实践中存在众多薄弱环节，按照国际分工新定位的要求，我国与世界品牌强国还有相当大的差距。

创建品牌新优势，第一，要把自主品牌建设摆到提升产业核心竞争力的高度，着力创建中国纺织工业在国际经济合作与竞争中的品牌新优势。一个产业在国际经济分工中的品牌价值高低，不仅反映该产业国际活动的话语权，而且体现一个国家综合国力的大小。因此，创建自主品牌要始终贯穿以爱国主义为核心的民族精神、以改革创新为核心的时代精神。

第二，品牌作为市场经济的产物，它是以商品的使用价值为物质承担者，体现生产者与消费者（包括生产性消费）诚信关系的价值标识。在社会化大生产特别是全球化生产方式条件下，品牌价值不仅产生于品牌供应链各环节创造价值的系统集成，而且形成于商品生产、分配、交换、消费全过程，遵循着市场公认的价值体系，这一价值体系由四大核心因素构成，即质量、创新、快速反应和社会责任四位一体的价值体系。

第三，创建品牌新优势必须以企业为主体，以市场竞争为主要形成机制。从本质上认识优势品牌是社会化生产力发展同市场配置资源基础作用相结合的产物，既不能靠企业在市场上叫卖的技巧也不能靠行政拔苗助长，但是需要良好的品牌生长环境，即要创造有利于自主品牌生长的产业结构生态，有利于充分、公平竞争的市场生态，有利于品牌文化健康发展的文化生态，有利于自主品牌创建并快速成长的政策生态。

第四，创建自主品牌优势必然与产业结构调整密切相关，中国纺织工业以数十万户中小企业为主体，创造行业品牌价值急需要经过市场检验的知名品牌企业作为骨干，并以知名品牌价值为纽带将众多小企业按社会化分工纳入品牌供应链系统，以品牌的集中度带动产业的集中度。

第五，提升品牌价值要靠提高社会化生产力来实现，“一定的生产方式或一定的工业阶段始终与一定的共同活动的方式或一定的社会阶段联系着的，而这种共同活动方式本身就是‘生产力’”。因此，纺织工业创建品牌价值不仅要靠知名产品品牌、知名企业品牌、知名区域品牌来带动，而且需要代表现代共同活动方式的知名公共服务品牌带动，如知名品牌协会，知名品牌中介组织，知名品牌展览、信息、物流、咨询等现代服务业。

三、纺织工业要创造可持续发展的新优势

可持续发展是当今时代人类共同面对的突出问题，纺织工业单纯向自然索取以满足人们的现实生存和发展需要，这种发展方式已无路可走。人类已经感受到遭到自然界报复的恶果，转变这种不可持续发展方式已经成为当代人类的共识，对可持续发展的贡献大小上升为国际竞争中市场价值量化的重要尺度，成为社会价值的评价准则。因此，严肃对待可持续发展，正确解决可持续发展面临的突出问题，已经成为中国纺织工业由大变强的重要准则。

中国纺织工业作为世界生产大国，纤维加工量占世界51%，中国有世界总人口1/5的人口，也是消费大国，中国出口额占世界1/3，因此落实可持续发展，实施绿色纺织、低碳纺织、循环经济纺织，既对中国可持续发展和提高国际竞争力意义重大，又是对人类可持续发展承担的义不容辞的大国责任。

在新时期，培育可持续发展的新优势，第一，要通过技术创新减少生产过程污染排放、碳排放，发展循环技术，减少资源消耗。第二，要通过提高劳动生产率，使产业发展、生活提高过程对环境危害和资源消耗的代价最低。第三，要通过提高队伍素质，提升企业管理、供应链管理和行业管理，形成价值共识，发挥人的积极性、创造性和自觉性。第四，纺织行业针对新时期的主要约束，脚踏实地解决以下几个突出的可持续发展问题：一是加快解决开拓新型纤维资源的问题，大力开发高技术可再生生物质纤维，大力开发超仿真化学纤维，节约农业纤维用耕地，发掘天然纤维潜能作为可持续发展的重大课题，加快突破纤维循环技术，缓解棉纤维、合成纤维原料不足的压力；二是把开发清洁生产技术作为行业可持续发展的重大课题，加快突破产业链全过程，实现减排和节约用水的大目标；三是加强从教育、科研、生产、营销直到消费全方位倡导可持续生产方式和可持续消费方式。

在新时期，纺织工业初步建立低碳、绿色和循环经济的发展模式，资源、能源利用效率大幅度提高，污染物排放显著减少，纺织制品纤维回收和循环利用体系逐步建立，绿色发展作为行业主导。全面完成“十二五”规划目标，并在“十三五”把可持续发展水平推向世界先进水平。

四、纺织工业要创造人才队伍的新优势

建设纺织强国的决定性力量将是高素质人才，而不是廉价劳动力。纺织行业现有职工2000多万人，规模以上企业职工1160多万人，其中规模以上企业专业技术人员占职工总数的9.8%。从2000年到2010年，纺织规模以上企业数量从1.9万户增长到5.6万户，专业技术人员数量相应大幅增加，包括大批工程技术人员和企业管理人员，以及企业领军人物、技术领军人物和学科带头人，优秀服装、纺织、家居产品与环境艺术设计师，国家

和省市级重点试验室、工程中心及企业的科研骨干。

人才是建设纺织强国的第一资源。大力实施纺织人才强国战略，遵循社会主义市场经济规律，教育、人才成长规律，加快纺织人才体制机制改革创新，按照“服务发展、人才优先、以用为本、创新机制、高端引领、整体开发”的思路，以提高纺织人才综合素质和创新能力为目标，以高层次人才和创新团队建设为重点，以培育和稳定高素质技能人才为基础，建立能够培养多层次的创新人才、更好地吸引和使用人才的机制，营造人才成长的良好环境，努力建设一支规模适度、结构合理、素质优良、开拓创新的高水平纺织人才队伍。

在新时期，努力改善纺织人才结构，要造就一批行业领军人才，培养一批国际国内知名品牌的企业家领军人物，培养一批纺织行业卓越科学家、高校学科带头人、行业重大科技攻关项目的领军人物，培养一批引领行业设计队伍成长的设计大师、文化创意人才，充分发挥教育功能、培训功能，努力创造干中学、快出人才的实战环境，努力造就大批优秀企业家、卓越设计师、卓越工程师、高水平企业营销管理团队及宏大的高技能职工队伍，以造就结构优化、实力雄厚的高素质专业人才队伍。

第四节　指 导 思 想

全面贯彻党的路线、方针与政策，以邓小平理论和“三个代表”重要思想为指导，深入贯彻落实科学发展观，适应国内外形势新变化，顺应各族人民过上美好生活的新期待，以科学发展为主题，以加快转变发展方式为主线，深化改革开放，保障和改善民生，巩固和扩大应对国际金融危机的成果，促进纺织经济长期平稳较快发展和社会和谐稳定，坚持走新型工业化道路，以“十二五”为关键阶段，努力在2020年实现纺织科技强国、纺织品牌强国、纺织可持续发展强国、纺织人才强国四大战略目标，形成我国现代纺织工业体系的核心竞争力，更好地发挥纺织工业作为重要的民生产业、国民经济支柱产业和具有国际竞争新优势产业的历史作用，为全面建设小康社会作出新的更大贡献。

建设纺织强国，基本要求是：

——着力实现科技第一生产力的跨越式发展，应用高新技术改造纺织工业，在高新技术纤维材料、高端纺织装备、先进纺织工艺和产品开发技术、现代管理技术及应用基础研究等方面成为国际纺织工业科学技术强国。

——着力推动自主品牌建设，根本转变在国际产业链低端大规模、低成本、低附加值而研发设计和营销网络受制于人的粗放发展路径，以品牌实力把握好在全球经济分工中的新定位，以品牌对产业资源优化配置的系统功能和对产业附加值的倍增效应，积极创造参与国际经济合作和竞争的新优势。

——着力加速构建资源节约、环境友好的生产方式和消费模式，增强纺织工业可持续发展的战略保障。

——着力加快建设坚守社会主义核心价值体系，善于学习，勇于创造，勤奋实践，精诚团结，艰苦创业的纺织工业人才队伍，充分发挥人才作为纺织工业第一资源作用。

第五节　主要发展目标

按照国家2020年实现全面建成小康社会和基本实现工业化的目标要求，综合考虑未来发展趋势和条件，2020 年建成能够满足国内不断升级的消费需求、具备较强国际竞争力和可持续发展能力的现代纺织工业体系。

适应国民经济结构战略性调整和构建扩大内需长效机制的需要，纺织工业要在全面建设小康社会第二个十年，首先，充分满足城乡人均衣着支出年均增长 14.5% 左右的消费总需求，要以新的竞争优势用好国内外两种资源，开拓更大市场，满足人民群众更好就业的需要和为人民创造更好的生态环境；第二，要充分适应国民经济在工业化中后期制造业转变发展方式，建立现代产业体系的需要，加速提高对产业用纺织品特别是高新技术纺织品的需求，保持产业用纺织品加工量年均增长 7.5% 的增速；第三，加快转变产业出口增长方式，扩大纺织工业企业走出去参与国际合作和竞争，整合国际资源，提升对国际市场的品牌话语权，出口纺织品服装价值量年均增长 7% 左右，其中“十二五”期间年均增长 7.5%，“十三五”期间年均增长 6%，到 2020 年纤维制品（包括第 94 章褥垫制品）出口总额达到 4000 亿美元。

——纺织工业质量效益保持健康稳定增长，第二个十年规模以上纺织企业工业总产值年均增长 12.5%，2020 年比 2010 年增加 2 倍以上。

——科技贡献成为产业发展的主要驱动力，我国成为世界纺织科技强国。掌握一批高技术纤维基础研发、生产和应用技术，先进装备制造的核心技术以及具有领先水平的工艺技术，扩大新产品的设计及研发生产在产业规模中的比重，实现信息化与纺织工业的深度融合，掌握现代化研发、设计、生产、营销及供应链管理等方面的信息技术。2020 年规模以上企业研发投入强度达到 1.5% 以上。

——品牌价值大幅提升，知名品牌企业集中度大幅提高，到 2020 年，占规模以上企业数量 10% 的领军品牌企业销售收入占规模以上企业销售收入的 30% 以上，利润总额占 50% 以上，以自主品牌出口的比重成倍提高。

——低碳、绿色和循环经济的可持续发展模式基本建立，“十二五”期间全面完成《纺织工业“十二五”发展规划》目标：“单位工业增加值能源消耗比 2010 年降低 20%，工业二氧化碳排放强度比 2010 年降低 20%，单位工业增加值用水量比 2010 年降低 30%，主要污染物排放比 2010 年下降 10%”。“十三五”期间各项指标将进一步下降。初步建立纺织纤维循环再利用体系，再利用纺织纤维总量达到 1200 万吨左右，同时提高再利用纤维的附加值。

——造就一支规模适度、结构合理、素质优良、活力旺盛的纺织工业人才队伍，规模以上企业专业技术人员所占比重达到 20%，高技能人才占技能劳动者比重达到 26%。

冶金工业出版社部分图书推荐

ISBN 978-7-5024-6336-6

9 787502 463366 >

定价26.00元

销售分类建议:纺织/经济

高职高专规划教材

SUXING BIANXING YU ZHAZHI YUANLI

塑性变形与轧制原理

袁志学 王淑平 主编

冶金工业出版社
Metallurgical Industry Press